高职高专旅游与酒店管理专业"十三五"规划教材

饭店管理概论

高职高专旅游与酒店管理专业教材编写组　编

河南大学出版社
HENAN UNIVERSITY PRESS

·郑州·

图书在版编目（CIP）数据

饭店管理概论/高职高专旅游与酒店管理专业教材编写组编. —郑州：河南大学出版社，2017.6（2019.7重印）

ISBN 978-7-5649-2920-6

Ⅰ.①饭… Ⅱ.①高… Ⅲ.①饭店-企业管理-高等职业教育-教材 Ⅳ.①F719.2

中国版本图书馆 CIP 数据核字（2017）第 146764 号

责任编辑　陈　巧
责任校对　林方丽
封面设计　郭　灿

出版发行	河南大学出版社
	地址：郑州市郑东新区商务外环中华大厦 2401 号　邮编：450046
	电话：0371-86059712（高等教育与职业教育出版分社）
	0371-86059701（营销部）
	网址：www.hupress.com
排　版	郑州金点图文设计有限公司
印　刷	郑州市运通印刷有限公司
版　次	2017 年 8 月第 1 版　　印　次　2019 年 7 月第 3 次印刷
开　本	787 mm×1092 mm　1/16　印　张　13.25
字　数	314 千字　　　　　　　定　价　32.00

（本书如有印装质量问题，请与河南大学出版社营销部联系调换）

前　言

当前国家高等教育改革正随着时代的发展与变化不断地推陈出新,作为高等教育的重要组成部分,高职教育也在不断摸索新的教学理念与教学方法,以适应社会发展变化对人才的需求。高职教育与本科教育在人才培养目标方面是不一样的,高职教育要培养的是适应社会生产、建设、管理等第一线所需要的高素质技术应用型专门人才。为确保这一人才培养目标的实现,各高职院校课程教学改革都在紧锣密鼓地进行。该类课程的特点是贴近企业的现实需求,与企业的用人标准相似,注重培养学生的职业岗位技能和就业环境的适应能力。因此,该类课程的教学目标、教学过程和教学评价需要更为精细化、科学化。

同时,由于饭店行业竞争日趋激烈,这对企业的管理水平提出了更高的要求。基于此,本书力求体现以下特色:

1. 凸显职业能力素质。教材为相应的课程设置了三个方面的能力目标:(1)知识目标:掌握饭店管理中相关基础概念、理论知识,掌握饭店职能部门和业务部门的基本岗位运作管理知识,掌握饭店管理的发展规律,了解其发展趋势。(2)能力目标:掌握运用基本理论知识处理饭店突发事件的技巧,掌握和运用提高饭店全面质量管理的基本方法。(3)实训目标:熟悉饭店职能部门和业务部门基本岗位的素质要求和操作规范,提高服务意识和技巧。

2. 教材将教学的理论和实践两部分有机结合起来。由于高职动态课程教学中理论部分与实践部分是不可分割的,但两者在形式上和内容上均有较大不同,因此本书在内容安排上采取区别对待的办法。对于理论部分,主要是通过案例导入和问题思考,激发学生的学习兴趣;而对于实践操作部分,采用情景设计学习的方法,通过设计任务表格,将课程任务必须要掌握的知识点设计到模拟的工作环境或真实情景当中去,让学生去切身体会。

3. 体现"理实一体化"的建设目标。关于教学内容的编写,确保在整个教学环节中,理论和实践交替进行,直观和抽象交错出现,达到理中有实,实中有理。培养学生的动手能力和专业技能,充分调动和激发学生的学习兴趣。

4. 实施积极的评估激励机制。让全体学生理解教学评估这一手段不是为难学生,而是为了帮助和督促他们更自主、更自信地面对生活和学习,激励学生在课堂内外更多地学会反思学习,从而推动课堂教学目标的实现。

本书既可作为高职高专旅游管理专业的教材,也可作为高校相关专业的教学参考书,同时也可作为企业经营管理人员的参考用书。

本书由黄河水利职业技术学院王忠伟老师任主编,闫曾老师任副主编,其中王忠伟老师编写了项目一至项目七,闫曾老师编写了项目八、项目九。由于编者水平有限,加之时间仓促,书中难免存在不足之处,敬请各位学术同人、教师、学生和其他读者不吝赐教,多提宝贵意见,以便在对本书进行修订再版时加以改正。

编　者

2017 年 5 月

目 录

项目一 饭店概述   1
  任务一 饭店的概念   1
  任务二 饭店业的兴起发展   7

项目二 饭店管理概述   15
  任务一 饭店管理的概念   15
  任务二 饭店管理的基本理论   18
  任务三 饭店管理的基本方法   31

项目三 饭店组织管理   38
  任务一 饭店组织管理概述   38
  任务二 饭店组织结构   40

项目四 饭店前厅管理   51
  任务一 饭店前厅部概述   51
  任务二 饭店前厅部的业务管理   58

项目五 饭店客房管理   75
  任务一 饭店客房部概述   75
  任务二 饭店客房部的业务管理   83

项目六 饭店餐饮管理   101
  任务一 饭店餐饮部概述   101
  任务二 饭店餐饮部餐厅业务管理   107
  任务三 菜单设计   116

项目七 饭店服务质量管理   122
  任务一 饭店服务质量管理的基本概念   122

| 任务二 | 饭店全面质量管理 | 127 |
| 任务三 | 饭店服务质量管理的方法及评价 | 135 |

项目八　饭店客户关系管理　148
　任务一　饭店客户关系管理概述　148
　任务二　饭店客户关系管理的主要内容　153
　任务三　顾客投诉管理　162

项目九　饭店人力资源管理　174
　任务一　饭店人力资源管理概述　174
　任务二　饭店人力资源的基础管理　185

项目一 饭店概述

学习目标

通过本项目的学习，你应该达到：

知识目标：1. 掌握饭店的基本概念及业务特点。
     2. 了解饭店的类型。
     3. 掌握饭店的等级与分类。
     4. 理解饭店业的发展史及发展趋势。

能力目标：具备判断饭店类型及特点的能力。

实训目标：通过课外参观、阅读和收集饭店资料等活动，学生能从感性和理性两方面相结合，提高对本项目知识的掌握程度。

案例导入

有一次，一位香港客人到曼谷出差，下飞机后由饭店机场代表前来迎接。一见面，机场代表就说："××先生，您好！要是我没记错的话，您有一年多没来我们饭店住了，是不是我们服务不好，什么地方得罪您了？"他赶紧回答："不，不，饭店很好，主要是这段时间我在泰国没有业务，来泰国肯定住你们饭店。"到达饭店后，从门童到前台接待员，再到客房服务员，见到他说的第一句话都是："您好，××先生！"就像见到老朋友一样，这一切令这位香港客人既好奇又感动。这家让客人有如此高满意度的饭店就是泰国曼谷东方大饭店。

思 考 请问此案例给你带来什么样的启示？

任务一 饭店的概念

一、饭店的基本概念

饭店一词来源于法语，当初指的是法国贵族在乡间用于招待贵宾的别墅，之后被英、美等国家沿用这一名称，泛指所有商业性的住宿设施。

在我国古代，对饭店的称谓有客栈、客舍、亭驿等；到了现代，由于地域和习惯上的差

1

异，宾馆、饭店、酒店、度假村等不同叫法都用来表示住宿设施，而称谓的差异也反映出其各自的特点与住宿设施的档次高低。

1800年的《国际词典》中写道："饭店是为大众准备住宿、饮食与服务的一种建筑或场所。"

《美利坚百科全书》认为："饭店是公共住宿设施，提供膳食、酒水及其他服务。"

《科利尔百科全书》说："饭店是为公众提供住宿、食品和服务的建筑机构。"

阅读材料

阿布扎比酋长国宫殿酒店

酒店位于阿联酋首都阿布扎比西北海岸边，斥资30亿美元修建，被誉为迄今为止最为奢华、最贵的酒店，冠以"八星级"的称号。酒店从外观上看是一座阿拉伯皇宫式建筑，拥有114个全部由马赛克砌成的穹顶，其中最大的穹顶装饰了黄金和白银，显得格外庄严华丽，富有浓郁的阿拉伯民族风格。酒店最初是为迎接海湾合作委员会首脑会议在阿布扎比召开而修建的，目前由凯宾斯基饭店集团管理经营。酒店以"满足你当国王的梦想"为口号，为所有入住的宾客提供国王级的奢华享受（图1-1）。

图1-1 阿布扎比酋长国宫殿酒店

酒店共有394间客房，其中最小的客房面积为55平方米，最大的总统套间面积约为1000平方米，价格从600至13 000美元不等，外加20%的服务费。为了给客人提供皇宫级别的服务，酒店职员与宾客的比例为6∶1。16套宫殿套间每间会有7名专门的服务员随时听候客人的吩咐，套间内的电脑等设备的语言选择会提前调整为客人熟悉的语种。酒店顶层的6套总统套间只接待来自海湾地区的元首或王室成员，还有专属的入口车道。

讨 论
现代饭店通过什么方式为客人提供优质服务？

一般认为，饭店就是能给宾客提供住宿、餐饮及其他综合服务的建筑或场所。现代饭店应该具备的相关条件如下。

（1）拥有一座或多座合法的现代化建筑物和完善的住宿设施，如前厅、客房、餐厅、娱乐场所等，并能配备一系列相关设备及用品。

（2）能够为客人提供舒适的住宿、各式高级餐饮及其他相关服务。从本质上讲，饭店生产和销售的产品是服务，因此除了满足客人的物质需求之外，更要满足他们的精神需求。

（3）饭店服务对象是公众，一般以接待外地游客为主，同时也面向本地消费者。而饭店提供的住宿、膳食及其他服务的水平会因客人的消费档次而有所区别。

（4）以为客人提供高水准的服务为前提，获取合理的经济收益。客人在饭店购买的是由设施设备和劳务服务相结合的使用价值，它决定了饭店业是服务性行业，具有自身的经济活动，以盈利为目的。

综上所述，饭店的定义是依托于接待性的建筑物和住宿设施，出售客房、为宾客提供餐饮及其他综合性服务，并从中获取经济收益的商业性服务企业。

二、饭店的分类

（一）饭店类型

1. 根据饭店客源特点及市场用途分类

（1）商务型饭店。

商务型饭店大多位于城市中心或较繁华地带，以接待商务客人及短暂停留的其他客人为主，也称暂住型饭店。此类型饭店从服务设施、地理位置、价格等方面出发，为不同类别的商务客人提供便利，常设有商务中心、会议室、商务楼层等。其客流量一般不受季节变化的影响。

（2）会议型饭店。

会议型饭店主要接待各种会议旅客，通常位于集政治、经济为中心的大都市，或交通便利的旅游胜地。此类型饭店一般具备完善的会议服务设施，如多种规格的会议厅或多功能厅，还需配备会议设施，如投影仪、播放器、扩音设备及视听设备等，此外，要有相应的住宿、餐饮、娱乐场所。会议型饭店通常会安排专门工作人员协助会议组织者处理和协调各项事务，为会议客人提供高效、快捷的服务。

（3）休闲度假型饭店。

休闲度假型饭店接待的客人以休闲、度假为目的，多位于海滨、山区、温泉、风景名胜区等附近，提供如高尔夫球、网球、骑马、划船、冲浪等娱乐活动，并以此吸引宾客入住。这些也成为度假型饭店是否能成功经营的关键，但季节变化对其的经营有明显影响。近年来，包括我国在内的很多国家，已经出现了度假与商务相结合的饭店类型，其在饭店内增设会务设施，成为改良型度假饭店。

（4）长住型饭店。

长住型饭店为在当地短期工作或度假的客人或家庭提供服务，饭店客房布局多采用家庭式设计，以套房为主，配备适合宾客长期居住的家具和电器设备，此外，还有厨房可供宾客自理饮食。长住型饭店的组织机构、设备、经营管理较其他类型饭店简单，一般只提供住宿、饮食等基本服务，但讲究亲切、周到、有针对性的家庭式服务。

（5）经济型饭店。

经济型饭店可根据硬件设施和服务水平的不同，再划分为有限服务饭店和廉价饭店两种类型。前者所提供的饭店产品以客房为主，设施设备简单快捷，餐饮的服务模式以有限服务加自助服务为主，多以连锁经营形式存在，例如莫泰、宜必思、如家等品牌饭店；后者只经营客房，基本没有餐饮及其他设施，服务以宾客自助服务为主，价格更加低廉，青年旅舍就是其最佳代表（图1-2）。

图1-2　青年旅舍

 知识链接

国际青年旅舍的由来

1909年的一天，德国教师理查德·斯尔曼带领一班学生出游，途遇大雨，只能在一所乡间学校里以稻草铺地当床，度过了艰难的一夜。彻夜未眠的教师萌发了建立专门为青年提供住宿旅馆的想法，为所有的年轻人提供一个交流思想、了解大自然的场所。理查德·斯尔曼向来主张青年应走出校门，亲近自然，培养独立自主的能力，体验各地的文化传统。他带着这一想法四处游说，最终为人们所接受。

1912年，世界上第一个青年旅舍（Youth Hostel）在德国一个名叫Altena的废弃古堡中诞生，并奠定了青年旅舍的基本结构，以"安全、经济、卫生、隐私、环保"为特点。如今，世界青年旅舍已经遍布各个国际旅游区的中心地带，除了传统的学生和青少年外，旅舍的客人则很多是30岁左右或是全家开车出行或独自出游的背包族。

2. 根据饭店计价方式分类

（1）欧式计价饭店。

房价只计房租，不包括其他任何费用。此类饭店为多数。

（2）美式计价饭店。

房价包括房租及一日三餐的费用。这种计价方式目前已不多见，只存在于一些地处偏远的度假型饭店。

(3) 修正美式计价饭店。

房价包括房租及早餐和一顿正餐的费用，方便宾客更加自由地安排白天的活动。

(4) 欧陆式计价饭店。

房价包括房租和一份简单的欧陆式早餐。此类饭店一般不设餐厅。

(5) 百慕大计价饭店。

房价包括房租和美式早餐的费用。

3. 根据饭店规模大小分类

一般来讲，根据客房的数量多少可以把饭店划分为大、中、小型三种类型：600间客房以上的饭店为大型饭店，300至600间客房的饭店为中型饭店，300间客房以下的饭店为小型饭店。

4. 根据其他标准分类

(1) 根据饭店管理体制不同可划分为集团管理饭店、连锁经营饭店、自主经营饭店。

(2) 根据饭店营业时间不同可划分为全年性和季节性营业饭店。

(3) 根据饭店所有制不同可划分为国有制饭店、合资饭店、外资饭店、股份制饭店、个体饭店等。

以上是从饭店的不同特点出发进行的基本分类，但一家饭店通常具有多重特点，不能单纯地归属于上述任何类型。

（二）饭店等级

饭店等级是指一家饭店的豪华程度，包括设施设备、服务范围和服务质量等方面所反映出来的级别与水准。多数国家和地区通常依据饭店的地理位置、环境的优雅程度、设施的齐备情况、服务水准的高低等，并参照一定规范和标准对饭店进行分级。其主管部门将根据分级的不同结果，用某种标志表示出来，公示于饭店的显著位置。

饭店划分等级便于客人根据需求选择适合自己的饭店，亦便于对行业的管理和监督，同时对饭店业的发展也起到了引导和促进作用。

目前，国际上对饭店等级的划分还没有统一的正式规定，各个国家和地区均采用各自不同的等级制度，而用以表示级别的标志和名称也不一样，归纳起来大致有以下几种。

1. 星级制

用星号（☆）表示饭店的评定等级，星的数量越多代表等级越高。星级表示法在国际上被普遍采用，比较流行的是五星制，欧洲和中国均采用此法。

2. 字母表示法

用字母A、B、C、D、E来表示饭店等级，A为最高级，E为最低级，希腊、奥地利等国采用此法。

3. 数字表示法

用数字1、2、3、4表示饭店由豪华到高级直至低级的不同级别，数字越大，饭店的等级越低，意大利即采用此法。

4. 钻石等级制

美国饭店等级用一至五粒钻石表示，将饭店分为一般、好、佳、优、突出五等。

此外，国际上还有其他的等级表示方法，例如韩国用花的朵数来表示饭店的1~5级，日本将饭店分为高级、简易饭店和国民宿舍三个等级，等等。

三、饭店的业务特点

饭店业除了具有与其他经济组织相同的商业性特点之外，还具有其独特的业务特点，主要表现如下。

1. 产品无形性

从本质上来讲，饭店生产和销售的只是一种产品——服务。因此，宾客在饭店停留期间所购买的是由设施设备和劳务服务相结合的使用价值，其所收获的是一种服务的效用和服务过程的体验。这种产品是无形的，它在空间和时间上是不可携带和移动的，它不能存储，当宾客离开饭店时就会自动消失。

2. 饭店文化性

当今时代，人们所追求的生活理念是高品质的、丰富多彩的、具有文化特色的个性化精神生活。因此，饭店除了需要给旅游者提供优质的服务以外，还需要满足他们对文化的祈盼。饭店文化是饭店品牌的必要内容，也是饭店核心竞争力的重要组成部分。加深饭店的文化底蕴，彰显出文化特色，是饭店提高市场占有率和争取客源的优势所在。

阅读材料

上海英迪格酒店

上海外滩十六铺码头曾经是上海最大、最繁忙的港口，这里有一座28层楼高的建筑，原来是上海银行的旧址，经历了几十年的风风雨雨后，现被改造成崭新的上海英迪格（Indigo）精品饭店，其为洲际饭店集团旗下的高端精品饭店品牌。饭店开业于2010年12月，整座饭店的设计融入了上海当地历史、文化和自然元素。饭店大堂入口处是一幅巨型的城隍庙街景图，前面停放着一辆漆成红色的黄包车和一辆漆成黄色的永久牌自行车。接待台的背景墙由流线型木板与多变图案组成，体现出翻滚奔流、连绵不绝的黄浦江水。大堂里船只和烟囱造型的陈设，以及鸟笼造型的沙发，营造了老上海鸟语花香的市井生活。每间客房都经过个性化设计，风格不一，家居摆设、室内装潢等都是精挑细选或专门定制的，沿用上海老房子的装修风格，结合中国传统与现代的设计元素，营造出家一般的温馨（图1-3）。

图1-3 上海英迪格酒店

 讨 论　　现代饭店如何满足客人对文化的需求？

3. 综合协调性

饭店的组织机构是由多个功能不同的部门组成，这意味着各部门业务具有独立性和产品单一性的特点。而宾客的需求又具有多样性和空间上的同时性，因此需要饭店的各部门之间相互协作，以满足服务需求，最终构成饭店业务的依赖性、联系性和综合协调性的特点。

4. 价格波动性

饭店业务由于受到社会政治、经济、旅游资源的吸引力及季节性等多方面因素的影响和制约，其价格会随之上下波动。但同时价格杠杆会对客流量进行调节，从而使饭店能够在合理的价格范围内获取最大的经济收益。

任务二　饭店业的兴起与发展

饭店业的发展历史悠久，并且其在不同时代和发展阶段所产生的作用及意义各不相同。纵观整个饭店业的发展历程，由于各地区经济和文化发展水平不同，饭店出现的时间也各不相同。早期的旅馆由民居演变而来，在东方最早源于中国的夏、商、周时期，客栈成为当时旅馆的雏形。而在西方，古希腊奥林匹亚竞技比赛所带来的商机，则为旅馆业的发展奠定了良好基础。后来，随着交通和商品经济的发展，旅客对住宿的需求剧增，客栈和旅馆经济进入了繁荣发展的态势。

一、世界饭店业的发展历史

世界饭店业的发展进程根据其在不同阶段的表现及特点，大体上可以分为四个阶段。

（一）客栈时期

随着商品生产和商品交换的发展，旅行和贸易逐步兴起。为满足外出的传教士、信徒、外交官吏、信使、商人的吃住等基本生存需要，客栈应运而生。到了15世纪，较好的客栈还设有酒窖、厨房、宴会厅等。18世纪前后，客栈在欧洲许多国家已普遍存在，不仅供给路人寄宿之用，还成为当地的社会、政治与商业活动中心，其中英国客栈最为著名。

客栈时期的特点表现为规模小，设施简陋，一般只提供客人休息的床铺；价格低廉，服务项目少、简单化，常常发生偷盗和抢劫现象；到了客栈业发展的后期，其规模有所扩大，也增加了其他一些必备设施。

（二）豪华饭店时期

18世纪末至20世纪初，随着工业化进程的加快和民众消费水平的提高，旅游活动开始兴旺。为了给贵族、上层人士和大资本家的外出提供方便，一些规模较大的饭店进行设施更新，改善经营管理和对客服务，使饭店面貌发生巨大的变化，涌现出一批专为上层统治阶级服务的豪华饭店。这一时期被称为豪华饭店时期，又名大饭店时期。由瑞士人恺撒·里兹开办的里兹饭店成为这一时期饭店的代表，开创了豪华饭店经营的先河，其豪华的设施、精致的法餐以及优雅的上流社会服务方式，将整个欧洲带入一个新的饭店发展时期。

大饭店时期的特点表现为服务对象多为王室贵族、资产阶级等富有阶层；饭店规模宏大，设施豪华，价格昂贵；服务理念确立，服务水平有飞跃性的提升。

（三）商业饭店时期

20世纪初，经济的繁荣极大地促进了贸易的快速发展，同时出现了一大批从事商品贸易的商人。他们的出行不仅提高了对旅居生活的要求，而且对旅馆转向商业化发展起到了重大的影响作用。20世纪初至20世纪50年代，饭店业进入商业饭店时期。

这一时期最具代表性的人物是美国的埃尔斯沃斯·斯塔特勒。他高举"平民化、大众化"的旗帜，于1908年在美国巴法罗建造了斯塔特勒饭店，提供给平民他们所能负担的价格条件，开创了一个饭店业公众化、商业化发展的新时代，同时他也被公认为商业饭店的创始人。在饭店经营过程中他提出许多革新措施，例如标准化的管理体制、标准化的服务等，引领了现代饭店服务规范和服务标准的先河；提出"顾客永远是正确的"服务思想，以及饭店成功经营的根本要素"第一是地点，第二是地点，第三还是地点"的原则，至今还令人受益匪浅。此外，美国汽车旅馆的蓬勃发展，也成为了这个时期的重要标志。

商业饭店时期的特点表现为饭店大多分布在城市中心或高速公路附近，交通便利；饭店的服务提倡大众化、标准化；设施讲求舒适、清洁、安全与实用，不追求豪华与奢侈；价格适中，让顾客感到物有所值。

阅读材料

美国汽车旅馆

第二次世界大战后，美国已经建成全国性的高速公路网络，随着经济的复苏，越来越多的美国家庭拥有自己的汽车，而驾车远行人们也习以为常。在这样的背景下，20世纪初的美国出现了专门接待汽车旅行者的"汽车客栈"，它们大多设置在高速路附近，提供停车场和简单住宿，方便车旅的自由行动，由于具有便捷、价格低廉等优点，深受公众的欢迎。在此之后，汽车旅馆的数量急剧增多，由此美国对汽车旅馆做出明文规定：凡1945年以后新建或改造，并至少有50间客房和免费停车场的建筑设施才可称为"汽车旅馆"（Motor Hotel）（图1-4）。

图1-4 美国汽车旅馆

(四)现代新型饭店时期

第二次世界大战后,世界经济的复苏、人口数量的激增、科学技术的进步、交通设施的完善,为人们外出旅游创造了更好的条件。劳动效率的提高使人们的可支配收入增多,外出旅游和享受饭店服务的需求也迅速剧增,从而加快了大众化旅游活动普及的步伐。20世纪50年代至今,世界饭店业迎来了现代新型饭店的发展时期。

20世纪60年代初期,大型饭店开始在各地兴起,并逐步转向城市发展,其规模、功能、数量、豪华程度都超出之前。至20世纪60年代中期,饭店联营和特许经营得到迅速发展,一些有实力的饭店公司,通过签订管理合同和授予特许经营权等方式,逐步扩大和提升其势力及影响力,在互联网上进行促销宣传、客房预订等,为连锁饭店之间互荐客源。这一时期,出现了诸如希尔顿、喜来登、假日等饭店管理集团,并引领世界饭店业的前进方向。

现代新型饭店时期的特点表现为饭店经营的连锁化和集团化;饭店建筑设施的一体化,功能的多样化;饭店管理的规范化和系统化;随着现代科技的发展,以及饭店产品的更新换代,为客人提供了更为科技化和智能化的服务体验。

二、我国饭店业的发展历史与现状

我国饭店业的发展历程由来已久,在每个阶段由于受到政治、经济、文化等因素的影响,其所发挥的职能以及体现出来的特点各不相同。按照传统分期的理论,中国饭店业的发展可分为古代住宿设施时期、近代饭店时期、行政事业单位时期、现代旅游饭店时期。

(一)古代住宿设施时期

中国古代最早的住宿设施可追溯到春秋战国甚至更早的时期,大体可分为官办和民办两类。

古代官办的住宿设施有驿站和迎宾馆两种,前者存于商代中期到清光绪年间,拥有3 000多年的历史,开始主要用于为信使和公务人员提供膳食和驻马的场所,后来也广泛接待过往商旅和达官贵人;后者最早见于清朝末期,主要用于接待外国使者和外民族代表,成为中国古代民族交往和中外交流的重要窗口。

而民间旅店则出现在周朝,泛称为"客栈",又称"逆旅",它的产生和发展与古代商贸活动的兴衰及交通运输条件的好坏密切相关。春秋战国时期,农业、手工业、商业的发展加快了民间旅店业的初步形成。到了秦汉两朝时期,民间旅店进入城市,得到了较大发展。隋唐时期经济空前繁荣,民间旅店也广泛分布在城镇繁华地带。明清时期,随着科举制度的发展,京城各地还出现了专门接待各地赴试学子的会馆。

(二)近代饭店时期

近代中国由于受到外国帝国主义的侵略,沦为了半殖民地半封建社会,而旅店业除了传统旅馆外，还出现了西式饭店和中西式饭店。该时期从19世纪末20世纪初开始到1949年为止。

西式饭店是外国资本家建造和经营的饭店的统称，其接待对象为来华外国人和当时社会的上层人士及达官贵人。它是帝国主义列强侵略中国的产物，为帝国主义的政治、经济、文化侵略提供服务。西式饭店的建筑式样、设施设备、内部装修等都沿用欧美风格，其所采用的西方经营管理理论和方法，在客观上对中国近代饭店业的发展有一定的促进作用。

中西式饭店是由中国的民族资本家投资并经营的半中半西式风格的新式饭店，其在建筑风格、设施设备、服务与经营方式上受到西式饭店的影响，但在经营观念和方法上将欧美饭店与中国饭店的实际经营环境相融合，形成具有时代特征的管理理念，为中国饭店业进入现代新型饭店时期奠定了良好的基础。

（三）行政事业单位时期

中华人民共和国成立后，到1978年之前，我国大部分饭店是行政事业型饭店，通过没收和改造一些帝国主义、官僚资本主义的饭店而成为国有企业。这些饭店的经营和接待工作完全由上级行政机关统一指挥，没有独立的经济地位，在财政上实行统收统支、实报实销制度。该时期的饭店数量稀少，设施陈旧，功能单一，条件简陋，在经营上没有指标、没有风险，饭店业的发展水平完全处于滞后状态。

（四）现代旅游饭店时期

1978年我国开始实行改革开放政策，国家大力发展第三产业，旅游业的兴起为我国现代饭店业的发展创造了前所未有的机遇。该时期，我国饭店业的发展经历了如下几个阶段。

（1）由事业型转向企业型。1978至1983年间，我国饭店业开始从接待型管理转为企业化管理，改变了过去吃大锅饭的落后状态，从如何提高饭店管理水平、服务质量和人员素质等方面出发，推广先进的、优秀的管理经验，使得饭店的经营水平和服务质量有了明显改善和显著提高。

（2）由经验型管理转向科学化、标准化管理。为促使我国饭店业的管理与国际惯例和规范接轨，我国开始推行饭店星级评定制度。1988年9月，中国国家旅游局正式颁布《中华人民共和国评定旅游（涉外）饭店星级的规定》，标志着我国饭店业走向了国际化、现代化的发展方向，并逐步趋向成熟。

（3）饭店的专业化、集团化管理。20世纪后期，随着经济制度改革步伐的加快，越来越多的国际著名饭店品牌进驻中国，而我国的饭店业也在此影响下开始趋向专业化、集团化、国际化发展。国内一些饭店采用品牌化、连锁化、标准化的现代饭店经营理念，不断提升其市场占有率和社会地位，形成了良好的发展态势。

三、世界饭店业的发展趋势

随着世界经济的复苏和快速发展，作为旅游业重要支柱之一的饭店业进入迅猛发展和飞跃升级的重要阶段，它将在未来的发展进程中继续发生巨大的变革。从目前的社会需求趋势来看，世界饭店业的发展将主要表现在以下几个方面。

1. 智能化管理

在现代科技高速发展的背景下，当今社会已经迈入信息化时代，信息技术越来越密切地影响和联系着人们的生活。越来越多的饭店也更加注重与信息领域的接轨，把信息技术应用在设施设备、产品服务与饭店管理当中，不仅可以满足宾客对高科技智能产品的体验需求，而且可以使饭店在激烈的市场竞争中不断提高战略优势，提升品牌形象。例如，无钥匙门锁系统，可以通过识别客人的指纹或视网膜来鉴定身份。又如，自动感应系统，客房内的光线、声音和温度都可以依据客人的不同喜好来自动调节。通过设置室内虚拟娱乐中心，客人可以在房间内参加高尔夫球、网球、足球等任何娱乐活动。

而饭店管理与服务的职能化，则可以提升对客服务的质量与效率，以及提升对饭店员工绩效管理的有效性。例如，目前已经在餐饮服务过程中普遍使用的电子点菜信息系统可以使服务员或客人直接将菜单需求传送到厨房，实现无缝对接。再如，饭店可以使用任务分配系统给员工分配工作任务，员工通过随身携带的手机接收任务并汇报完成情况，等等。

2. 绿色饭店

如今饭店业的发展，除了需要关注如何为宾客提供舒适的环境和优质的服务之外，还需要重视其对能源的高消耗。随着全球气候环境的恶变，人们对生态环境的保护意识越来越高，如何让饭店既能正常运营，又能尽量减少对环境的破坏，成为未来饭店发展需要优先考虑的重要问题。

"绿色饭店"（green hotel）概念的提出始于国外，国际上又把它翻译为"ecology-efficient hotel"，意为生态效益型饭店。其运用安全、环保、低碳、健康理念，倡导绿色消费，保护生态以及合理利用资源。它的核心是在为客人提供安全、健康的绿色客房和绿色餐饮的前提下，加强在生产运营过程中对环境的保护和对资源的合理利用。我国在2011年1月1日起正式实施重新修订的《利用饭店星级的划分与评定》（GB/T14308-2010），其中添加了绿色客房、节能减排、绿色消费、绿色管理等方面的要求，对于引导和规范我国饭店业的绿色发展产生了积极和重要的推动作用。

阅读材料

上海雅悦（URBN）酒店

URBN酒店的前身原本是一所废弃的旧仓库（图1-5），其整体装修都采用旧物再生的材料，既节

图1-5 上海雅悦酒店

约成本又不需新的耗材。酒店前台背景墙是由25只旧皮箱拼接起来的，地板、门和电梯上的木头装饰都来自回收而来的上海老木材。客房走廊墙壁的砖是苏州旧房拆迁时收来的老青砖，也有本地的旧砖。URBN酒店最早为中国带来"碳中性"的概念，即酒店消耗的全部能量，包括员工通勤、食品和饮料递送以及客人使用的各种能量，都被记录并累积计算碳的排放量。之后，酒店将通过投资于中国的绿色能源发展和减少排放项目，以购买积分来中和其碳的排放量。

讨 论 绿色饭店的兴建对饭店业的未来发展趋势有怎样的影响？

3. 饭店集团化、本土化

随着产业集中度的提升，一些国际饭店集团正在通过加强核心品牌建设和延伸发展多品牌的方式，不断满足不同市场的需求。如今，越来越多的游客希望在旅途中享受安全、舒适和愉快的服务，并从心底产生对某些优质饭店的认同感和渴望，希望在不同的地方能住进同样规模和标准的饭店，于是连锁品牌饭店的产生正好满足了旅客的这一需求。因此，饭店要在未来竞争中获得更多的客源和市场，就必须加强饭店集团产业重组，加快建立连锁品牌饭店。目前，喜达屋酒店及度假村国际集团已拥有9个品牌，雅高酒店集团拥有14个品牌，万豪国际饭店集团品牌达到19个，这些品牌饭店从奢华型到廉价经济型，有的甚至正在为新兴市场量身定制饭店品牌。

此外，近年来一些国际饭店集团开始重视自身的本土化，除了强调标准化、规范化之外，还要求更加关注饭店在设计、服务、管理等方面融合本土文化和尊重本土价值观念。其实，更值得我们欣喜的是，国内的饭店企业也在不断提升竞争实力，并借助本土优势和市场途径，从单体经营向集团化进军。例如上海锦江集团、浙江开元旅业集团、南京金陵饭店集团等，正在稳步加快发展速度，努力扩张管理集团规模及影响，力争在未来的世界饭店业当中占据一席之地。

4. 体验和休闲式消费

社会生活方式的转变及文明程度的提升，让人们对不同文化的向往日益加剧，加上休闲时间的增多和交通的便捷，人们开始外出旅游享受和体验优质的服务。在此趋势的指引下，饭店业的发展迎来了体验和休闲式消费热潮，原来以住宿为主要目的的饭店消费模式正在发生改变，人们将饭店本身作为旅游休闲的目的地，去体验不同地区、不同风格、不同文化、不同主题的饭店，给自己带来多方面的满足。有的饭店将历史文化、电影片段、文艺作品等元素融入饭店的设计中，例如上海英迪格酒店、杭州安缦法云度假村、深圳威尼斯酒店等精品主题饭店；有的依托优越的自然环境资源，将饭店建在景区里，例如三亚的亚龙湾红树林度假酒店、亚龙湾人间天堂鸟巢度假村等；有的抓住人们追求财富、科技、身份地位的心理，建造一些超五星级饭店，例如美国的拉斯维加斯酒店群、迪拜七星帆船酒店、阿布扎比酋长国宫殿酒店等。

项目一 饭店概述

项目小结

饭店被认为是依托于接待性的建筑物和住宿设施,通过出售客房、为宾客提供餐饮及其他综合性服务,从中获取经济收益的商业性服务企业。

根据饭店不同的特点,可将其划分为不同的类型与等级。它的行业特点表现为:① 产品无形性;② 饭店文化性;③ 综合协调性;④ 价格波动性。

饭店的发展历史划分为四个时期:客栈时期、豪华饭店时期、商业饭店时期、现代新型饭店时期。

进入 21 世纪以后,饭店业的发展趋势主要表现为:智能化管理,绿色饭店,饭店集团化、本土化,体验和休闲式消费。

综合能力训练

········ 基本训练 ········

一、解释

饭店　商务型饭店　休闲度假型饭店　百慕大计价法

二、选择

1. 饭店根据其客源特点及市场用途可分为哪几种类型?　　　　　　　　　　　(　　)
   A．商务型饭店　　　　　　　　　　B．会议型饭店
   C．休闲度假型饭店　　　　　　　　D．长住型饭店
   E．经济型饭店

2. 饭店的计价方式有哪几种?　　　　　　　　　　　　　　　　　　　　　(　　)
   A．修正美式计价　　　　　　　　　B．美式计价
   C．欧式计价　　　　　　　　　　　D．百慕大计价
   E．欧陆式计价

3. 世界饭店业的发展经历了哪几个阶段?　　　　　　　　　　　　　　　　(　　)
   A．客栈时期　　　　　　　　　　　B．豪华饭店时期
   C．商业饭店时期　　　　　　　　　D．行政事业单位时期
   E．现代新型饭店时期

4. 饭店的业务特点有哪些?　　　　　　　　　　　　　　　　　　　　　　(　　)
   A．产品无形性　　B．综合协调性　　C．饭店文化性　　D．业务依赖性
   E．价格波动性

5. 世界饭店业的发展趋势是怎样的?　　　　　　　　　　　　　　　　　　(　　)
   A．智能化管理　　　　　　　　　　B．人性化管理
   C．"绿色饭店"　　　　　　　　　　D．体验和休闲式消费
   E．饭店集团化、本土化

三、思考

1. 饭店应具备的基本条件有哪些？
2. 世界饭店业发展中，每个时期的特点是怎样的？
3. 饭店在旅游业中的作用和地位有哪些？
4. 什么是"绿色饭店"？

••••• ••••• ••••• 技能训练 ••••• ••••• •••••

一、任务名称

参观不同类型的饭店

二、任务目标

1. 通过分组进行不同类型饭店的参观活动，完成体验和调研，学生从感官和亲身体验来了解和掌握不同类型的饭店的区别及各自不同的特点，培养探究、合作精神。
2. 通过撰写参观饭店的报告及制作 ppt（演讲文稿），培养学生分析问题、解决问题的能力。

三、任务实施

1. 对所教班级进行分组，每组 4~5 人为宜。
2. 小组内进行拟参观饭店类型的讨论和确立，一般为两种以上不同类型。
3. 小组内进行调研、拍照、撰写等人员的分工。
4. 就参观、体验饭店的具体内容和感想展开讨论，总结出不同类型饭店的区别和各自的特点，最终形成参观报告并结合参观饭店时的照片制作成 ppt。
5. 选派一名代表发言汇报，要求主题突出，简明扼要。
6. 教师适时指导。
7. 时间：2 周。

四、成果考核

1. 饭店参观报告（800 字左右）及 ppt 制作。
2. 教师根据学生表现及参观报告计分，并纳入平时成绩。

项目二 饭店管理概述

学习目标

通过本项目的学习，你应该达到：
知识目标：1. 理解饭店管理的概念和内涵。
　　　　　2. 理解饭店管理者的概念和层次划分。
　　　　　3. 熟悉饭店管理的基本理论。
能力目标：1. 掌握饭店管理和饭店管理者的概念和内涵。
　　　　　2. 熟悉各个管理理论的核心思想与主要观点。
　　　　　3. 学会将各种饭店管理理论应用于饭店实际经营和管理工作。
实训目标：举例说明各种管理基础理论在饭店实际管理工作中的应用。

任务一 饭店管理的概念

案例导入

丽思·卡尔顿酒店的金牌标准

恺撒·里兹最初从经营巴黎丽思和伦敦卡尔顿这两家酒店开始（图2-1），着眼于客户的体验，创造富丽堂皇的环境、富有创意的饭店设计风格、毫不松懈近乎苛刻的质量要求，创建了奢华的金牌标准和卓越服务的点金之律。

对于丽思·卡尔顿酒店的领导者而言，其成功的根基就是将定义明确的金牌标准融入员工的日常工作中，变成难能可贵的纪律。具体而言，这些标准包括以下几点。

金牌标准之：信条。1. 丽思·卡尔顿以客户得到真诚关怀和舒适款待为最高使命。2. 我们承诺为客户提供细致入微的个人服务和齐全完善的设施，舒适、优雅的环境。3. 丽思·卡尔顿之行能使您愉悦身心、受益匪浅，我们甚至能心照不宣地满足客户内心的愿望和需求。

图4-2　丽思·卡尔顿 LOGO

金牌标准之：座右铭——我们以绅士淑女的态度为绅士淑女服务。我们以绅士淑女的态度为绅士淑女服务，如果您用相应的态度对待我们，我们会非常感谢您，然而，如果客户不能够调整自己的行为，我们酒店领导者就会请他去其他酒店住宿。实际上，我们甚至会为他或她保留预订的房间，如果他或她的态度好转的话，我们依然欢迎他们入住。成为全球雇员心目中的最佳雇主，就必须在公司内部营造一种互相尊重的氛围。

15

金牌标准之：优质服务三步骤。1. 热情真诚地问候客人，亲切地称呼客户的姓名。2. 提前预期每位客户的需求并积极满足。3. 亲切送别，亲切称呼客户姓名，热情告别。

金牌标准之：二十条基本原则。1. 信条是丽思·卡尔顿酒店的首要信仰，必须广为传诵，为丽思·卡尔顿酒店所有，所有员工都应该积极实践。2. 我们的座右铭是"我们以绅士淑女的态度为绅士淑女服务"。作为服务行业的专业团队，我们敬重每一位客户和员工的同时，维护自己的尊严。3. "优质服务三步骤"是丽思·卡尔顿酒店殷勤招待的基础，和客户的每一次沟通交流过程中都应当运用这些步骤，以确保客户满意，维护客户忠诚度。4. 员工的承诺是丽思·卡尔顿酒店工作环境的基础，所有员工都应当得到满足，并心存感激。5. 所有的员工都将成功而完整地获得岗位年度培训认证。6. 公司的目标向所有的员工传达，每个人都应该以实现目标为己任。7. 为了增加工作场合的乐趣，所有员工都有权参与到将影响其工作的计划中。8. 持续不断地识别酒店全范围内存在的缺点是每一位员工的责任。这些缺点可以称为"比佛先生"，即错误、重做、故障、无效率行为和偏差。9. 每一位员工都对创造团队合作的环境和提供"边缘服务"身负其责，以确保我们的客户和其他员工的需要得到满足。10. 授权全体员工。例如，当客户提出某一种特殊需要时，作为员工，应当突破正常的职责范围和工作地点，去解决客户的问题。11. 全体员工对酒店的清洁都负有不容推辞的责任。12. 为了能给我们的客户提供贴心的个性化服务，识别和记录客户的个人偏好是每一个员工的责任。13. 永不失去任何一位客户。瞬间平息客户的怒气是每一位员工的责任。任何人接到投诉后，都应该视为自己的责任，直到客户的问题得到圆满解决，并予以记录。14. "保持微笑——我们在舞台上。"始终保持积极的目光接触。对于客户和其他员工都应当使用得体的词汇。(例如应当使用"早安""当然愿意""我很乐意为您服务"，以及"这是我的荣幸!"等，而应当避免使用过于简单随便的词汇，如"好""可以""哈罗""伙计们""没问题"等。) 15. 在你的工作场所内外，都应该自认是酒店的大使，保持交谈的积极性，就任何疑虑与恰当的人沟通。16. 护送客户，不要仅仅为其指向目的地，要亲自陪同其到达目的地后，方可离开。17. 使用丽思·卡尔顿酒店的电话礼仪。电话铃响三声以内接起电话，并使用可视"微笑"的口气应答。必要时称呼客户的姓名，需要时询问来电方："我为您接通好吗?"不要为来电方接通酒店的可视电话。尽可能地消除呼叫转移。遵守语音邮件的通话标准。18. 注意您的个人仪表并努力做到引以为豪。遵守丽思·卡尔顿酒店的着装和修饰标准，传递专业形象是每一位员工的责任。19. 考虑问题安全第一。每位员工都对为来宾和其同事创造一个安全、可靠和无事故的环境负责。全体员工都要熟知所有消防和安全紧急应变程序，及时报告安全风险。20. 保护丽思·卡尔顿酒店的资产是每一位员工的责任。节约能源、妥善维护我们酒店的设施、确保环境安全无忧。

思考　你从丽思·卡尔顿酒店的金牌标准中获得了哪些管理启示？

饭店管理工作千头万绪，包罗万象，是一项复杂的系统工程。管理过程的实现由管理者和管理对象两大因素构成，其中，管理者起着决定性作用。因此，要管理好一家饭店，需要饭店管理者掌握必要的饭店管理知识，明确饭店管理的内容，并善于在实践中运用饭店管理的基础理论。

一、饭店管理的内涵

(一) 概念

饭店管理是饭店经营管理的简称,包括了经营和管理两个方面。然而,在理解上,饭店经营和饭店管理是两个不同的概念,有着各自的内涵和侧重点。

1. 饭店经营

经营是指企业以独立的商品生产者的身份面向市场,以商品生产和商品交换为手段,满足社会需要并实现企业目标,使企业的经济活动与企业生存的外部环境达成动态均衡的一系列有组织有计划的活动。饭店经营即是指在国家相关政策的指导下,根据市场经济的客观规律,对饭店的经营方向、目标、内容、形式等做出决策的活动。具体而言,饭店经营的主要内容包括:目标市场的选择与定位、饭店产品的创新与组合、客源市场的开拓与巩固、促销渠道的建立与完善、产品价格的制定与调整等。总之,饭店经营更加侧重"对外",强调从市场角度来努力使饭店经营的内容适应宾客的需求,积极面对行业竞争,从而为饭店谋求更大的发展空间。

2. 饭店管理

相较于饭店经营,饭店管理更加侧重"对内",主要是针对饭店具体的业务活动而言,即饭店管理者通过行使计划、组织、督导、沟通、协调、控制、预算、激励、创新等管理手段,使饭店的人、财、物等资源尽量以最小的投入形成最大的产出,从而帮助饭店顺利完成预定目标。具体而言,饭店管理的主要内容包括:按科学管理的要求组织和调配饭店人、财、物等各种生产要素,保证饭店各项业务正常运转;在业务运转过程中保证和控制服务质量;激励并保持员工的工作积极性,提高其工作效率;加强成本控制,严格控制管理费用等。

综上所述,饭店的经营中体现着管理,管理中也展示着经营,两者相辅相成,密不可分(表2-1),和谐地统一于饭店的各项业务活动中。饭店管理者只有将经营和管理有机地结合起来,才能为饭店的发展创造无限生机。

表2-1 饭店经营与管理的联系与区别

		经 营	管 理
区 别	执行者	主要由上层管理者承担	主要由中下层管理者承担
		主要解决饭店外部环境问题	主要解决饭店内部问题
	解决问题	侧重于全局的战略性问题	侧重于局部的战术性问题
		考虑当前问题和长远发展	主要考虑当前生产技术活动
		以解决动态问题为主	以解决静态问题为主
	程 序	非程序化	程序化
联 系		目标上具有一致性; 经营是管理者发展到一定阶段的必然的结果; 经营中有管理,管理中有经营,某种意义上管理是对经营的具体化或企业内部化。	

基于此,本书对饭店管理的定义如下:饭店管理是指饭店管理者在了解市场需求的前提

下，为了有效实现预定目标，遵循一定的原则，运用各种管理方法，对饭店所拥有的人力、财力、物力、时间、信息等资源进行计划、组织、指挥、协调和控制等一系列活动的总和。

（二）内涵

上述定义从四个方面对饭店管理的内涵进行了诠释。

1. 饭店管理的目的

衡量饭店管理成效的主要依据就是饭店预定目标的实现程度。饭店作为盈利性企业，其终极预定目标就是为了取得满意的社会效益和经济效益。其中，社会效益是指饭店的经营管理活动带给社会的功用和影响，主要表现为社会对该饭店和饭店产品的认可程度，如饭店的知名度、美誉度、饭店利用率、饭店和社会的各种关系等。经济效益是指饭店通过经营管理所带来的投资增值额，可用投资回报率、净利润等财务指标来衡量。

2. 饭店管理的手段

饭店管理的手段即饭店管理者在管理过程中运用的各项理论依据、基本原理和基本方法。总体而言，这些管理手段大致包括行政手段、经济手段、法律手段和思想工作手段，等等。

3. 饭店管理的要素

饭店管理的要素亦称饭店管理的资源。针对饭店产品及业务的特性，可将饭店管理的要素分为人力资源、物力资源、财力资源、时间资源、信息资源、环境资源、文化资源、社会关系资源等。

4. 饭店管理的职能

管理职能是管理不可缺少的组成内容之一，饭店管理的本质就是管理者在实际管理工作中，通过科学地发挥计划、组织、指挥、协调和控制等管理职能，从而实现一个完整的业务运营过程。

任务二 饭店管理的基本理论

案例导入

"假日饭店联号"的管理之道

凯蒙斯·威尔逊（Kemmons Wilson）在1952年就完全按照饭店业祖师斯塔特勒的信条经营饭店业，开创了"假日饭店联号"。至1997年，世界各地的假日饭店已发展到2 350家，客房总数近40万间，在当年全球饭店集团排行榜上名列第二。其经营管理方法和经验是如下。

1. 选择合适的经营市场。根据中产阶级的经济情况和旅游需求，他们控制好"假日饭店联号"建造的等级，只准建中高档饭店，保持洁净、舒适、方便、暖人的服务、食品卫生、安全，使人有一种宜人的享受。

他们了解到中产阶级外出旅行必先打听旅馆地址、交通是否方便、价格、安全、卫生条件等情况，而并不期望饭店如何豪华，只关心饭店价廉、方便、舒适和安全等。所以，当他们一旦住进"假日饭店联号"的隶属饭店后，每人都感到"喜出望外"，有形设施和无形服务质量都远远超出其想象。这些客人就被吸引为主要客源，并成为该饭店联号的义务宣传者和推销员。

2. 控制客源流向。"假日饭店联号"一直面向中产阶级，选定家庭和商业旅游者作为他们的主要客源市场。同时，利用方便、准确的电脑预订系统，向旅游者提供便利的预订业务，以控制客源流向。所以，其客源市场历来是稳定的、充足的。其利用先进的 IBM 4600 电脑预订系统向旅客提供方便的预订业务，使用分布在全球的近 3 000 家饭店结成有机的、协作的预订网络。只要客人住进其联号任何一间饭店，在旅游中就可得到住宿方便。实际上，开设电脑预订网络，控制客源流向，已成为今天国际饭店联号普遍采用的竞争术。

3. 提供价廉、质优的客房服务。要满足中产者的旅行需求，威尔逊主张廉价、优质，因此其联号一直把严格控制饭店造价、降低成本、增加收入作为其重要管理手段和竞争术之一。要控制造价，其饭店联号多数无地下室，把水暖设备都安装在楼顶，就大大降低了饭店造价。从投资效果和获取较高投资利润率出发，由筹款、选址、确定饭店等级类型到施工建设周期等无不进行严格的计算，从而为日后饭店管理奠定了良好的竞争条件。

4. 重视服务质量，开展多种经营。前面谈到严格控制建筑造价，但在内装修方面却十分讲究，设施服务质量标准都很高级。威尔逊要求重视维护，保持饭店崭新和洁净。因为有形设施如果失去这些特点，就失去了服务质量标准。饭店既要使客人有舒适感、安全感，同时还应成为家庭、社会活动的娱乐场所，所以还应有室内装备，如电话、电视机、冰箱、音响系统、写字台、沙发、卫生间、中央空调，社会活动场所的游泳池、酒吧、音乐茶座、康乐中心、健身房、网球场、保龄球场、商场、邮局、银行、商业服务中心等，并且保证这些设备的清洁卫生、安全健康、方便。

5. 建立"假日饭店大学"，重视培训人才。威尔逊认为只有高水平的管理人员和服务人员，才能提供高质量的饭店服务。他认为国际饭店业的竞争主要是人才的竞争，于是于 1968 年建立管理大学，按同一管理标准和同一服务质量标准去培训经理、领班和服务员，使分布在 53 个国家的上千家饭店都能向旅游者提供廉价、优质的服务。

它的成功管理之道在国际饭店业具有很高的威信，每年有将近 1 万家饭店申请成为假日饭店联号的隶属成员或借用假日饭店名字。

"假日饭店联号"的成功管理之道体现了哪些管理思想？

饭店管理工作的复杂性和多面性，决定了管理者们需要借助不同的管理理论来指导和解决实际工作中遇到的问题。因此，学习和掌握这些基础理论是饭店管理者进行成功管理的基础。

一、古典管理理论

以科学管理理论为代表的一批古典管理理论的产生，代表了一种与以往倡导的家庭式经验主义管理截然不同的管理理念，它倡导并推行的管理制度化与标准化，为资本主义经济的大跨越发展提供了坚实的理论基础。这些理论主要包括以下两种。

（一）科学管理理论

科学管理理论于 19 世纪末 20 世纪初在美国形成，由"科学管理之父"——泰罗（Frederick

W. Taylor，1856—1915）于 1911 年在出版的《科学管理原理》一书中提出，该书研究的范围主要着眼于生产性企业基层的作业管理。其主要内容包括以下几项。

（1）作业方法和工具标准化。通过大量实验，对工厂的每一个作业过程进行动作和时间研究分析，清除作业中所有不必要的动作，使作业速度加快，然后予以确定，制定出标准化的作业规程和方法。

（2）实行工作定额。在科学实验的基础上，制定出标准操作法，并据此对全体员工进行训练，从而制定出合理的工作定额，提高工厂的工作效率。

（3）实行差别计件工资制。按照作业标准和时间定额，规定不同的工资率。对完成工作定额的工人，以较高的工资率计件支付工资；对没有完成定额的工人，则按较低的工资率支付工资，以此调动工人完成任务的积极性。

（4）科学地选择、培训和晋升工人。泰罗认为，每个工人都有自身的特点，管理者应为员工找到他们最适合的工作，并对其进行培训，激励他们尽最大的力量来工作。

（5）作业人员和管理者进行职能分工。泰罗主张工人与管理部门实行分工，把计划职能从工人的工作中分离出来，由专业的计划部门去做，从而提高计划的科学性、可行性，也便于工人去执行。

（6）实行例外原则。工厂的高级管理人员将日常事务拟就规范化的处理程序，然后授权给下级管理人员去处理，自己则主要去处理那些没有规范化的例外工作，并保留监督和检查下级管理者工作的权力。

泰罗的科学管理理论的核心在于谋求最高的工作效率，其最大贡献在于摈弃了传统的经验管理，主张实行标准化管理，为后世管理理论的发展奠定了基础。

（二）组织管理理论

1. 法约尔的组织管理理论

泰罗的科学管理理论主要研究企业的生产管理，组织管理理论则是研究企业组织结构的合理化和组织内部管理的基本职能。1916 年，和泰罗同时代的法国人亨利·法约尔（Henry Foyol，1841—1925）出版了《工业管理和一般管理》一书。由于该书侧重于从中高层管理者的角度去剖析具有一般性的管理，因此他的理论又被称为"一般管理理论"。其主要内容包括以下几项。

（1）经营的六种职能活动：法约尔认为，任何企业都存在着技术活动、商业活动、财务活动、安全活动、会计活动和管理活动六种基本活动。其中，管理活动处于核心地位。

（2）十四项管理原则：即，实行分工与协作，权力与责任要相适应，制定并维持纪律，统一指挥，统一领导，个人利益服从整体利益，报酬要合理，集权与分权应恰当，建立等级制度，建立并维持秩序，平等公正，人员应稳定，具有首创精神，培养团结协作的精神。

（3）五大管理职能：即，计划、组织、指挥、协调与控制。法约尔认为，这五大职能并不是企业管理者个人的责任，而应同其他五大活动一样，是一种分配于领导人与整个组织成员之间的工作。

法约尔第一次从一般的角度阐述了管理理论，奠定了古典管理理论的基本框架，对以后管理理论的发展产生了巨大影响。

2. 韦伯的行政组织理论

德国管理学家马克斯·韦伯（Max Weber，1864—1920）被称为"组织理论之父"，是与法约尔、泰罗齐名的西方古典管理理论的三位先驱之一。他认为理想的行政组织是所谓官僚制，亦叫科层制，管理的核心在于以科学确定的制度规范为组织协作行为的基本约束机制，主要依靠外在于个人的、科学合理的理性权威实行管理，并由此提出了行政组织理论体系。其主要内容包括以下几项。

（1）明确的分工。组织为了达到目标，把实现目标的全部活动进行划分，然后落实到组织中的每一个成员，在组织中的每一个职位都有明文规定的权利和义务。

（2）建立职权等级体系。组织是一个井然有序且具有完整的权责相互对应的组织，各种职务和职位按等级制度的体系来进行划分，每一级的人员都必须接受其上级的控制和监督，下级服从上级。

（3）组织中人员的任用。承担每一个职位的人都必须经过培训和考试，接受一定的教育，获得一定的资格，由需要的职位来确定需要什么样的人来承担。

（4）人员的升迁和工资制度。管理人员有固定的薪金和明文规定的升迁，并有严格的考核制度。

（5）所有成员必须严格遵守组织的规章制度。管理人员必须严格遵守组织规定的规则和纪律，使之不受任何人的感情因素的影响，保证在一切情况下都能贯彻执行。

（6）理性的原则。组织中的各级官员必须完全以理性为指导，没有个人目标，没有仇视、偏爱、怜悯、同情，然而却有理性。

韦伯的行政组织理论反映了当时德国从封建主义向资本主义过渡的要求，为资本主义的发展提供了一种稳定、严密、高效的管理理论，同时也提出了最适合于企业组织发展需要的组织类型和基本管理精神，成为工业化以来的各类大型组织广泛采用的一种组织管理方式。

3. 厄威克的组织原则

英国管理学家林德尔·厄威克（Lyndall Urwick，1891—1983）系统地总结了泰罗、法约尔、韦伯等人的管理理论，并在其著作《管理的要素》《组织的科学原则》中提出了适用于一切组织的八项原则，具体如下。

（1）目标原则，即任何组织都应有一个明确的目标。

（2）相符原则，即权力和责任必须相符。

（3）职责原则，即上级对下属的行为应负绝对责任。

（4）组织阶层原则，即在组织内应有明确的等级层次的划分。

（5）控制幅度原则，即应控制每个上级管理者直接、有效地管辖下属的人数，通常不应超过5~6人。

（6）专业化原则，即每个人的工作都应限制为一项单一的职能，以利于其对专业技能的熟练掌握。

（7）协调原则，即每项单一的工作都必须与组织目标协调一致。

（8）明确性原则，即每一项职务都要有明确的规定。

厄威克把科学管理与古典组织理论综合起来，成为一个整体，反映了古典管理理论的本质，使古典管理理论得以最终完成。

4. 古利克的管理七职能论

美国管理学家卢瑟·古利克（Luther Gulick，1892—1933）在1937年出版的《管理科学论文集》（与厄威克合编）中提出了管理七职能论，具体如下。

（1）计划，即制定实现企业目标的工作内容和途径方法。

（2）组织，即为实现企业目标，建立适当的组织机构，并规定各级人员的职责范围和协作关系。

（3）人事，即选择、培训和合理使用员工。

（4）指挥，即对下属进行有效的领导、监督和激励。

（5）协调，即为实现企业目标，各部门之间应相互配合。

（6）报告，包括下级对上级报告和上级对下级的考核。

（7）预算，包括财务的计划、核算、控制等。

以上提及的各项古典管理理论，对当时西方各国的资本主义经济起到了强烈的推动作用，而且也为以后各种管理理论的提出提供了依据。然而，纵观这些理论，由于过分强调严格的制度、森严的等级和生产效率的最大化，从而忽略了人在工作之外的需求和满足，抹杀了人的价值和尊严，因而已渐渐不能完全适应新的形势。

二、行为科学理论

1929—1933年的经济危机给西方国家沉重的一击，同时也给人们的心理造成了很坏的影响，资产阶级与工人之间的矛盾日益加深。为了缓和劳资矛盾，一些管理学家便开始试着从不同的角度对管理理论和方法进行创新研究，从而产生了行为科学理论。所谓行为科学理论，是指将心理学、社会学等理论引入企业管理的研究领域后，管理者对工人在生产中的各种行为及产生这些行为的原因进行分析研究，并提出相应对策，以调节企业中的人际关系，提高生产效率的各种理论。这些理论大致包括以下六种。

（一）人际关系理论——霍桑实验及其结论

美国哈佛大学教授梅奥（G. Elton Mayol，1880—1949）是这一理论的创造人。1924—1932年，梅奥及其助手罗特利斯博格（Fritz J. Roethlisberger）应美国西方电器公司的邀请，在该公司设在芝加哥附近霍桑地区的工厂进行了著名的"霍桑实验"。通过这次实验，梅奥等人提出了人际关系理论，其主要论点如下。

（1）人是"社会人"，而不是单纯的"经济人"。工厂中的工人并非只是单纯追求金钱收入，他们还有社会、心理方面的需求，也就是追求人与人之间的友情、安全感、归属感和受人尊重等。

（2）企业中存在着"非正式组织"。企业职工在共同生产和工作中，必然会产生相互之间的人群关系，产生共同的感情，自然形成一种行为准则，要求个人服从，这就构成了"非正式组织"。这种非正式组织对工人的行为影响很大，是影响生产效率的重要原因。

（3）满足工人的社会欲望，提高工人的士气，是提高生产效率的关键。梅奥等人认为，

"士气"高低取决于安全感、归属感等社会、心理方面的欲望的满足程度,满足程度越高,"士气"就越高,生产效率也就越高。

(4)企业应采用新型的领导方法。新型的领导方法,主要是组织好集体工作,通过提高职工的满足度,提高职工的士气,达到提高生产率的目的。这就要求企业管理人员转变观念,重视"人的因素",采用以"人"为中心的管理方式。

人际关系理论是行为科学学派的早期思想,它只是强调了要重视人的因素,为创立和发展行为科学理论奠定了基础,激发了对组织中人的行为的继续研究。

知识链接

霍桑实验

霍桑实验是心理学史上最出名的事件之一,它得名于1924—1932年美国西方电气公司在位于伊利诺伊州的霍桑工厂进行的一系列实验。其中,美国哈佛大学心理学教授梅奥(图2-2)及其研究团队参与了大部分的实验工作。

● 实验的起因

霍桑工厂是一个制造电话交换机的工厂,具有较完善的娱乐设施、医疗制度和养老金制度,但工人们仍愤愤不平,生产成绩很不理想。为找出原因,美国国家研究委员会组织研究小组开展实验研究。实验的最初目的是根据科学管理原理,探讨工作环境对劳动生产率的影响。

图2-2 梅奥教授

● 实验的过程

实验共分五个阶段进行。

第一阶段:照明实验。

1924年11月,霍桑工厂内的研究人员在本厂的继电器车间开展了厂房照明条件与生产效率关系的实验研究。当时关于生产效率的理论占统治地位的是劳动医学的观点,认为影响工人生产效率的是疲劳和单调感等,于是研究人员当时的实验假设便是"提高照明度有助于减少疲劳,使生产效率提高"。可是经过两年多的实验发现,照明度的改变对生产效率并无影响。具体结果是:当实验组照明度增大时,实验组和控制组都增产;当实验组照明度减弱时,两组依然都增产,甚至实验组的照明度减至0.06烛光时,其产量亦无明显下降;直至照明减至如月光一般、实在看不清时,产量才急剧降下来。研究人员面对此结果感到茫然,失去了信心。

第二阶段:福利实验。

1927年,以梅奥教授为首的一批哈佛大学心理学工作者将实验工作接管下来,继续进行。这一阶段的实验总的来说是查明福利待遇的变换与生产效率的关系。但经过两年多的实验发现,不管福利待遇如何改变(包括工资支付办法的改变、优惠措施的增减、休息时间的增减等),都不影响产量的持续上升,甚至工人自己对生产效率提高的原因也说不清楚。

后经进一步的分析发现,导致生产效率上升的主要原因如下:1.参加实验的光荣感。实验开始时6名参加实验的女工曾被召进部长办公室谈话,她们认为这是莫大的荣誉。这说明被重视的自豪感对人的积极性有明显的促进作用。2.成员间良好的相互关系。

第三阶段：访谈实验（图2-3）。

研究人员在工厂中开始了访谈计划。此计划的最初想法是要工人就管理当局的规划和政策、工头的态度和工作条件等问题做出回答，但这种规定好的访谈计划在进行过程中却令人出乎意料，得到了意想不到的效果。工人想就工作提纲以外的事情进行交谈，工人认为重要的事情并不是公司或调查者认为意义重大的那些事。访谈者了解到这一点，及时把访谈计划改为事先不规定内容，每次访谈的平均时间从30分钟延长到1~1.5个小时，多听少说，详细记录工人的不满和意见。访谈计划持续了两年多。工人的产量大幅提高。

图2-3　访谈实验

工人们长期以来对工厂的各项管理制度和方法存在许多不满，无处发泄，访谈计划的实行恰恰为他们提供了发泄机会。他们发泄过后心情舒畅，士气提高，使产量得到了提高。

第四阶段：群体实验。

梅奥等人在这个实验中选择了14名男工人在单独的房间里从事绕线、焊接和检验工作，对这个班组实行特殊的工人计件工资制度。实验者原来设想，实行这套奖励办法会使工人更加努力地工作，以便得到更多的报酬。但观察的结果发现，产量只保持在中等水平上，每个工人的日产量平均都差不多，而且工人并不如实地报告产量。深入的调查发现，这个班组为了维护他们群体的利益，自发地形成了一些规范。他们约定，谁也不能干得太多，突出自己；谁也不能干得太少，影响全组的产量，并且约法三章，不准向管理当局告密，如有人违反这些规定，轻则挖苦谩骂，重则拳打脚踢。进一步调查发现，工人们之所以维持中等水平的产量，是担心产量提高，管理当局会改变现行奖励制度，或裁减人员，使部分工人失业，或者会使干得慢的伙伴受到惩罚。这一实验表明，为了维护班组内部的团结，工人们可以放弃物质利益的引诱。研究人员由此提出"非正式组织"的概念，认为在正式的组织中存在着自发形成的非正式群体，这种群体有自己的特殊的行为规范，对人的行为起着调节和控制作用，同时还加强了内部的协作关系。

第五阶段：态度实验。

这次实验对两万多人次进行了态度调查，规定实验者必须耐心倾听工人的意见、牢骚，并作详细记录，不作反驳和训斥，而且对工人的情况要深表同情，结果产量大幅度提高。因为谈话内容缓解了工人与管理者之间的矛盾冲突，形成了良好的人际关系。实验者从中得出人际关系比人为的措施更有力的结论。

（二）需求层次理论

美国威斯康星大学的心理学家马斯洛（A. Maslow，1908—1970）于1943年提出了关于人的需要结构理论——"需求层次论"。其主要观点如下。

大多数人的需要可分为五类：生理需要，这是人类最原始的基本需要，包括食物、衣物、住房、异性等生理机能的需要，这些需要如不能得到满足，人类的生存就成为问题；安全需要，包括摆脱失业、疾病暴力的威胁、年老时有保障等；社交需要，包括人与人之间的友谊、忠诚以及归属某一个群体、组织的需要等；尊重的需要，包括对一定的社会地位、名望、个人能力及成就得到社会承认，能独立自主地工作和生活等的需要；自我实现的需要，指实现个人理想抱负，最大限度地发挥自己的才干的需要，由于个人抱负不同，满足自我实现的需要所采取的途径也不同。

马斯洛的需求层次论表明，当员工的某层次的需要得到满足后，就不再能保持其激励作用，为激励员工就必须转移到满足其更高层次的需求上。管理者必须设法把下属的合理需要与组织目标结合起来，既满足员工需要，又实现组织的目标。

（三）双因素理论

美国心理学家赫茨伯格（Herzberg，1923—2000）认为，影响人的工作动机的主要因素有两类，即满意因素和不满意因素。满意因素指可以使人得到满足和激励的因素，也就是激励因素；不满意因素指如果缺少它就容易产生意见和消极影响的因素，也就是保健因素。保健因素属于员工工作环境和工作关系方面的因素，如工资报酬、工作条件、人际关系、企业政策与企业管理等方面，这些因素能防止员工产生不满，但不能激发员工提高工作效率。激励因素属于员工工作本身和工作内容方面的因素，如工作成就、被重用、富有挑战性的工作和光明的前途等，这些因素能对员工构成激励，使员工对工作感到满足。

赫茨伯格的激励因素相当于马斯洛的较高层次的需要，保健因素相当于较低层次的需要，但两者的侧重点有所不同：马斯洛侧重分析需要或动机，赫茨伯格侧重分析满足这些需要的目标或诱因。这两种理论都没有把个人需要的满足同组织目标的达成这两点联系起来。

（四）X—Y理论

美国麻省理工学院的教授麦格雷戈（Mcgregor，1906—1964）提出了X—Y理论。该理论把人看作具有两种本性的人：一种性"恶"，一种性"善"。前者称为X理论，后者称为Y理论。

X理论的主要观点是：① 多数人天生是懒惰的，他们尽可能逃避工作。② 多数人没有雄心壮志，不愿负担任何责任，而心甘情愿受别人领导。③ 多数人的个人目标与组织目标相矛盾，必须用强制、惩罚的方法迫使他们为达到组织目标而工作。④ 多数人干工作是为了满足生理和安全需要，只有金钱才能鼓励他们努力工作。⑤ 多数人符合上述设想，只有少数人能够克制自己的感情冲动，鼓励自己，具有解决问题的想象力和创造力，这些人才能承担管理的责任。因此，根据X理论的假设，管理者应采取的管理措施是：① 专职管理，即管理是少数人的事，工人的主要任务是听从管理者的指挥，明确做什么及怎么做即可。② 任务管理，即管理工作的重点是完成生产任务，提高生产率。③ 严格管理，即管理者应按制度从严要求，采取"胡萝卜加大棒"政策来奖惩工人，用金钱来刺激工人的生产积极性，用严厉惩罚措施来对待消极怠工者。

Y 理论的主要观点是：① 一般人都是勤奋的，如果环境条件适宜，人们工作如同休息或游戏一样自然。② 人们对工作的喜欢和憎恶取决于这个工作对他是一种满足还是一种惩罚。③ 控制和惩罚不是实现组织目标的唯一方法，人在自己承诺和参与决定的目标和工作中，能进行自我控制和自我指导。④ 在适当的环境下，人不仅会承担责任，还会主动寻求责任。⑤ 人们承担的责任与获得的报酬密切相关，而其中最重要的报酬不是金钱，而是自主、自尊、自我实现的需要的满足。⑥ 在解决问题方面，大多数人都具有高度的想象力和创造性。⑦ 在现代工业条件下，一般人的潜力只利用了一小部分，管理的责任就在于发挥人的潜能。

X—Y 理论的提出，为组织的管理者们提供了不同的管理思路。根据 X 理论的假设，对于工人的需要，管理者要采取严格的控制和强制方式。如果按 Y 理论，管理者的管理重点就应从任务管理转移到重视人的作用和人际关系方面来，就要尊重和相信下属，充分挖掘下属的潜能，并为他们创造适宜的工作环境和工作条件，使其智慧和能力得到充分的发挥，从而更好地实现组织和个人的目标。

（五）超 Y 理论和 Z 理论

继 X—Y 理论提出后，美国的两位心理学家洛尔施（Joy Lorsch）和莫尔斯（John Morse）对两个工厂和两个研究所进行对比研究后发现，采用 X 理论和采用 Y 理论都有效率高的和效率低的结果，他们便由此推断 Y 理论不一定都比 X 理论好。那么，到底在某种情况下应选用哪种理论呢？他们认为，管理方式要由工作性质、成员素质等来决定，并据此提出了超 Y 理论。其主要观点是：不同的人对管理方式的要求不同。有人希望有正规化的组织与规章条例来要求自己的工作，而不愿参与问题的决策去承担责任，这种人欢迎以 X 理论为指导的管理方式。有的人却需要更多的自治责任和发挥个人创造性的机会，这种人则欢迎以 Y 理论为指导的管理方式。此外，工作的性质、员工的素质也影响管理理论的选择，不同情况应采取不同的管理方式。

Z 理论是由美国日裔学者威廉·大内（William Ouchi）提出来的，其研究的主要内容是人与企业、人与工作的关系。大内通过对以美国为代表的西方国家的价值观和以日本为代表的东方国家的价值观对管理效率的不同影响进行了对比研究，他把由领导者个人决策，员工处于被动服从地位的企业称为 A 型组织，并认为当时研究的大部分美国机构都是 A 型组织，而日本的 J 型组织则具有与其相对立的特征。

大内不仅对 A 型和 J 型组织进行了系统比较，还通过对美国文化和日本文化的比较研究指出，每种文化都赋予其人民以不同的行为环境，从而形成不同的行为模式。

超 Y 理论和 Z 理论的实质在于权变，也就是说企业管理方法的选择和运用必须符合企业自身的特点，才能收到满意的效果。

（六）期望理论

期望理论又叫"效价—手段—期望理论"，由美国心理学家维克托·弗鲁姆（Victor H. Vroom）于 1964 年在其著作《工作与激励》一书中提出。该理论以三个因素反映员工需要与组织目标之间的关系,认为要激励员工,就必须让员工明确:① 工作能提供给他们真正需要的东西;② 他们欲求的东西是和绩效联系在一起的;③ 只要努力工作就能提高他们的绩效。如果用公式来表示,即:

$$激发力量 = 期望值 \times 效价$$

在这个公式中,激发力量是指为达到某个目标而进行的行为的激励程度;期望值是指该员工根据个人经验判断其能够成功达到目标的可能性,即概率;效价是指所能达到的目标对满足个人需要的价值。该公式说明:人的积极性被调动的大小取决于期望值与效价的乘积。也就是说,一个人对目标的把握越大,估计达到目标的概率越高,激发的动力越强烈,积极性也就越大。

期望理论的提出,为管理者有效调动下属的积极性起到了一定的启示作用。也就是说,管理者要激发员工,一方面应使员工了解某项活动成果的吸引力,并尽可能加大这种吸引力,另一方面还应采取措施为员工创造条件,使员工有可能选择对他来说效价最高的目标,提高期望概率,提高员工对实现目标的信心。

三、现代管理理论

第二次世界大战以后,随着科技的进步、生产力的进一步发展和新兴工业的出现,企业的生产与管理过程变得更为复杂,企业与社会的联系更为广泛。为了适应企业不断变化的发展要求,管理理论也出现了变化,并产生了现代管理理论。现代管理理论有两个基本前提:一是认为企业管理是建立在物、人和环境三个因素之上的,企业从封闭系统转向开放系统,管理的重点从内部转向经营,并将决策放在了重要位置上;二是面对不断变化的企业和环境,管理也要不断随机应变,以适应这种变化。总而言之,现代管理理论是多种最新管理理论的综合体,几乎涉及管理的所有方面。

(一)社会系统理论

美国管理学家切斯特·巴纳德(Chester Barnard)认为组织是一个复杂的社会系统,应从社会学的观点来分析和研究管理的问题。由于他把各类组织都作为协作的社会系统来研究,后人把由他开创的管理理论体系称作社会系统学派,他本人也被尊称为"现代管理理论之父"。其主要观点如下。

(1)组织与协作系统。组织是由个人组成的协作系统,每个协作系统包含了三个基本要素:协作的意愿、共同的目标和信息联系。

(2)有效性和能率原则。当一个组织系统协作得很成功,能够实现组织目标时,这个系统就是"有效性"的,它是系统存在的必要条件。系统的"能率"是指系统成员个人目标的满足程度,协作能率是个人能率综合作用的结果。

(3)正式组织与非正式组织。所有的正式组织中都存在着非正式组织,两者是协作中相互作用、相互依存的两个方面。

(4)经理人员的职能。经理人员的作用就是在一个正式组织中充当系统运转的中心,并对组织成员的活动进行协调，指导组织的运转，实现组织的目标。其主要职能包括提供信息交流的体系、促进个人付出必要的努力和规定组织的目标。

（5）经理人员的权威。经理人员作为企业组织的领导核心，必须具有权威。要建立和维护一种既能树立上级权威，又能争取广大"不关心区域"群众的客观权威，关键在于在组织内部建立起上情下达、下情上达的有效的信息交流沟通系统。要维护这种权威，经理人员必须随时掌握准确的信息，做出正确的判断，同时还需要组织内部人员的合作态度。

以巴纳德组织理论为代表的社会系统学派的观点奠定了现代组织理论的基础，对日后管理思想的发展，特别是组织理论的发展产生了深远的影响。

（二）系统管理理论

系统管理理论学派的主要代表人物为美国华盛顿大学教授弗雷蒙特·卡斯特（Fremont E. Kast）。1963年，他在与理查德·约翰逊、詹姆斯·罗森茨韦格合著的《系统理论与管理》一书中首次全面地阐述了系统管理的观点，该书也成为系统管理理论的奠基之作。1970年，他们又合作出版了《组织与管理——系统方法与权变方法》一书，由此建立了系统管理理论的基本框架。其理论要点主要有以下几点。

（1）组织是由多个子系统组成的。组织作为一个开放的社会技术系统，是由五个不同的分系统构成的整体。这五个分系统包括：目标与价值分系统、技术分系统、社会心理分系统、组织结构分系统和管理分系统。五个分系统之间既相互独立，又相互作用，不可分割，从而构成一个整体。这些系统还可以继续分为更小的子系统。

（2）企业是由人、物资、机器和其他资源在一定的目标下组成的一体化系统，它的成长和发展同时受到这些组成要素的影响。在这些要素的相互关系中，人是主体，其他要素则是被动的。管理人员需要保持各要素之间的动态平衡和相对稳定，并保持一定的连续性，以便适应情况的变化，达到预期目标。同时，企业还是社会这个大系统中的一个子系统，企业预定目标的实现，不仅取决于内部条件，还取决于企业外部条件，如资源、市场、社会技术水平、法律制度等，它只有在与外部条件的相互影响中才能达到动态平衡。

（3）如果运用系统观点来考察管理的基本职能，可以把企业看成是一个投入—产出系统，投入的是物资、劳动力和各种信息，产出的是各种产品或服务。运用系统观点，可以使管理人员不至于只重视某些与自己有关的特殊职能而忽视了大目标，也不至于忽视自己在组织中的地位与作用，这可以提高组织的整体效率。

系统管理理论是一种运用系统论提供范畴、分析方法与一般原理来全面分析组织管理活动的理论，主要体现了管理哲学的改变，是有关管理工作的一种思维方式，尤其是其提出的五个分系统分析模型，直到今天依然在组织管理的系统分析中具有范式作用。

（三）决策管理理论

决策管理理论是在社会系统理论的基础上，吸收了行为科学、运筹学和计算机科学等研究成果而发展起来的一种管理理论，主要代表人物为赫伯特·西蒙（Herbert A. Simon）。因其在决策理论研究、决策应用等方面做出的开创性研究,他于1978年获得第十届诺贝尔经济学奖。该理论的主要观点表现在以下四个方面。

(1) 突出决策在管理中的地位。决策管理理论认为管理的实质是决策,决策贯穿于管理的全过程,决定了整个管理活动的成败。如果决策失误,组织的资源再丰富、技术再先进,也是无济于事的。

(2) 系统阐述了决策原理。西蒙对于决策的程序、准则、类型及其决策技术等作了科学的分析,并提出用"满意原则"来代替传统决策理论的"最优原则",研究了决策过程中的冲突的解决方法。

(3) 阐明了决策的过程。西蒙认为组织的决策过程主要包括这四个阶段:搜集情况阶段、拟定计划阶段、选定计划和实施阶段、评价计划阶段。

(4) 强调了决策者的作用。西蒙认为组织是决策者个人所组成的系统,因此,他强调不仅要注意在决策中应用定量方法、计算技术等新的科学方法,而且要重视心理因素、人际关系等社会因素在决策中的作用。

西蒙的决策管理理论对复杂的管理活动进行了高度的理论概括,为组织管理者提供了一种分析和解决问题的系统方法。它不仅适用于企业组织,而且适用于一切正式组织机构的决策。目前,这种理论已经渗透到管理学的不同分支,成了现代管理理论的基石之一。

(四) 管理科学理论

管理科学理论又称数量理论或者计量管理理论,是指在一定的物质条件下,为达到一定的目的,运用数学方法来进行数量分析、统筹兼顾各方面关系,为选择最优方案提供数量依据的一种理论。由于该理论比较注重通过建立数学模型来研究企业的生产、作业等方面的管理问题,进而进一步增强管理的科学性,因此管理科学也被称作运筹学。目前,流行的管理科学模型主要有以下几种。

(1) 决策理论模型。该理论的集中点在于对所有决策通用的某些组成部分,提供一个系统结构,以便决策者能够更好地分析那些含有多种方案和可能后果的复杂情况。这类模型是规范性的,并含有各种随机的变量。

(2) 盈亏平衡点模型。这一模型主要帮助决策者确定一个公司的特定产品生产量与成本、售价之间的关系,得到一个确定的盈亏平衡点,在这个水平上总收入恰好等于总成本,没有盈亏。这一模型是确定性的描述性模型。

(3) 库存模型。这一模型回答库存有多少、什么时候该进货与发货这些问题。因此,这一模型就可以使库存适合生产与销售的需求,同时又要考虑减少仓储费用。这一模型的可行解便是经济订购批量(EQC)。

(4) 资源配置模型。这里面的资源主要指自然资源和实物资源,常用的资源配置模型就是线性规划模型,在给定边界约束条件的情况下,考虑产出、利润最大,或者成本最小。这一模型是规范性的模型,变量是确定性的。

(5) 网络模型。两种主要的和最流行的网络模型就是PERT(计划评审技术)和CPM(关键路线法)。PERT是计划和控制非重复性的工程项目的一种方法。CPM这种计划和控制技术适用于那些有过去的成本数据可查的项目。网络模型是随机性的规范模型。

(6) 排队模型。在生产过程中，员工们排队等待领取所需的工具或原料所花费的时间是要计入成本的。在给顾客服务的过程中，如果顾客们需要排队等候很长时间，就会使顾客失去耐心而一走了之；但如果开设很多服务台或售货柜，却很少有人光顾，则又会导致成本提高。因此，排队模型试图解决这个问题，以便能够找到一个最优解。

(7) 模拟模型。模拟是指具有与某种事物相同的外表和形式，但不是这种真的事物。由于真实事物所具有的复杂性，以及对其管理作用的不可重复性，为了得到预计成果，就有必要建立模拟的模型，在此模型上探讨最佳行动方案或政策，以便最后能用于实践的操作之中。模拟模型是描述性的，含有各种随机性的变量。

(五) 权变理论

权变理论是20世纪60年代末70年代初在系统管理理论和经验主义学派基础上发展起来的一种管理理论。"权变"，简单地说，就是权宜应变。权变理论认为，在企业管理中没有什么一成不变的、普遍适用的、最好的管理理论和方法，管理者应根据企业所处的不同内外环境及其变化，采取不同的、能适应发展要求的管理方法。因此，该理论的核心思想是：管理与环境之间存在着一种函数关系。其中，环境是自变量，管理的思想和方法是因变量，但它们之间不是一种简单的因果关系，而是一种"如果——就要"的关系。目前，该理论的研究主要集中在以下三个方面。

(1) 组织结构的权变理论。这类理论把企业组织作为一个开放系统，并试图从系统的相互关系和动态活动中考察和建立一定条件下的最佳组织结构的关系类型。T.伯恩斯、P.R.劳伦斯、H.黑格尔、H.L.托西等人都对此作了相应的研究。

(2) 人性的权变理论。这类理论认为人是复杂的，要受多种内外因素的交互影响。因而，人在劳动中的动机特性和劳动态度总要随其自身的心理需要和工作条件的变化而不同，不可能有统一的人性定论。该理论的典型例子是J.J.莫尔斯和J.W.洛尔施的超Y理论。

(3) 领导的权变理论。这类理论认为领导是领导者、被领导者、环境条件和工作任务结构4个方面的因素交互作用的动态过程，不存在普遍适用的一般领导方式，好的领导应根据具体情况进行管理。这方面比较有代表性的是F.费德勒对有效领导模式的研究和V.H.弗罗姆等人关于领导参与模式的研究。

权变理论曾一度被某些研究者誉为未来管理的方向，因其整合了管理学科某些方面的基本认识和方法，建立了多变量和动态化的新管理规定，而且它所提倡的实事求是、具体情况具体分析的精神也深受世人认可，然而由于其存在着有些研究偏重组织的表面结构特征、不够深化、样本过小等局限性，使得该理论的实践和应用受到不少质疑。

(六) 经验主义学派

经验主义学派又称为经验管理学派或实例学派，该学派认为管理学就是研究管理经验，认为通过对管理人员在个别情况下成功的和失败的经验教训的研究，会使人们懂得在将来相应的情况下如何运用有效的方法解决管理问题。因此，这个学派的学者把对管理理论的研究放在对实际管理工作者的管理经验教训的研究上,强调从企业管理的实际经验,而不是从一般原理出发来进行研究,强调用比较的方法来研究和概括管理经验。其中,美籍奥地利管理学家彼得·德鲁克(Peter F. Drucker, 1909—2005)是该学派的开山鼻祖,被誉为"现代管理学之父",其出版的《管理的实践》一书标志着现代管理学作为一门学科的诞生。归纳一下,该学派的主要观点如下。

(1)管理应侧重于实际应用,而不是纯粹理论的研究。管理学如同医学、法律学和工程学一样,是一种应用学科,而不是纯知识的学科,但又不同于单纯的常识、领导能力或财务技巧的应用,而是以知识和责任为依据的。

(2)管理者的终极任务是了解本组织的特殊目的和使命,使工作富有活力并使员工卓有成就。经验主义学派认为,管理者是组织中最昂贵的资源,管理者的素质是衡量一个组织业绩的主要标志。企业的主要管理者有两项别人无法取代的职责:第一项职责是创造出一个大于其各组成部分的总和的真正的整体,创造出一个富有活力的整体,把投入其中的各项资源转化为较各项资源的总和更多的东西;第二项特殊职责是在其每一项决定和行动中协调当前的和长期的要求。为此,每一个经理都必须:制定目标和措施并传达给有关的人员;进行组织工作;进行鼓励和联系工作;对工作和成果进行评价;使员工得到成长和发展。

(3)实行目标管理法。经验主义学派认为,传统管理学派偏于以工作为中心,忽视人的一面,而行为科学又偏于以人为中心,忽视同工作相结合。目标管理则结合以工作为中心和以人为中心的管理方法,使员工发现工作的趣味和价值,从工作中满足其自我实现的需要,同时,组织的目标也因员工的自我实现而实现。

(4)建立符合自身条件的组织结构。组织的管理者必须根据企业的特点和以往的管理经验,自行建立一个符合企业利益最大化和员工价值最大化的组织结构。

经验主义学派在众多的管理理论丛林中较具特色,尤其是其倡导的注重管理实践、总结管理经验的研究模式独树一帜,其提出的目标管理法也成了当代组织运用最多的管理方法。然而,由于该学派过于强调经验而无法形成有效的原理和原则,致使其没有形成一个完整统一的管理理论体系。

总而言之,管理学理论林林总总,无论是哪一个管理流派或哪一家管理学说,都有其积极意义,也都存在着一定的不足之处。对于饭店管理者而言,只有根据自身所在饭店的实际情况,遵循因地制宜、因时制宜、因人制宜的原则加以灵活运用,才能让这些理论有效地指导实际工作的开展。

任务三 饭店管理的基本方法

案例导入

饭店总经理的一天

饭店总经理的工作时间基本上是每天10到14小时,比其他行业的一般工作时间要长,这是由饭店业的特点决定的。因为饭店生意属于款待业,每天实行24小时营业,除了特殊情况,一般一年365天天天营业,节假日正是生意旺的时候,别想休息。因此,饭店经理人并没有通常人们想象中的高级白领（9:00 上班，下午 5 点下班）那么潇洒。如果是派到异地任职的饭店总经理，更是以店为家，平常基本上 24 小时都在饭店，实质上不存在上下班时间。和家人团聚，享受天伦之乐，对于饭店总经理而言，应该是奢侈的事情。

　　饭店总经理平时早到饭店，并不是为了以身作则，表现自己积极工作，而是饭店管理的需要。总经理早到是为了阅读前一天的饭店经营管理的各种报表，了解饭店前一天晚上的经营管理情况，这样才能对饭店一天的整体状况有较全面的认识。饭店的营业报表能够提供饭店当天营收情况、开房率和其后一周的预报。阅读 VIP（贵宾）报表能够了解当天在住和即将到达的 VIP 的情况，甚至其后一周的预报，总经理可以根据这些信息安排自己的工作时间，确定哪些 VIP 是要亲自迎送的，哪些应该分配其他副手代劳。通过大堂副理日报表可以了解饭店前一天宾客关系的情况，通过顾客的意见和投诉可以发现饭店管理和服务中的问题，有的问题可以重点跟踪，从现象到本质，发现现有管理文化或操作流程中的隐患。工程和安全状况良好是饭店正常经营的前提，因此，必须对这两方面了如指掌，做到心中有"数"。看餐饮的营业报表和宴会或会议场地的预报表，不仅可以了解饭店餐饮的营收情况，而且可以知道饭店中正在举行或即将举行的大型活动的情况，不少大型活动虽然表面上在餐饮的地盘发生，但实际上涉及饭店各个部门的配合和沟通，最容易出现问题，因此，必须留意，协调关键的事宜，并提醒有关部门注意跟进。总经理看报表传统的做法是看打印出来的报表，现在有的饭店的总经理也习惯使用电脑随时查看饭店实时的经营管理报表。每一位饭店的总经理都有自己的管理方法和风格，例如有 2 000 间客房的美国拿破仑皇室饭店的总经理安德森管理起来就比较潇洒，晚上 7:00 就可以下班了，而也有不少外国的饭店总经理一直工作到晚上 10 点左右。饭店总经理晚走主要是因为要和客户沟通，中国的饭店总经理晚饭通常都有应酬。当然，晚饭后的巡视能够保证饭店总经理下班后睡得踏实一点。

 　饭店总经理在工作中可以运用哪些管理方法？

　　饭店经营管理的目的是最大限度地发挥饭店的效能，使饭店能以最低的消耗产生最大的效益。为了达到这一目的，饭店管理人员必须采用合适的管理方法来保证饭店各项经营管理活动正常开展。目前，这些常规的管理方法包括制度管理法、经济管理法、行政管理法、教育管理法、情感管理法、定量管理法、走动管理法和表单管理法等。

一、制度管理法

　　正所谓"没有规矩，不成方圆"，这里的"规矩"，指的就是制度。饭店制度是饭店在组织管理过程中借以引导、约束、激励全体组织成员行为，确定办事方法，规定工作程序的各种章程、条例、守则、规程、程序、标准、办法的总称。制度管理法就是饭店根据国家的各种法律、法令、条例和规定等，将饭店管理中一些比较稳定和具有规律性的管理事务，运用立法和制度的形式规定下来，以保证饭店经营活动正常进行的管理方法。简言之，就是饭店通过制度的制定及其实施来进行管理的方法。它具有高度的权威性、明显的强制性、相对的稳定性和确切的规范性的特点。

依照饭店制度涉及层次和内容的不同，可将其分为以下四大类：一是基本制度，主要包括饭店的法律和财产所有形式、企业章程、董事会组织、高层管理组织规范等方面的制度和规范；二是管理制度，是对饭店管理各基本方面规定活动框架，调节集体协作行为的制度，是用来引导、约束、激励集体性行为的、成体系的活动和行为规范；三是业务技术规范，即对涉及饭店某些技术标准、技术规程的规定，如服务规程、操作标准与规范等；四是个人行为规范，是指在饭店中专门针对个人行为制定的规矩，如礼貌服务守则、员工行为规范等。

二、经济管理法

经济管理法是指饭店根据客观经济规律，采取各种经济手段对员工进行引导和约束的管理方法。其中，这些经济手段包括价格、工资、利润、利息、税收、奖金、罚款、经济合同和经济责任等。经济管理法以规范的经济指标来衡量工作绩效，顺应了市场经济的科学规律，是饭店管理中最基本和最持久的管理方法。

采用经济管理法的显著优点是具有调节性、效益性和激励性，即采用该法既能加强饭店同外部的横向经济联系，又能协调饭店内部各个部门之间的利益关系，还能贯彻按劳分配原则，打破"吃大锅饭"的平均主义，充分调动每个员工的积极性。

三、行政管理法

行政管理法是指依靠职务权力，借助行政手段，采取行政命令和指示对饭店进行管理的方法。行政管理法的一个实施前提，就是要建立健全饭店的各级组织机构，按照决策层、管理层、督导层和操作层的四级层次来组建等级关系，然后按照行政管理程序发布指令、贯彻执行、检查反馈和协调处理。由于行政管理法对于管理对象不是间接地施加影响，也不是提建议，而是直接地指挥和控制，因此该法具有强制性、权威性、直接性、明确性等特点，是饭店管理中不可缺少的方法。

在运用行政管理法时，饭店管理者要审时度势，必须意识到行政管理法不等同于强迫和命令，否则会让员工产生抵触心理，不易持久。

四、教育管理法

教育管理法是指饭店管理者通过说服教育、引导启发等形式，激发员工的工作积极性和创造性，从而达到管理目的的一种管理方法。教育管理法具有如下特点：一是灵活性，即对员工的教育管理没有一成不变的模式，因人、因地、因时而异；二是艰巨性，即只有通过长期不懈的教育，才有可能改变员工的思想，继而改变其行为；三是广泛性，即开展教育时应根据员工思想和行为不同的形成原因对症下药，多方着手；四是持久性，即只有持久不断的教育才能取得成效。

五、情感管理法

在饭店管理中,人与人之间的关系不仅是经济关系,而且是一种社会关系。人所具有的这种社会属性,决定了人与人之间需要营造一种和谐、安全的工作氛围。因此,情感管理法要求饭店管理者注重对员工的思想、情感、爱好和需求等的关注,并设法予以满足,以此激发员工的工作热情,调动员工的工作积极性。

六、定量管理法

定量管理法是指运用量化手段来对饭店的管理对象进行数量关系研究的一种管理方法。在管理领域,定量方法主要运用在资金管理、财务管理、投资管理、物资管理、市场管理、市场预测和经营决策等方面,通常是建立一些数学模型,将一些问题定量化,通过计算得出有关数据,从而为经营管理决策提供依据。在饭店实际管理工作中,目前常用的数学模型有:ABC质量分析法、物资购置的经济批量公式、ABC库存管理法、盈亏平衡点分析法、定量预测方投资效益分析法、计划管理的网格技术和线性规划等。

为了更好地发挥定量管理法的作用,饭店管理者必须在日常工作中注意记录、积累、整理、分析各种原始数据,使之成为定量分析的基础。此外,现代计算机技术的发展也为定量管理法的实施提供了技术保障。

七、走动管理法

走动管理法也叫现场管理法,是一种饭店管理者到工作现场进行巡视和检查,并调节饭店业务经营活动中各方面关系的方法。饭店的业务特点,决定了管理者必须深入服务第一线,及时发现问题,纠正偏差,协调各方面的关系。同时也可以与下属沟通思想,联络感情,实施现场激励,并发现人才。

 阅读材料

感应门前的笑闹

上午10时刚过,宁波市东港大酒店的执行副总经理张楠先生正在大堂里巡视。只见他脸带亲切的微笑,一对明亮的眼睛左右上下不停地扫描,还不时地用手指触摸墙角和画框,做着他每日的"必修课程"。

他的西服口袋里有个记事本,内中夹有一支笔。他从一个个岗位旁走过时,员工恭恭敬敬地向他点头问候,他一一予以回礼。他边走边观察,不时在本子上记下些什么。此时当他从总服务台前转身离开时,迎面走来两位长住客。张总打过招呼后便朝那扇颇为新颖的前厅感应门走去。也许是刚进来一批客人忙过一阵子的缘故,应接员小李的注意力有些分散,他朝左边的行李员小鲍瞟了下眼,还伸出了舌头。小鲍见状以为小李在取笑他,便走上一步给小李后脑勺轻轻一拍。他俩的这些举动正好被

张总看在眼里，他略一停顿，但旋即转身又径直往大堂走去。目光尖利的小李看到张总的背影，知道这下闯祸了，居然在执行副总经理面前嬉笑打闹！两个小伙子在感应门前一时怔住了，不知怎么办。正在这个当儿，张总突然回过头来，朝他们微微一笑，但严峻的目光似乎在告诉他们：不能再发生这样的事了，要记住酒店的岗位纪律！小李和小鲍很快从懵懂中醒悟过来，正好一对衣着入时的青年男女走进。"早上好，欢迎光临本店！"小李朝他们弯腰鞠躬，此时小鲍也在准备行李车……

八、表单管理法

表单管理法是一种通过表单的设计制作和传递处理来控制饭店业务经营活动的管理方法。其管理的关键在于设计一套科学完善的表单体系。在饭店中，表单通常有三种形式：一种是上级部门向下级部门发布的各种业务指令，另外一种是各部门之间传递信息的业务表单，还有一种是下级向上级部门呈递的各种报表。

饭店的管理者必须学会利用表单来控制饭店的业务活动，如通过检查、阅读各种工作报表来掌握并督促下属的工作，通过阅读、分析营业报表来了解并控制饭店的经营状况并适时做出决策等。

项目小结

本项目对饭店经营和饭店管理两个重要概念进行了比较和分析，并在此基础上提出了饭店管理的含义。此外，本项目还对饭店管理者的含义进行了界定，划分了饭店管理者的三个管理层次，也对饭店管理领域中常运用的一些基本理论，如古典管理理论、行为科学理论、现代管理理论的主要派别及其观点进行了介绍。

综合能力训练

······ **基本训练** ······

一、解释

饭店管理　组织管理理论　非正式组织　双因素理论　权变理论　走动管理法　表单管理法

二、选择

1．泰罗对管理理论的最大贡献在于　　　　　　　　　　　　　　　　　　（　　）

A．创建了管理理论

B．进行了动作研究

C．提出了科学管理是管理双方的一次思想革命

D．使美国的工厂生产效率大幅度上升

2. 被誉为"现代管理之父"的管理学家是 （   ）
   A．泰罗　　　　　　　　　　　　B．法约尔
   C．切斯特·巴纳德　　　　　　　D．古利克
3. 管理学理论流派中有一种理论称为"权变理论"，你认为该理论是 （   ）
   A．权宜应变的理论　　　　　　　B．关于权利的理论
   C．关于领导的理论　　　　　　　D．关于权力变化的理论

三、思考
1. 饭店管理的要素有哪些？
2. 泰罗的科学管理理论有哪些主要内容？
3. 简述法约尔的组织管理思想。
4. 霍桑实验的结论有哪些？
5. X—Y理论有哪些内容？各有何对策？
6. 现代饭店管理常用的基本方法有哪些？

四、案例分析
　　6月的一天下午，北京长城饭店的地下职工活动室热闹非凡，各部门员工纷纷涌来，黑板报上一行文字"北京长城饭店领导与员工对话会"十分醒目。

　　2点整，对话会正式开始。饭店派出了3位副总经理、工会主席和人事总监参加会议，员工代表有30余人。平时饭店规矩很严，加上饭店规模大，普通员工与饭店领导接触机会较少，而今天，3位副总经理与员工面对面坐着，往日的距离一下子缩短了。

　　会议由工会主席主持。"一月一次的对话会又开始了……"他作了极简短的开场白之后马上转入正题。"上次对话会上与会者向饭店领导共提出了22个问题，迄今为止有17个问题已经解决或者正在解决，另有5个问题饭店领导正在与有关部门积极探讨，但其中有2个问题目前一时无法解决……"接着工会主席要求代表们畅所欲言，把饭店员工的心声完全彻底地吐露给饭店领导。早已胸有成竹的代表们便一个接一个地向领导提建议，谈希望，半个小时内一共提了29个问题，涉及5个方面。其中关于员工生活方面的问题7个；关于工作服方面的问题8个；关于管理方面的问题8个；关于提高员工素质方面的问题3个；关于设施设备方面的问题3个。

　　3位副总经理把29个问题分成3个类型：第一类是马上就可以解决的，例如不少员工希望饭店为他们创造学外语的条件与环境，以及员工更衣室太小，上下班高峰时过挤等问题；第二类是需具体研究的，例如住房分配与员工上下班接送问题等；第三类则是与国家政策有关的问题，例如个人所得税等问题。总共29个问题当场便解决23个，员工代表认为饭店领导的态度是诚恳的、积极的，尽管还有6个问题有待进一步研究才能有明确的答复，但代表们予以充分理解。

　　会议由鲁副总经理作总结发言。他肯定了对话会起着沟通饭店上下左右的作用，有助于加强领导者与被领导者之间的相互理解，因此一月一次的对话会一定要坚持下去。为了进一步提高对话会的效果，鲁副总希望所有代表事先征求周围同事的意见。最后他说，领导决定从下次

对话会起，增加一项新的议程：由副总经理向员工代表报告当月的经营情况。

从代表们离开会场时轻快的步子和挂着微笑的脸可以推断，这个对话会开得非常成功。

思考：

北京长城饭店召开的对话会体现了哪些管理理论的运用？

······ 技能训练 ······

一、任务名称

管理基础理论在饭店实际工作中的应用讨论

二、任务目标

1. 通过分组讨论，使学生明确各种管理基础理论在饭店实际工作中的应用。
2. 通过头脑风暴和课堂发言，锻炼学生的团队合作能力、逻辑思维能力和语言表达能力。

三、任务实施

1. 对所教班级进行分组，每组6~8人为宜，各组选派一名组长。
2. 小组内进行讨论方向的选定。备选方向：古典管理理论、行为科学理论、现代管理理论，选择哪（几）种管理理论可自行确定。
3. 组长组织成员展开现场讨论，得出讨论结果。
4. 每组选派一名代表发言汇报，要求语意清晰，表达流畅。
5. 教师适当补充，作总结发言。
6. 时间：1个课时。

四、成果考核

教师根据学生现场发言表现计分，并纳入平时成绩。

项目三 饭店组织管理

> **学习目标**
>
> 通过本项目的学习，你应该达到：
> 知识目标：1. 理解组织和饭店组织的概念。
> 　　　　　2. 掌握饭店组织管理的含义。
> 　　　　　3. 掌握饭店组织结构的各种类型。
> 能力目标：1. 掌握饭店组织管理的含义。
> 　　　　　2. 熟悉饭店组织管理的工作框架。
> 实训目标：考察本地某个饭店的组织管理现状，并就其在组织管理上存在的问题提出改进建议。

任务一 饭店组织管理概述

案例导入

> 某饭店是一家有 280 间客房、功能齐全的三星级饭店。饭店的组织结构为 10 部 1 室，各部室设部门经理。高层领导设一名总经理统管全饭店并分管人事、财务两部分；设两名副总经理，一名分管前台部门，一名分管后台部门。总经理常常说饭店管理要实行走动式管理，并身体力行，经常深入到各部门去对各部门的问题和决策拍板定论。比如客房部要更换清洁剂的品牌、餐饮部调换水产品供应商、销售部推行 VIP 接待卡等均是由总经理在深入部门时拍板决定的。这样的结果是效率提高了，但也带来组织上的一系列问题，如高层的岗位职责问题、组织体系的实施问题等等。

 **思　考**　该饭店在组织管理上存在什么问题？

一、饭店组织的概念

（一）组织的概念

"组织"一词在希腊文中是"和谐"、"协调"的意思，在管理学领域中，一些管理学家也试图对之做出过各种不同的解释,如"现代管理理论之父"巴纳德认为,组织是"通过有意识的协调而形成的两个或两个以上的人的活动或力量的协作系统";而哈罗德·孔茨则认为,"组织是正式的有意形成的职务结构或职位结构"。无论他们从何种角度来对组织下定义,有一点是共通的,那就是:组织不仅是人的集合体,而且具有相对稳定的结构。具体地说,组织是指为了达到某些特定目标,由分工与合作及不同层次的权利和责任制度构成的人的集合体。它包含了四个方面的条件:

(1) 组织是一个集合系统。任何组织,都包含了人员、职位、职责、职权、关系和信息六大要素,并将之组合成一个集合。

(2) 组织必须有目标。所有的组织都是为了目标而存在,无论目标是明确的还是隐含的,它是组织存在的前提和基础。

(3) 组织里面有分工,也有合作,这种分工与合作关系受组织目标的限定。

(4) 组织要设立不同层次的权利与责任制度。组织中的每个部门乃至每一个人都拥有相应的权利与责任,以便实现组织目标。

(二)饭店组织的概念

所谓饭店组织,是指饭店为了达到经营目标,把各项业务活动进行分类和分层,形成职位结构,赋予其恰当而明确的责任和权限,规定相互之间的协作关系,从而形成的正式人际结构。具体而言,它包含了以下四个方面的特征:

(1) 目标:饭店组织都是有目标的,没有目标的组织是不存在的。目标可以很清晰地描述,如饭店可用利润的多少来表示,也有一些目标不好描述,但其组织意图与饭店的利润动机是一致的,那就是通过饭店资源的最佳组合获取最丰厚的回报。

(2) 人员:饭店组织是由人组成的,而且是人群的集合,组织不可能在一个人的环境下存在。

(3) 管理:饭店组织要正常运转,需要赋予组织成员不同的权利、责任和义务。通常由能力较强的人担任管理者角色,肩负着管理组织或组织内部某个部门的责任,其他组织成员则有服从和配合管理者的义务。

(4) 文化:饭店管理是在一定文化中进行的,每个饭店都有自己独特的文化。

二、饭店组织管理的含义

根据上述对饭店组织的描述,饭店的组织管理则是指饭店对实现目标的人、财、物、时间、信息等各种组织要素和人们在经济活动中的相互关系进行组合、配置的活动。它通过确定饭店的奋斗目标、设定人员结构、确定职位、明确责任、组织协调来发挥组织的整体效能,从而实现饭店组织的目标。饭店组织管理是饭店管理活动的一部分,也称为组织工作或组织职能。

任务二 饭店组织结构

案例导入

从金字塔结构到扁平结构

某饭店是一家三星级的中型饭店，拥有320间客房，700个餐位（包括16个餐饮包厢），饭店其他的设施都符合星级要求。饭店原来的组织结构是：总经理、副总经理、总经理助理，餐饮、房务、销售、财务、工程设立四位总监。饭店有销售、前厅、房务、餐饮、娱乐、商品、人力资源、财务、工程、安全、采供、办公室共十一部一室。设立十一位部门经理和副经理，部门下属设置主管，主管下属设置领班。这样就形成了饭店的金字塔形的组织结构。这种组织结构在运转了两年后，饭店明显感到管理人员过多做事的人太少，扯皮却不少。为此，饭店决策层在有充分准备的情况下，逐步对组织结构进行了改革。先是合并了一些部门，例如把销售部和前厅部合为一个部，把采购部合并到财务部，把商品部合并到客房部，这样就减少了3个部。接着就是压缩管理层和管理人员。饭店统一取消了总监一级，取消了各部门副经理，在有必要的部门设置经理助理。在前厅、客房楼面、取消了主管一级。除了几个部门必须设立主管的，其他部门一律取消主管。这样饭店的结构由金字塔形，变成了扁平组织。组织结构的改变，不但使饭店的效率大大提高，而且大家的责任感和岗位目标也大大加强了，饭店的效益也日渐良好。

资料来源：蒋丁新.酒店管理概论（第三版）[M].大连：东北财经大学出版社，2007.

问题 从案例中分析金字塔式的组织结构和扁平式结构有什么不同？

一、饭店组织结构的含义

饭店组织结构是指为了有效地实现饭店的经营目标而建立的一种规定员工之间相互关系和职责范围的权力性组织结构。它不仅体现了饭店工作中不同层次、不同部门、不同职位的员工的职责与权力，同时也为各部门、各环节之间的沟通与协作提供了框架，为整个饭店管理奠定了基础。饭店组织结构的模式将随着组织任务的发展而更新演变，并最终影响组织效能的发挥。

二、饭店组织结构的组成

一个完整的饭店组织结构由横向的部门设置和纵向的组织层次两套系统组成，而且两套系统彼此协作，互相呼应。下面，分别以大、中、小三种类型饭店的组织结构图进行示例（图3-1至图3-3）。

项目三　饭店组织管理

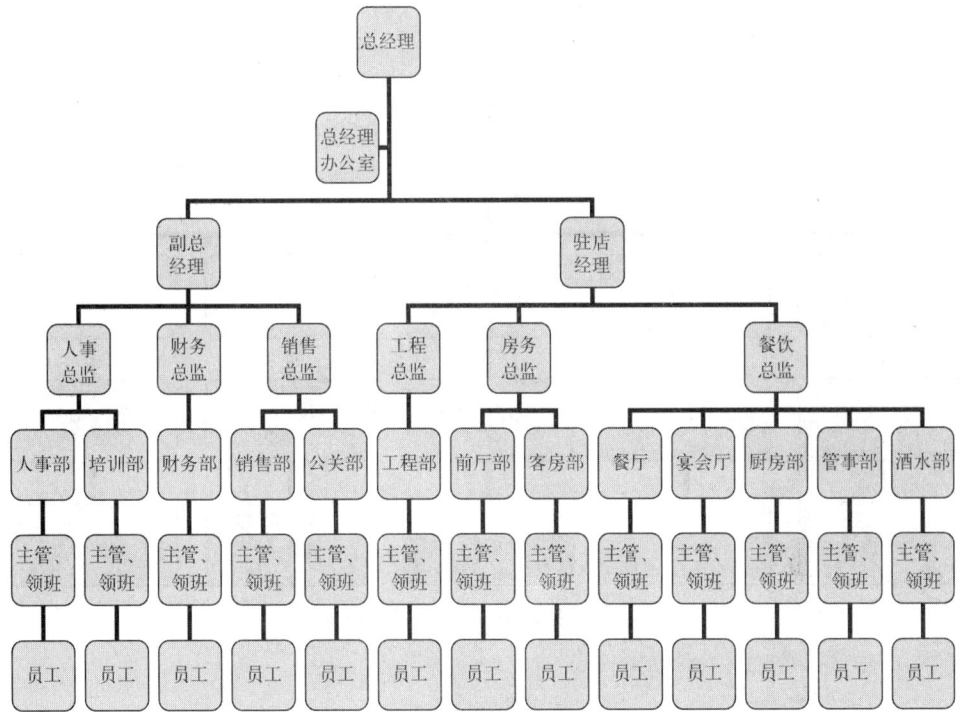

图3-1　大型饭店组织结构示意图

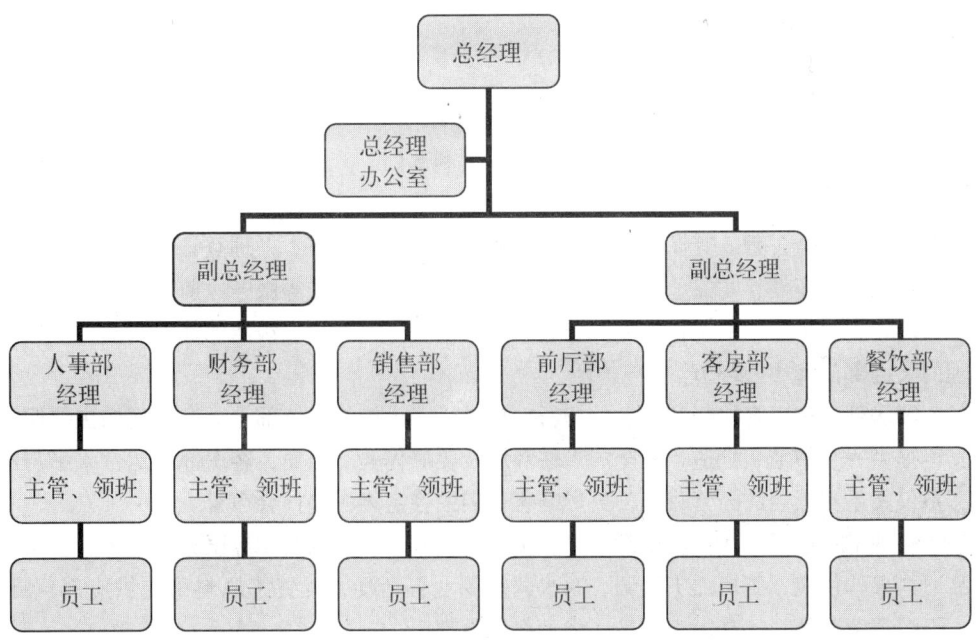

图3-2　中型饭店组织结构示意图

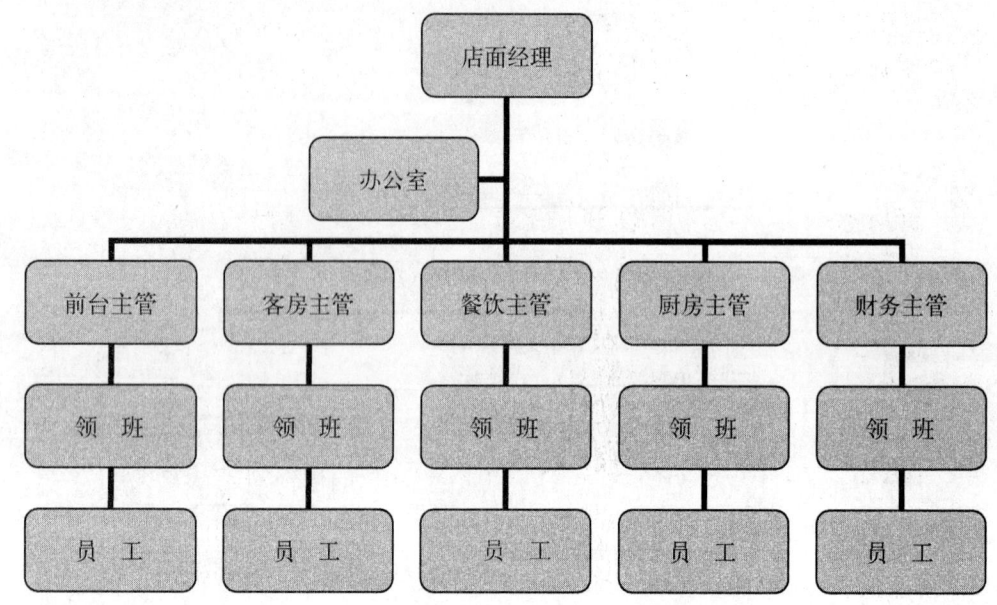

图 3-3 小型饭店组织结构示意图

（一）饭店的部门设置

饭店各部门按照其工作性质的不同，可划分为业务部门、职能部门和其他类型组织机构三大类。

1. 饭店业务部门

业务部门又称一线部门或营业部门，是代表饭店向宾客销售产品并提供相应服务的部门。这些部门直接与宾客打交道，是饭店重要的增收创利部门。

（1）前厅部：也称总台服务部，是饭店经营活动的中心。前厅部的工作始终贯穿于宾客与饭店接触、交流的全过程。其职责主要在于为宾客提供预订客房、办理登记手续、安排住宿房间、分发行包、代客储存物品、办理邮电业务、外币兑换、结账等服务。前厅部的运行和管理水平不仅反映了整个饭店的工作效率和服务水平，而且直接影响着饭店的经营收益，是饭店组织管理的关键部门和中心环节。

（2）客房部：是宾客住宿和休息的场所，也是饭店设施的主体部分。客房部的主要职责在于为宾客提供一个整洁、舒适、安全的入住环境及美好体验。因而，客房部的运营水平与服务质量，不仅关系到饭店的经营收入，更影响着饭店的稳定客源和社会声誉。

（3）餐饮部：承担着为宾客提供卫生、美味的食品和酒水以及相应服务的任务，一般包含了食品原料采购供应、厨房加工烹调、酒水调制等业务活动，设置了原料采购供应部、厨房、餐厅、酒吧等业务部门，是饭店的又一个主要创收部门。

（4）康乐部：在许多饭店，尤其是度假型饭店都设有专门的部门为宾客提供康乐服务，如高尔夫球、网球、保龄球、健身、游泳等。这些活动均由康乐部负责组织安排，并设专人负责指导。通过向客人提供娱乐设施,能够保证获得相应的经营收入。

(5)商品部:有些饭店通常会设立商品部或商品销售点,以满足宾客购物需要。大型饭店的商品部装饰豪华,以经营当地特有的旅游商品为主,而且商品价格通常高于饭店外同类商品的价格。

2. 饭店职能部门

饭店职能部门又称二线部门或后勤部门,是为业务部门服务并执行某种专业管理职能的部门,不直接面向宾客从事饭店接待和供应业务。这些职能部门主要有人力资源部、销售部、工程部、财务部和保安部等。

(1)人力资源部:主要职责是为了满足饭店经营管理的需要,协助其他部门负责饭店管理人员和服务人员的选聘、培训及具体的管理工作。一些大型饭店通常会设立人力资源总监一职,来协助总经理进行领导和指挥。在日常事务管理方面,除设有主管经理外,还有专职人员负责档案管理、员工培训、工资管理、绩效考核等工作。

(2)销售部:主要职责和工作目标是为饭店组织客源,其规模一般从1~20人不等,设有销售经理和主管销售业务的各类专职人员。有些大型饭店的销售部还分设旅游销售、会议销售、宴会销售的经理以及公共关系等专职工作人员。为了搞好销售工作,销售部的人员要进行市场调研,了解市场需求,掌握客源流向并负责推销饭店产品。

(3)工程部:主要职责是负责饭店客房及其相关设施设备的维修工作,使饭店的外部及内部装饰装修等保持完好,并坚持对饭店的各项设备、设施进行修理、保养和更新。工程部还需要按计划对饭店的能源进行有效的管理。

(4)财务部:主要负责处理饭店经营活动中的财务管理和会计核算工作。财务部人员的数量取决于饭店的经营规模。一般来说,饭店财务工作直接由一位饭店的副总经理领导,内设经理、副经理、主管会计、会计员、出纳员若干名。

(5)保安部:肩负着保卫饭店的各种设施、财产的安全以及宾客的人身和财产安全的重任,对饭店进行24小时的安全保卫和巡视。另外,尽管保安部负责饭店整体的安全保卫工作,但是饭店的所有工作人员和服务人员都应当关心安全工作,树立安全意识,并积极参与到安全保卫的具体工作中来。

3. 其他组织机构

根据各个国家国情、法律和政治经济发展要求的不同,许多饭店还设置了一些其他类型的组织机构,在我国则主要表现为:一是党组织的领导机构,它要对饭店的经营决策、正常运行、实现组织目标起监督保证作用。二是工会、共青团、妇女组织机构等。其中,工会是职工代表大会的常设机构,职工通过职工代表大会的形式行使民主管理的权利,维护其利益。共青团、妇女组织是饭店的群众组织,一方面要从该组织成员的特点出发,引导他们在饭店中发挥积极作用,另一方面要保护该组织成员的权益。

(二)饭店的组织层次

饭店组织结构的层次划分,通常采用的是一种四级管理体制,又称为梯形管理体制(具体如图3-4所示）。从上至下可依次划分为：

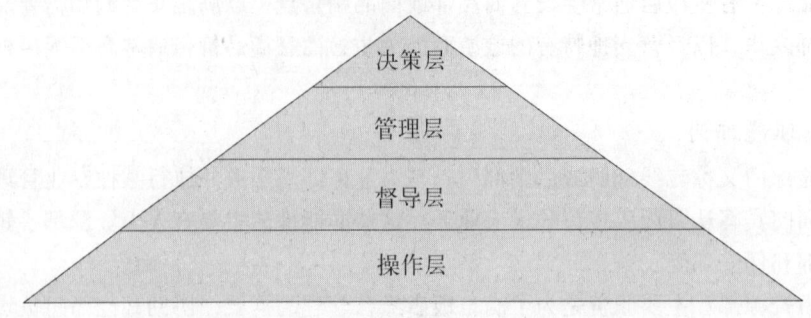

图3-4　饭店组织层次

（1）决策层：这是饭店的最高管理层，是饭店的最高领导者和决策者。通常由总经理、驻店经理、副总经理等组成，其工作重点是制定饭店的经营方针和长期的发展战略，确定和开拓饭店的客源市场，并对饭店的管理手段、服务质量标准等重大业务问题做出决策。

（2）管理层：由饭店各部门经理、经理助理或大型饭店的总监等组成，其职责是按照决策层做出的经营管理决策，具体负责本部门的日常业务运转和经营管理活动。管理层的工作对饭店的经营起着非常重要的作用，在饭店中起着承上启下的作用，是完成饭店经营目标的直接承担者。

（3）督导层：由饭店中担任基层管理工作的人员组成，如主管、领班等。其主要职责是执行部门下达的工作任务，参加饭店服务工作和日常工作的检查与监督，督导员工完成具体工作，保证饭店日常运转的正常进行。

（4）操作层：包括饭店的服务人员和在职能部门工作的基层员工。其主要职责是按照饭店规定的服务程序、规范和标准来实施具体的服务，保证对客服务质量。

三、饭店组织结构类型

饭店组织结构是饭店组织内部各部门之间关系、界限、职权和责任的沟通框架，体现了组织内部的分工与协作关系。按照饭店的经营特点与组织设计原则，常见的现代饭店组织结构可划分为直线制、职能制、直线-职能制、事业部制和矩阵制五种类型。

（一）直线制

直线制组织结构，又称层级制组织结构、军队式组织结构和金字塔形组织结构，是最早、最简单的一种组织结构形式。它是指在饭店内部，各种机构和部门按照纵向系统直线排列，形成自上而下的指挥系统，每个下属只接受一个上级的直接领导。具体如图3-5所示。

直线制的优点：结构简单，指挥迅速；职责明确，权责清晰；横向联系少，内部协调快；信息沟通迅速，解决问题及时，管理效率比较高。

直线制的缺点：实行集权式经营管理，缺乏专业化的管理分工，在客观上要求饭店管理者

项目三 饭店组织管理

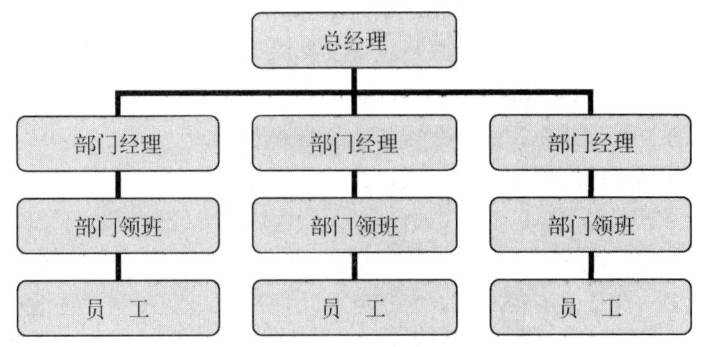

图 3-5 直线制组织结构示意图

具有全面的经营管理水平，然而这是很难做到的，尤其是在饭店规模扩大时，管理工作量就会超过个人能力承受之极限，不利于集中精力研究饭店经营管理中的重大问题。因此，直线制组织结构较适用于那些产品结构较单一、客源范围较少、业务较简单的小型饭店。

（二）职能制

职能制组织结构是在直线制的基础上发展而来的，它通过设立专业的职能机构和人员，把相应的管理职责和权力交给职能部门，各职能部门在职责范围内有权直接指挥下级业务部门。职能制组织结构具体如图 3-6 所示。

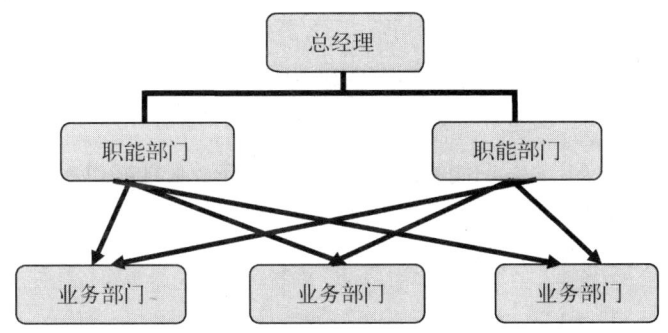

图 3-6 职能制组织结构示意图

职能制的优点：集中领导和分工负责相结合，职责清晰；能够充分发挥职能部门的专业管理作用，体现了专业分工；有助于提高饭店管理的专业化水平。

职能制的缺点：每个职能人员都有指挥权，容易导致多头领导，使员工无所适从，违背了饭店组织管理的统一指挥原则，在计划经济体制下的行政事业单位性质饭店较常见，现代饭店一般不采用。

（三）直线-职能制

直线-职能制又称混合制，是一种集权和分权相结合的组织结构形式，其特点在于把饭店的所有部门分为两大类：一类是业务部门，业务部门按直线层级的形式实行垂直指挥。一类是职能部门，职能部门按分工和专业化的原则执行某类特殊管理职能。业务部门和职能部门之间实行横向联系，业务部门在自己的职责范围内有业务决策权和指挥权，职能部门只能为业务部门提供建议和履行相关管理职能，不能指挥和命令业务部门。

饭店直线－职能制组织结构有多种形式，目前我国单体饭店普遍采用这种组织结构形式，而且以总监制较为常见。所谓总监制，是指一些大型饭店在总经理和部门经理之间添加一个分管某一方面业务的管理层次——总监，如房务总监、财务总监、餐饮总监等。当饭店组织规模较大、客房数目较多、业务范围较广时，为避免总经理管理幅度过宽，可适当设立总监一职，然而，总监制如果设置不当，就会造成机构重叠，规模较小的饭店不建议采取总监制。具体的直线—职能制组织结构如图3－7所示。

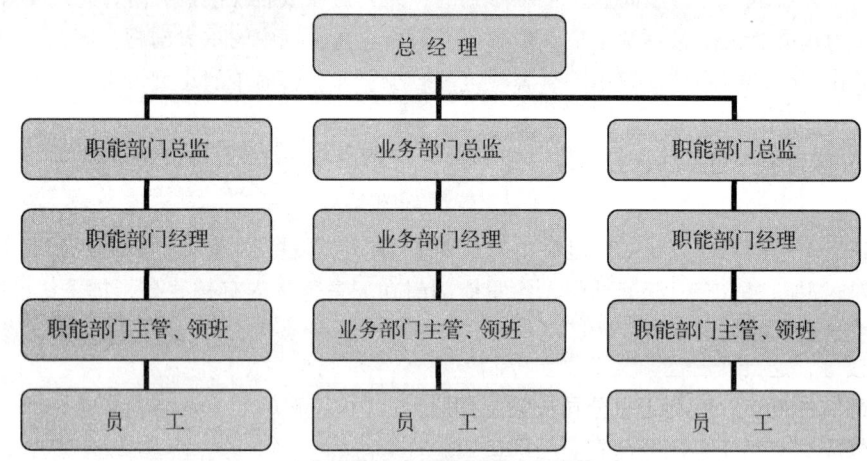

图3－7　直线－职能制组织结构示意图

直线－职能制的优点：在直线职能制的组织结构形式下，职能部门不直接参与饭店业务的经营和接待活动，而是为业务部门服务，职能部门拟定的计划、方案、制度等应交总经理批准后发布，由各部门经理对其属下的部门下达执行命令，既能有效发挥管理职能的作用，又能避免多头领导现象。

直线－职能制的缺点：由于饭店各部门分担不同的专业管理工作，观察和处理问题的角度不同，因此常会发生矛盾；各部门缺乏全局观念，组织存在职能部门间的职权分割；不利于横向沟通，协调工作难度大，削弱了统一指挥。

（四）事业部制

事业部制由美国通用汽车公司经理A.P.斯隆在20世纪20年代创建，是一种适用于大型饭店集团的分权式组织结构形式。其特点在于把饭店的经营活动按产品或地区的不同分别建立"事业部"，每个"事业部"就是一个利润中心，实行在总公司领导下的自主经营，独立核算和自负盈亏。"事业部"与总公司的关系，按照"政策制定和行政管理分开"的原则来处理，表现为总公司主要负责研究和制定各项政策，如投资方向的确定，产品结构的调整等，各个

"事业部"则负责本部的日常经营事务。事业部制的组织结构如图3-8所示。

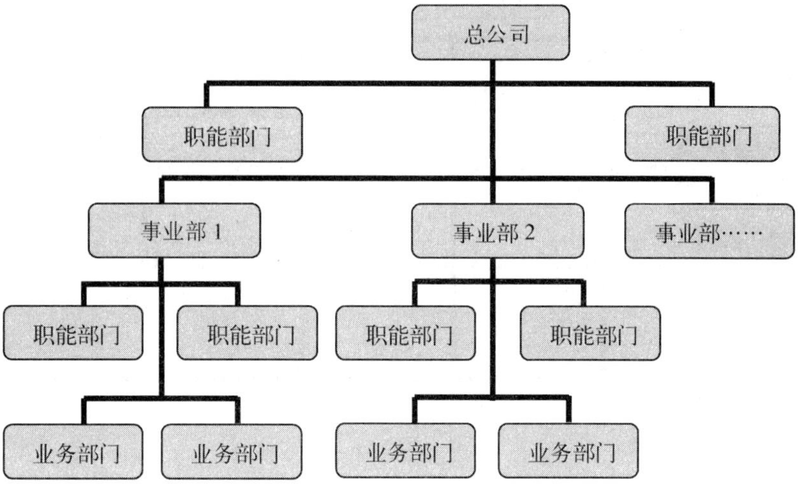

图3-8 事业部制组织结构示意图

在我国，饭店实行事业部制主要有以下几种情况：第一，有的饭店以主体饭店为核心，同时设立与主体饭店有资本联系的若干个企业组成的集团公司，集团公司往往采用事业部制；第二，有的饭店通过资本运作管理若干家饭店并形成连锁，这种连锁饭店往往采用事业部制；第三，有的饭店除了主体饭店外还附属有旅行社、餐饮公司、洗衣公司、汽车公司、独立公寓楼、写字楼等，这类饭店也多实行事业部制。

事业部制的优点：有利于总公司决策层摆脱具体的管理事务，集中精力抓好经营发展战略和长远规划等；有利于各事业部在总公司政策允许范围内面向市场、独立经营，提高经营效率和管理水平；有利于考核各事业部的业绩，促进各事业部之间进行比较和竞争，调动其积极性和主动性；有利于培养独立的、全面的高级经营管理人才。

事业部制的缺点：各事业部之间容易形成部门狭隘观念，产生本位主义，忽略总公司整体利益；部门之间横向协调差，不利于人才的流动；容易造成机构重叠和管理人员的浪费，一般适用于大型饭店、饭店管理公司和集团化经营的连锁饭店。

（五）矩阵制

矩阵制组织结构有纵横两套管理系统，把饭店的管理部门分为传统的职能部门和为完成某项专门任务而由各职能部门派人参加联合组成的、指派组长负责领导的项目小组，任务完成之后，小组成员各自回到原来所属部门。这样，若干职能部门所形成的垂直领导系统和为完成专门任务而形成的若干项目小组的临时系统，就组成了矩阵制组织结构形式。具体的矩阵制组织结构见图3-9。目前，主要是一些饭店集团公司或输出管理的大型饭店采取这种组织结构方式。

矩阵制优点：既能保证完成任务，又能充分发挥各职能部门的作用；能集中各部门专业人员智慧，加快工作进度；避免各部门重复劳动，缩减成本开支；打破饭店部门界限，便于内部协调。

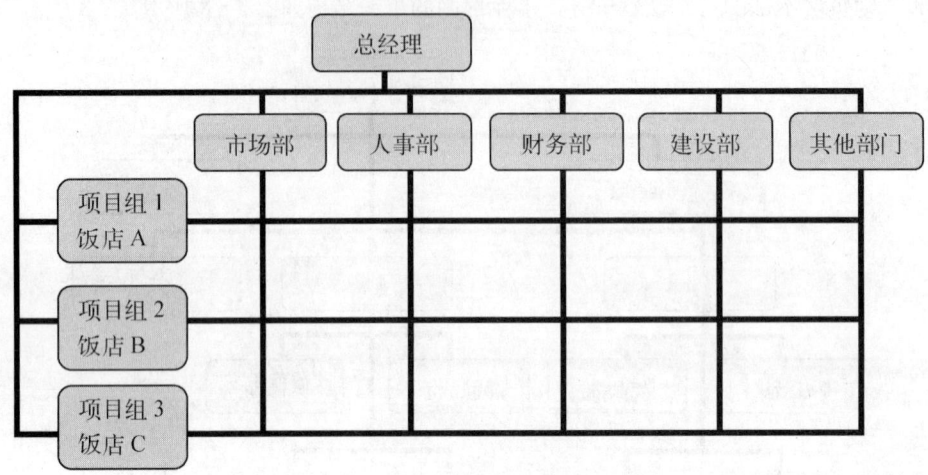

图 3-9　矩阵制组织结构示意图

矩阵制缺点：项目负责人的责任大于权力。主要表现为项目组成员来自不同部门，隶属关系仍在原部门，由于临时参加该任务，并没有打破等级制，这种双重领导状况容易延误决策时机。另外，矩阵制需要饭店内部一种合作文化和成员间的默契与配合来支持，这是矩阵制难于有效实施的关键原因。

总之，饭店的组织结构类型多种多样，也各有利弊，饭店究竟适合采取何种组织结构，要从饭店自身实际出发，结合业务需要和经营特点来进行选择和调整。

项目小结

本项目介绍了组织、饭店组织的概念，进而引申出饭店组织管理的含义，并从饭店组织结构的设计管理人员的配备和使用、任务的分配、编制定员、劳动组织和建立相应的规章制度五个方面对其具体内容进行了详细阐述。

综合能力训练

······ 基本训练 ······

一、解释

组织　饭店组织　饭店组织管理

二、选择

1．饭店组织管理是指　　　　　　　　　　　　　　　　　　　　　　　　（　　）
   A．对组织结构的管理　　　　　　　　B．对组织生产力的管理
   C．对 AB 两者的管理　　　　　　　　D．对业务组织的管理
2．饭店的组织层次中起着承上启下作用的是哪一层次？　　　　　　　　　（　　）

A．决策层　　　　　　B．管理层　　　　　　C．督导层　　　　　　D．操作层
3．我国单体饭店普遍采用何种组织结构类型？　　　　　　　　　　　　　　　（　　）
A．直线制　　　　　　　　　　　　　　B．职能制
C．直线－职能制　　　　　　　　　　　D．事业部制

三、思考

1．形成组织需要具备哪些条件？
2．各类型组织结构有何优缺点？

四、案例分析一

某饭店过去是一家市政府下属的高级招待所，经过更新改造以后，升为四星级饭店。但饭店的组织机构基本上沿袭了招待所的模式。为了加强销售工作，饭店增设了公关销售部。但是由于过去销售工作由客房、餐厅和各业务部门分别去做，所以出现了饭店所有部门都有销售指标，各个部门一同出去进行推销的局面。有时为了争取同一个客户，各部门轮番争抢，出现内部竞争。这种状况弄得有些客户莫名其妙。他们认为，如此混乱的管理不可能造就良好的服务，因此打消了与该饭店合作的念头。在销售部，每个人的工作都有销售额规定，只要你能完成定额，无论拉什么客户都行。结果造成这位销售人员前两天刚来，而另一位销售人员又登门推销，而且每个销售人员报的价格也不完全相同，弄得客户不知所措。由于经常出现内部竞争，致使销售部与其他部门之间、销售部内部员工之间经常因为客户而发生矛盾，影响了饭店内部的协调和合作。

思考：
（1）该饭店在组织管理方面存在什么问题？
（2）你认为应该从哪些方面着手改变该饭店现状？

案例分析二

小张是某五星级商务饭店的餐厅服务生。某日，该饭店接待了一个非常重要的大型国际会议。小张的领班孙某在晚餐之前进行了详细的接待计划安排，原本从事用餐服务的小张被领班安排和小王合作在餐厅入口处做领座员。考虑到在用餐高峰时，客流量较大，领班孙某特别安排两位领座员（原本是小王一人当班）。餐饮总监也在现场作指导。可是就在就餐高峰期之前，餐饮总监发现某包厢准备还不到位，于是临时让小张去该包厢做好卫生及相关准备的扫尾工作。小张见是餐饮总监的命令，不敢怠慢，可当小张准备完包厢回到餐厅入口处时，客流量已经很大了。小王一人无法应付，导致有少许客人不满。领班对小张擅自离开岗位给予了严厉的批评，并称事后将追究相应责任。小张觉得明明自己是被餐饮总监临时调用的，并不是擅自离岗，对领班的批评真是觉得一肚子委屈。

思考：
1．你觉得在这次事件中，餐饮总监和领班谁对谁错？
2．小张是否应该执行餐饮总监的临时调用？为什么？

····· ····· ····· 技能训练 ····· ····· ·····

一、任务名称

绘制饭店组织结构图

二、任务目标

1. 学生根据教师的给定要求，亲手绘制饭店组织结构图，从而锻炼逻辑思维能力和动手能力。
2. 加深对所学知识的领悟，做到学以致用。

三、任务实施

1. 教师在课堂上布置绘制饭店组织结构图的任务。
2. 每名学生利用纸和笔，在课堂上亲手绘制。
3. 教师规定作业时间，并在教室内作巡视指导。
4. 教师对作业完成情况进行点评。

四、成果考核

1. 成果形式：饭店组织结构手绘示意图。
2. 教师根据学生作业完成情况计分，纳入平时成绩。

项目四 饭店前厅管理

学习目标

通过本项目的学习，你应该达到：

知识目标：1. 掌握前厅部的基本概念。
2. 了解前厅部组织机构和各岗位的主要职能。
3. 掌握前厅部的主要业务管理内容。
4. 熟悉前厅部其他岗位的工作任务。

能力目标：1. 能依据饭店运营过程勾画出前厅部架构图。
2. 熟悉掌握前厅部各项服务的基本流程和业务技能。

实训目标：通过案例分析，让学生体会前厅部各岗位服务的重要性和相关业务程序及内容；通过多媒体、视频向学生展示预订、接待、礼宾服务等礼仪，学生进行分组预订、接待和礼宾服务等业务的实践练习，提高学生对本项目知识的掌握程度。

案例导入

某饭店客房预订员小王接到一通英国客人的长途电话，对方想预订3天后的一间标准间，小王查询了电脑后，回答客人说由于3天后饭店要接待一个大型会议团，标准间已经全部订满了，小王问客人是否可以推迟抵店日期或更换饭店，客人想了一下，表示还是希望能入住本饭店，请小王帮忙解决。这时，小王用商量的语气向客人提出建议说："非常感谢您对我们饭店的信任，如果可以的话，请允许我建议您入住我们的豪华套房，虽然房价相比较于标准间有些略高，但却是物有所值的。您抵店后可以先参观一下我们的套房，到时候再做决定也不迟啊。"客人听了小王的建议后，欣然地答应预订两天的豪华套房。

 小王在客房预订过程中，有哪些值得学习的地方？

任务一 饭店前厅部概述

一、前厅部的概念

饭店前厅部（Front Office）是负责为饭店招徕并接待宾客，销售饭店客房及餐饮、娱乐等产品，沟通和协调饭店各部门的对客服务，为宾客提供各项综合服务的部门。它通常由预订处、接待处、问询处、收银处、电话总机、商务中心、礼宾部、大堂副理等岗位组成，其主要机构均设于饭店大堂地段。前厅部是整个饭店服务工作的核心部门，不论从地位还是功能出发，它都是饭店组织机构当中必不可少的重要部门（图4-1）。

图4-1　饭店大堂

二、前厅部在饭店中的地位和作用

（一）前厅部是饭店形象的代表

前厅部是给宾客留下对饭店第一印象和最后印象的地方。宾客与饭店最先接触到的工作岗位，如预订、电话总机、迎宾或前台等均隶属前厅部，都是能给宾客留下最初印象的地方。从心理学的角度出发，宾客对饭店的评价，第一印象通常会起到决定性作用。因此，饭店前厅部对客服务工作运转的好与坏直接影响到饭店的市场形象。

（二）前厅部是饭店的信息中心和神经中枢

从宾客抵店前的预订、入住、最后到结账退房，都离不开前厅部的对客服务工作。在此过程中，前厅部不仅为宾客提供各项服务信息，而且通过建立客史档案为饭店的其他部门提供客情，协调全饭店各部门之间的对客服务工作，确保服务工作的效率和质量。前厅部是饭店的神经中枢，在饭店运行中起着沟通、协调等重要作用，很大程度上控制和协调着整个饭店的经营活动和对客服务工作。

由此可见，前厅部的工作效率反映了饭店的管理水平和服务质量，代表着饭店的总体形象。

（三）前厅部是饭店整体服务质量的体现

前厅部被誉为饭店的门面和营业窗口，其运转的好坏直接反映出饭店的整体服务水平和形象。这不仅包括大堂的整体设计、装饰布置、灯光照射等设施的豪华程度，更重要的是前厅部员工的精神面貌、仪容仪表、服务技巧和效率等。前厅部员工在接待客人时，如果能以细致入微、彬彬有礼的态度和娴熟的技巧提供服务，妥善、认真、有效地解决难题，那么客人在选择饭店其他业务时，就会更加充满信心和感到满意。

（四）前厅部是饭店组织客源及创造经济收入的关键部门

前厅部承担着预订、推销饭店客房以及其他饭店产品和提供服务的职责。不仅通过提供电话、出租、商务、邮寄等业务获取直接经济收入，而且还协助饭店的其他产品如客房、餐饮、娱乐等项目进行宣传和销售，从而提高客房的出租率和营业收入，以获取良好的经济效益。

（五）前厅部是饭店管理的参谋和助手

前厅部是饭店的信息中心，收集和掌握有宾客和饭店活动的各项信息。整理和分析这些信息，可以向饭店的其他部门提供经营管理情况的数据和报表，为上层管理机构提供咨询意见，为制定饭店未来的发展战略和计划提供参考。

此外，前厅部还是沟通饭店与宾客良好关系的桥梁，同时也是与宾客接触最多的部门，因此，应尽最大能力提高宾客对饭店的满意度，赢得宾客对饭店的忠实度，最终才能达到提升饭店品牌形象和提高饭店经济效益的目的。

三、前厅部的组织机构

（一）前厅部的机构设置原则

1. 结构合理原则

前厅部的机构设置、职责划分和人员配备应依据饭店的性质、规模、地理位置、管理方式和经营特点等来确定，因店而异，不宜生搬硬套。

2. 精简高效原则

在人员配置问题上，理应遵守精简原则。前厅机构精简，不仅有利于节省劳动力，更重要的是有利于提高工作效率和融洽人际关系。要避免人浮于事、岗位职能空缺的现象发生。

3. 权责明确原则

前厅部应明确各机构及各岗位人员的职责和任务，明确上下级隶属关系以及信息传达与反馈的途径和方法，防止出现职能空缺、岗位重叠、业务环节脱节等现象。

4．协作便利原则

前厅部的机构设置不仅要便于部门内部各岗位、各环节之间的协作，而且还要有利于与其他部门在业务经营和管理上的沟通合作。

（二）前厅部的组织机构模式

如前所述，前厅部的组织机构设置由于受到饭店等级、规模、性质、管理模式和职能分配等因素的影响，各饭店前厅部组织机构设置的模式也有所不同。因此，各饭店在遵循组织机构设置原则的基础上，会依据实际情况，采取最适合饭店自身经营管理特点的组织机构模式。

1．小型饭店

小型饭店的前厅部通常隶属于房务部，一般只设主管（或领班）和普通员工两个层次（图4-2）。

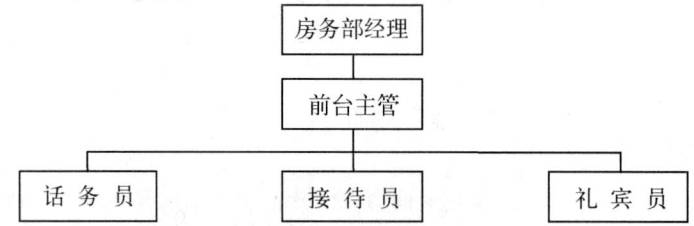

图4-2 小型饭店前厅部组织机构图

2．中型饭店

中型饭店的前厅部一般由部门经理、领班、普通员工三个层次（图4-3），与小型饭店相比，中型饭店前厅部下设的工种较多。

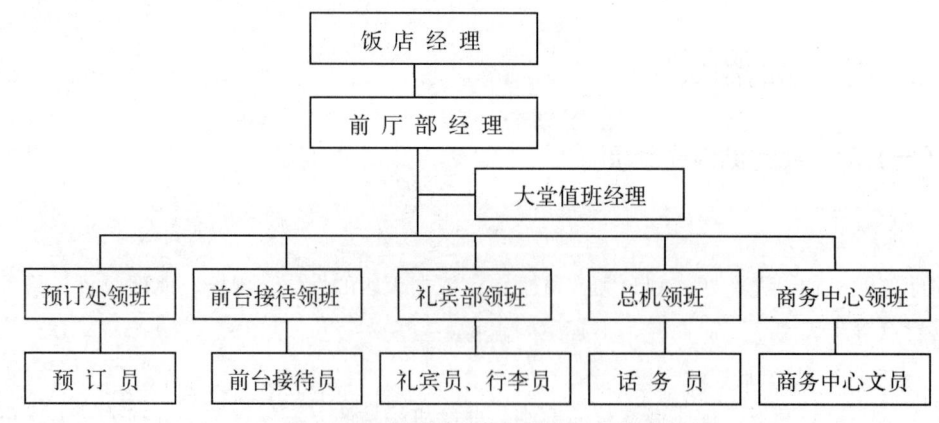

图4-3 中型饭店前厅部组织机构图

3．大型饭店

在大型饭店中，前厅部的机构设置较中型饭店增加主管层，共计四个层次（图4-4）。

项目四 饭店前厅管理

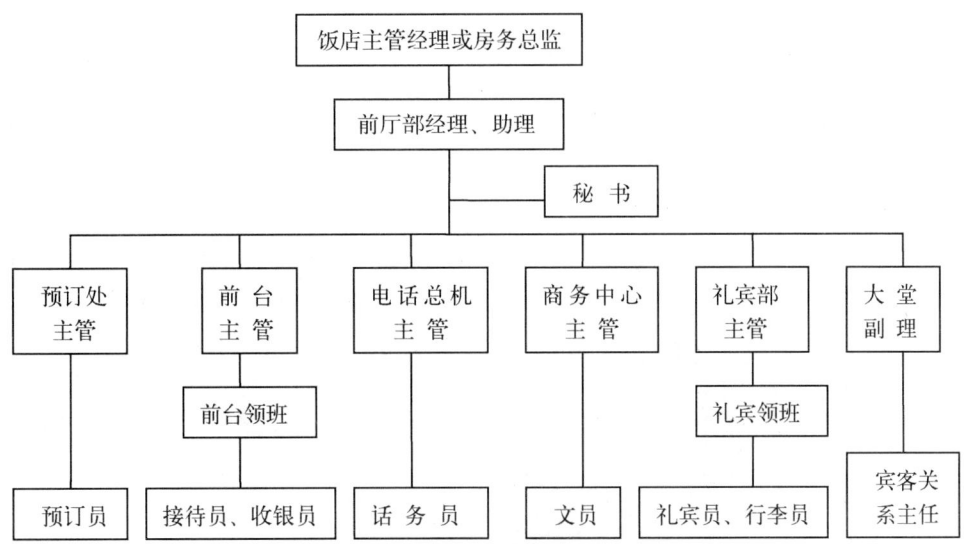

图4-4 大型饭店前厅部组织机构图

四、前厅部主要机构及业务分工

(一)预订处(Room Reservation)

预订处的主要业务范围包括:
(1) 负责饭店的客房预订业务。
(2) 受理并确认各种来源的预订,处理更改和取消预订的业务。
(3) 与接待处保持密切的联系,及时提供最新预订信息。
(4) 制作预订业务的相关报表,为拟订年度客房预订计划提供数据支持。
(5) 确保预订信息的准确性,完善预订记录。

当前,随着饭店业竞争的加剧和开拓客源市场力度的加大,一些饭店的客房预订职能正在逐渐地剥离出前厅部,转而归属于饭店营销部门,同时也说明职能分配的转变对饭店组织机构设置会带来一定的影响。

(二)前台(Reception)

相较于传统饭店前厅部组织机构设置,革新的组织机构将接待、问讯和收银三大功能统一并入了前台,使前台接待员将上述功能集于一身,在很大程度上提高了工作效率,为宾客提供"一站式"服务,避免了不必要的服务转接,提高对客服务的满意度。其主要业务职能包括有:
(1) 推销客房,接待住店宾客,办理入住登记手续。
(2) 准确控制房态并进行有效排房,掌握住房动态及信息资料。

(3) 解答宾客问讯，协调对客服务。
(4) 为住客提供贵重物品的寄存和保管服务。
(5) 确定宾客付款方式，建立客账，提供外币兑换服务。
(6) 为离店宾客办理结账手续、收回房卡等。
(7) 制作客房营业日报表及其他统计分析报表。

图4-5　深圳凯宾斯基酒店前台

（三）礼宾部（Concierge）

礼宾部主要由礼宾司、机场代表、门童、行李员等组成，其主要工作职责有：
(1) 在门厅或机场、车站迎送宾客。
(2) 负责宾客的行李运送与寄存，并确保其安全。
(3) 引领宾客进房并介绍相关服务设施。
(4) 分发客用报纸、信件及留言。
(5) 协助管理和指挥门厅入口处车辆停靠，确保道路畅通和安全。
(6) 回答宾客问题，负责宾客代办事宜。

（四）电话总机（Operator）

电话总机的主要职责有：
(1) 转接电话。
(2) 提供叫醒服务。
(3) 回答电话问询，受理电话留言及投诉。
(4) 为住店宾客提供请勿打扰及个人信息保密服务。

项目四　饭店前厅管理

（5）传播或消除紧急通知或说明。
（6）播放背景音乐，保守通信机密。

近年来，许多国际饭店集团对电话总机的服务功能进行了延伸和拓展，使电话总机具备了饭店服务信息集散的功能，除了可以帮助宾客完成电话客房预订，提供夜间客房送餐点单的服务之外，还通过传达宾客的住店服务要求等，提高饭店的服务效率，同时也方便了宾客，提高宾客的满意度。正如喜达屋酒店集团旗下的威斯汀酒店品牌采取的"快捷服务"（Service Express），即宾客只需要拨打一个电话，该部门员工即可将宾客的服务要求传递给相关部门完成，从而为宾客创造愉快的住店经历。

（五）商务中心（Business Center）

商务中心的主要业务范围包括：
（1）提供文字处理、文件整理、装订、复印服务，长途电话、传真、订票等服务。
（2）提供互联网商务及计算机租用服务。
（3）提供秘书及翻译服务等。

图4-6　商务中心

近年来，由于互联网技术的快速发展，很多饭店的商务中心功能趋向弱化。由于某些重要文件或合同文本涉及商业机密的原因，很多宾客希望能在客房中处理相关事务，使得更多的饭店越来越重视和加强客房内的办公设备的配置，如为宾客提供电脑、无线网络、传真机等。

（六）大堂副理（Assistant Manager）

我国三星级以上的饭店一般都设有大堂副理，其主要职责有：
（1）代表饭店总经理做好日常的贵宾接待工作，完成总经理临时委托的各项任务。

(2) 巡视和检查饭店公共区域，处理宾客对饭店内部的投诉。

(3) 解答宾客的询问，征求宾客意见，维系饭店与宾客间的良好关系。

(4) 协助前厅部处理好日常接待中出现的问题，联络和协调饭店内各相关部门的对客服务，处理各类突发事件。

(5) 检查和监督饭店员工仪容仪表、履行岗位职责、遵守规章制度等状况。

(6) 详细记录值班期间发生和处理的各项事件。

(7) 出席饭店各种例会，为加强饭店经营管理、提高服务质量进言献策。

(8) 确保饭店各项重大活动的正常接待。

大堂副理的工作对于一家饭店来说至关重要，它不仅是饭店对客服务中的重要环节，而且在饭店管理层和员工之间起到承上启下的关键作用。关于它的归属问题，各饭店有不同的界定，从工作性质出发，多数饭店将其归于前厅部，职务相当于前厅部经理助理。但从职责范围出发，因涉及饭店各个部门，为便于协调和开展工作，一些饭店将其归于饭店管理机构。

五、前厅部员工的必备素质要求

前厅部员工被比喻为饭店的"外交大使""公关代理""推销员"和"协调员"，他们代表饭店在前厅接待宾客，为宾客提供优质的服务。既然前厅部员工是饭店形象代表，那么他们除了需要具备良好的外形条件之外，还要有良好的综合素质，且掌握一定的专业知识。

(1) 业务技能：熟悉掌握前厅接待的业务知识，具备一些社会学、心理学、民俗学、管理学等方面的知识，为不同背景的宾客提供个性化的优质服务。

(2) 语言能力：前厅部员工要善于倾听宾客的诉求，才能有针对性地满足宾客的需求。在与他人交流的过程当中，要善于运用语言艺术，有较强的语言表达能力，除普通话外，必须掌握一门以上的外语。

(3) 性格与心理素质：前厅部员工应具备外向性格，有成熟而健康的心理素质，拥有良好的协调能力与应变能力。能自觉地进行自我调节，避免在压力面前产生失落与挫败感。

(4) 仪容仪表：要求前厅部员工仪容仪表整洁、行为得体大方，按照饭店标准着装和装扮外表。讲究礼貌礼节，说话时语气应温和耐心，双目平视宾客，并在适当的时候给予回应。

任务二 饭店前厅部的业务管理

前厅部的对客服务全过程主要以宾客为中心，通过优质、高效、快速敏捷的服务，使宾客在住店期间感到满意，在离店之后留下深刻印象。前厅部的基本业务主要有客房预订、前台接待、礼宾服务、商务中心和总机服务等方面。

一、预订业务的管理

宾客在抵达饭店之前，大多会提前预订客房，这样既可以避免遭遇饭店客满的危险，又可以节约宝贵的时间；而饭店提供客房预订的服务，既可以在宾客抵店前做好准备工作，以便尽最大可能地满足宾客需求，又可以为饭店争取到满意的入住率。

（一）预订的方式

1. 电话预订（Telephone）

宾客或其委托人以电话联系的方式进行预订。电话预订具有迅速、简便的特点，有利于宾客与预订员之间的直接沟通，使宾客可以立即了解饭店客房和房价是否符合要求，并根据实际情况及时调整预订。预订员通过详细询问宾客对房间种类、数量、房价、付款方式、抵离店时间及特殊要求等问题，适时地进行电话促销。在处理电话预订时，应注意避免让对方久等，如不能立即答复，则应留下联系方式，等确认之后给予答复；通话时语言表达要规范、精炼和礼貌。在结束通话前，应复述宾客的预订要求并进行核对，以免出错（表4-1）。

表4-1 散客客房预订单范例

客人姓名		国籍		人数	
抵店日期			离店日期		
房间类型			房 价		
特殊要求					
联系电话			邮 箱		
经办人			预订日期		

2. 传真预订（Fax）

以传真的方式进行预订联系是当今最理想的通信手段之一，它既具备了传递迅速，即发即收，内容详尽的特点，并可以传送发送者的真迹、签名或印鉴等。传真件利于资料的保存，不易引发预订纠纷。传真预订与电话预订相比，不受时间限制的影响，宾客可以随时在方便的时候向预订饭店发送传真。为了节省时间，传真件一般使用缩略语，但表达方式必须符合规范。

3. 面谈（Face to Face）

面谈又称口头预订，即宾客或其委托人直接来到饭店，与预订员面对面地洽谈预订事宜。其特点是可以让预订员更加详尽地了解宾客的订房要求，并可以当面解答宾客提出的问题。必要时还可以带宾客参观饭店的房间（Show Room），并通过察言观色来进行有针对性的客房推销。切忌给宾客承诺房号，以免失信于人。

4. 信函预订（Letter）

采用通信的方式预订客房，适用于宾客在离抵店日期尚有较多时间的情况下。此方式虽然比较耗时，但其较正规，如同一份合约，对宾客和饭店起到一定的约束作用。信函预订的方式虽然在今天已经很少见，并且时效性不高，但是信函书写更具有针对性，会给宾客留下好感。

5. 网络预订（Internet）

随着互联网的推广和普及，越来越多的饭店将计算机网络应用到经营管理当中，宾客可以通过上网获取饭店预订的相关信息，并通过订房网站或饭店自有预订网络进行客房预订，这种方式不仅方便宾客，而且可以提高预订效率和广泛争取客源。网络在线预订客房，可以即时获取和变更预订信息,也可以进行客房信息比较,让宾客在最大程度上获得既经济又实惠的客房预订(图4-7、4-8)。

图4-7　网络在线预订(喜达屋酒店及度假村集团官网)

图4-8　网络在线预订(携程旅行网官网)

(二)预订的种类

1. 临时性预订(Advanced Reservation)

临时性预订是指宾客在即将抵达饭店前的较短时间内或到达当天预订饭店客房,在此情况下,饭店一般没有足够的时间给予宾客以书面确认或无法确认。而预订员在受理预订时,应与宾客核实抵店时间或所乘航班、车次,并提醒宾客将保留所订客房至入住当天18:00(取消预订时限),避免在饭店入住旺季时引起不必要的纠纷。

2. 确认性预订（Confirmed Reservation）

饭店在接受宾客的预订申请后，根据客情给予其口头或书面形式的确认，一般不要求预付订金。宾客必须在事先声明的入住时间抵店，如未能在时限内抵店且没有任何说明，在用房高峰期时，可视为自动放弃预订，饭店则有权利将所保留的客房出售给其他有需要的宾客。

3. 保证性预订（Guaranteed Reservation）

宾客通过预付订金、信用卡或订房合同的方式来保证自己的订房要求，饭店必须在任何情况下都保证已经落实的预订，如任何一方违约，则应承担相应的经济赔偿责任。宾客如在预约入住当日未到，则应保留客房至入住日期的次日退房时间为止。保证性预订不仅可以约束宾客和饭店双方的行为，而且也保护了双方的利益。

4. 等待性预订（On-Wait Reservation）

饭店为了预防临时性取消、变更预订的行为，即使在客房预订已满的情况下，仍会接受一定数量的预订，并将其列入预订等候名单（Waiting-List）中。对于此类预订，饭店不给予确认，只向宾客说明，在其他预订取消或提前离店的情况下，才予以优先考虑和安排。

（三）客房预订程序

饭店客房预订员需要掌握好预订工作的内容、预订程序和操作方法，熟悉饭店所有客房类型、位置、内部情况、价格及日出租率等情况。在受理宾客的预订时，应遵循以下要点及内容：

1. 明确要求

无论宾客以任何方式向饭店提出预订请求，预订员都需要了解住宿宾客姓名、人数、国籍、抵离店日期及时间、所乘交通工具、所需客房类型、数量、价格、特殊要求、付款方式、联系方式等信息。

2. 接受或婉拒预订

预订员通过核实饭店客情，判断是否可以满足宾客的预订要求，如果可以接受预订，则需要给予宾客书面或口头确认；如果难以满足预订要求，则应对其予以婉拒，并主动提出一系列建议代替简单的拒绝。预订员可根据当时的情况，建议宾客做部分预订内容的修改，或者将其列入等候名单中，随后检查落实，一旦有空房便立即通知宾客。一些饭店还专门使用规范的婉拒预订的致歉信，以体现饭店高质量的服务水平和良好的市场形象。

3. 确认预订

与宾客确认预订可以使饭店进一步明确宾客的预订要求，预订员根据情况予以宾客口头或书面确认。口头确认需要将一些注意事项告知宾客，以免引起不必要的纠纷；书面确认适用于确认性或保证性预订，确认函上需要写明宾客的订房要求、个人资料、房价、客房保留时间、付款方式以及预订取消的相关规定等信息。

4. 预订资料的储存及复核

当预订确认书发出后，预订员须将预订资料及时、准确地予以记录和储存，以防疏漏或丢失。在预订确认至宾客到店期间，预订员要按程序做好订房复核工作，间隔一个月以上的预订，核对次数不少于3次；间隔一周以上的预订，核对次数不少于2次，复核信息必须保证准确无误。

5．修改预订

宾客在抵店前，因各种原因可能会对其原来的预订进行更改或取消。在处理时，预订员应注意以下要点：

（1）迅速查找出预订单，仔细检查饭店客房预订控制记录，并做出相应修改标注或填写预订更改单。

（2）如果不能满足宾客的预订修改要求，预订员应给宾客适当的建议，与之共同协商解决。

（3）当客人要求取消预订时，预订员应做好妥善处理，在预订单上注明清楚取消人、取消原因、取消日期等重要信息，并将其存档。

预订员在处理预订修改业务时，应提供耐心、高效的对客服务，表现出饭店对宾客的热情和期待之情。

（四）超额预订及其处理方法

超额预订（Over Booking）指的是饭店在预订已满的情况下，再适度增加预订的数量，以弥补少数宾客临时取消预订而出现的客房闲置。宾客在预订好饭店客房后，并非所有的宾客都能如约而至，经验告诉我们，仍会有小部分宾客会因各种原因无法按期抵达或临时取消，使饭店出现客房闲置，饭店会因此而造成一定的损失。饭店为了追求理想的出租率和较高的经济效益，则有必要实施有效的超额预订。

按照国际饭店的管理经验，超额预订的百分比需控制在5%—15%，超额预订的决策不仅依据于管理者的个人经验，而且应来自对市场的预测以及对客情的正确分析，这是一种具有风险的行为。当然，超额预订的出现必然是在需求高峰期。实施超额预订时应分析掌握下列比例关系：

1．团队预订与散客预订的比例

团队预订大多由旅行社、会议组织机构、商业机构、贸易公司等订房，其事先有计划有组织的并与饭店签订了预订合约，取消或预订不到的可能性很小，可信度较高。而散客预订的随意性较大，易受外界因素影响。因此，若在某时期内团队预订多，散客预订少的情况下，超额预订的比例不宜过大；反之，可以适当加大超额预订的比例。

2．预订类别的比例

饭店通常将确认性预订和保证性预订视为"契约性预订"，应当确保满足宾客的预订要求。而将其他类别的预订视为"意向性预订"，若任何一方在规定期限内失约，都不必承担经济赔偿责任。因此，在某段时期内，若契约性预订多于意向性预订，则饭店超额预订的比例不宜过大；反之，可以适当加大比例。

3．预订不守约宾客的比例

预订不守约宾客包括有预订不到者（No-show）、临时取消者（Cancellations）、提前离店者（Early-departure）、延期住宿者（Over-stays）、提前抵店者（Early-arrival）。如果前三类宾客比例高于后两类宾客,则超额预订的数量应增多;反之亦然。

饭店只有对以上三种因素进行综合分析,并结合过去同期、近期及将来的客情做出评估和正确判断,才能做好超额预订的工作。

此外,为了合理地掌握超额预订的数量和比例,通常可采用下列超额预订的计算公式:

$$O = C \cdot f_1 + (R-C)(r_1+r_2) - D \cdot f_2 / [1-(r_1+r_2)]$$

式中,O=超额预订房数;R=饭店客房数;C=续住房数;r_1=预订取消率;r_2=预订未到率;D=预期离店房数;f_1=提前离店率;f_2=延期住店率。

设V=超额预订率,则:V=O/R-C×100%。

例如,某饭店有客房500间,根据相关资料统计,5月25日当天的续住房数为150间,预计离店房间数为80间,该饭店的预订取消率为6%,预订未到率为4%,而提前退房率为4%,延期住房率为5%。求该饭店5月25日可接受的超额预订房数是多少间?超额预订率是多少?总共可接受多少间客房的预订?

解:

(1) 该饭店可接受的超额预订数为:

$$\begin{aligned} O &= C \cdot f_1 + (R-C)(r_1+r_2) - D \cdot f_2 / [1-(r_1+r_2)] \\ &= 150 \times 4\% + (500-150)(6\%+4\%) - 80 \times 5\% / [1-(6\%+4\%)] \\ &= 37 \text{(间)} \end{aligned}$$

(2) 超额预订率为:

$$\begin{aligned} V &= O/R - C \times 100\% \\ &= 37/500 - 150 \times 100\% \\ &= 10.6\% \end{aligned}$$

(3) 可接受的客房预订数为:

$$\begin{aligned} R - C + O &= 500 - 150 + 37 \\ &= 387 \text{(间)} \end{aligned}$$

超额预订虽然是饭店保证获取最佳住房率的有效手段,但也存在着风险。若出现预订失约情况,而饭店为责任方,则应尽量弥补宾客,并采取一定的处理方法。例如,向宾客表示歉意,请求谅解,在征得宾客同意的情况下,积极联系其他同类型和档次的饭店,并协助宾客办理入住手续;支付宾客搬至其他饭店及返回本饭店的交通费,做好宾客搬回饭店时的接待工作等等,尽量给宾客留下好的印象。

二、前台接待业务的管理

宾客入住接待是前厅部对客服务全过程的一个关键性阶段,其工作效果直接影响到前厅其他功能的发挥,同时,本阶段的工作也是作为饭店与宾客建立正式租赁关系的重要环节。

（一）接待准备工作

1. 基础准备

首先是思想上的准备，前台员工在上岗前要调整好心态，在服务过程中难免会遇到不同背景和性格的宾客，因此前台员工要以热情的态度去接待宾客，这样他们也会积极配合饭店的工作，否则不好的情绪不仅会传染给宾客，也将蔓延到之后的消费环节；其次是准备好可销售房间，检查待出售房间状况，这样在其后的接待过程中才会做到心中有数，为房间升级销售或临时入住打下基础；最后是准备好物质资料，例如检查入住登记表、打印纸、签字笔等接待工作必需物品是否备齐，其他设备如电脑、打印机、复印机等是否能正常工作，避免在接待宾客过程中发生故障，影响效率。

2. 房态准备

前台接待员必须在宾客抵店前，熟悉当天的房态，了解可出租房、未清扫客房、不可出租客房等房间的情况，并依据此排房或做房间促销。

3. 排房准备

前台员工应该根据不同宾客的不同喜好、习惯和需求提前安排相应的客房，缩短客人排队等候的时间。例如团队客人要尽量安排在同一楼层或相近楼层的客房，残疾、年老或带小孩的客人要尽量安排在离服务台和电梯较近的房间；对于新婚夫妇要安排较安静的大床房间；不把敌对宾客安排在同一楼层或相近房间；要注意不同国籍或民族宾客对房号的忌讳和喜好，如日本客人忌讳数字"4"，中国客人特别喜欢数字"6"和"8"等。

4. 预期抵店客人名单准备

准备好预期抵店客人名单可以为接待员提供一些客人的基本信息，如姓名、房型、房价、离店日期、特殊要求等。对于预期抵店的重要客人，饭店应予以提供特别的服务和礼节，如事先在预留的客房内摆放果盘和礼品、免费享受接机/接车服务、派专人在客房为客人办理登记手续等。

做好接待准备工作对于前台能够顺利完成接待任务起到至关重要的作用，只有前期的准备工作做好了，前台接待员在接待客人的过程中才能做到有条不紊、心中有数。

（二）办理散客入住登记的基本程序

1. 问候客人

首先要以正确的方式问候客人，使用饭店规定的标准用语向客人表示欢迎，如："早上好，先生/女士，请问我能帮您什么吗？""欢迎光临××饭店！"在问候客人时应注意保持面带微笑和目光接触，让客人感觉受到热情的欢迎。

2. 确认客人有无预订

接待员要主动向客人确认是否有预订，如果是有预订的客人，则需要根据客人提供的名字进行查询预订信息，并与客人确认房型、订房数、价格和入住天数等信息。如果客人没有预订，则首先询问客人的住宿要求，同时查看当天的客房预订状况及可售房情况，以判断能否满足客人的住宿要求。

3. 登记

接待员要有礼貌地请客人出示有效证件，并请客人在登记表上签名。目前各饭店前台均安装有与当地公安机关联网的住宿客人信息上传系统，饭店在扫描客人的证件后可将客人的证件信息自动或手动输入系统。

4. 排房和定价

为客人安排符合要求的房间，并再次确认房价和离店日期。为了避免发生纠纷，接待员在为客人排房前需重新向客人确认房间要求以及房价，提高接待效率，这也是为了维护饭店和客人双方的利益。

5. 确认付款方式

客人所采用的付款方式有两种——即现金和信用卡。如果是现金方式，通常饭店会收取一部分的预付款以担保客人在饭店的其他消费，公式如下：预付款＝间晚房价×入住天数×1.5。同时为客人开具预付款收据，并在电脑或预订单上标注预付款金额，以防客人住店期间超额消费；如果是信用卡方式，则只需要在信用卡预授权系统上为客人做预授权处理，并请客人签字确认，将凭单与住宿登记表装订在一起存档。

6. 完成登记手续

制作房间钥匙并填写房卡，双手递送给客人并预祝客人入住愉快。接待员在询问客人的意见后，安排行李员引领客人进房。若无行李员，接待员则应将房号告诉客人，并指明电梯的位置。

7. 信息储存

在目送客人离开前台之后，接待员需将房间状态转为住房状态，把客人的相关信息输入电脑，并按照要求存放好客人的入住登记资料。

案例评析

中午12点刚过，前台站着一位女士正在朝接待员小刘发泄她的不满："我的房间怎么没到一天就进不了门了？"这时大堂副理小马正好路过，立即向小刘了解情况。原来这位女士是昨天下午6点入住的，今天上午出去观光，过了中午12点才回饭店，结果打不开房门，就到前台投诉了。小刘已经告诉她如果要续住的话，必须加收费用并办理相关手续，但女士认为住饭店不到24小时却要付一天的房费，和市场卖东西短斤少两没什么区别，并表示下次不会再住该饭店。

大堂副理小马正要向她解释，她却不予理睬，气呼呼地办理完结账手续，就头也不回地离开了饭店。

> **讨论** 饭店应该如何避免本案例的现象再次发生？

（三）办理团队入住登记的基本程序

1. 准备工作

首先，根据团队预订要求安排好客房，打印团队用房分配表。其次，准备好客房钥匙和房卡。再次，与客房部联系，了解房间卫生清扫情况。最后，准备好住宿登记表、团队客人资料等。

2. 团队抵达

团队客人抵达时，要主动问候，向相关陪同人员询问团队预订的关键信息，如国籍、预订单位、人数、房间数等，并以最快的速度找出该团的预订资料和电脑记录。

3. 入住登记

请陪同人员协助收集客人的有效证件，并进行登记，重新检查房号及房态，并请陪同人员在"团队入住登记表"上签名。

4. 分房及钥匙发放

请陪同人员给团队客人分配房间，并分发房间钥匙和房卡。

5. 确认相关信息

与团队陪同人员确认用房数、司机与导游床位数、餐饮安排、叫早时间及出行李时间等。

6. 确认付款方式

了解团款的付款方式。如是现付，则要求陪同人员在团队离店前将团款付清；如是转账，则按照操作程序完成。

三、前厅部其他系列服务规程

服务规程是饭店用以约束和规范饭店所有员工的服务行为的一种工作规程体系，必须严格遵守和执行。规范前厅员工的服务工作，是为了给宾客提供统一的、高质量的服务，使员工形成良好的工作习惯，提高工作效率。同时，亦方便饭店进行前厅员工及业务的管理，为考核员工业务水平提供参考，从而树立前厅部对客服务的良好形象，提高饭店声誉。

（一）礼宾服务

礼宾服务，由法语"Concierge"一词翻译而来，又可译为委托代办服务。在宾客心目中，前厅礼宾服务是能提供全方位"一条龙"服务的岗位。迎送宾客是礼宾服务的一项重要职责，主要由机场代表、门童、迎宾员、行李员提供服务。

1. 机场代表服务

机场代表服务是饭店对客服务的延伸和扩展，代表的是饭店的对外形象。要求机场代表应具有较高的外语交流水平，熟悉饭店的客情，有较强的应变能力和人际交往能力等。机场代表服务应把握好以下要点：

（1）提前了解宾客姓名、人数、航班号、到达时间、车辆要求和接待规格等情况；及时关注航班变更、取消或延迟等最新信息；准备好接机牌，写明饭店名称和宾客姓名。

（2）接到客人后，要主动问候，向客人做自我介绍，代表饭店向客人表示欢迎，并帮助客人提拿行李，引领客人上车。

（3）宾客上车后，电话通知饭店前厅礼宾部或前台，告知客人姓名、人数、所乘车号、行李件数以及大概抵店时间等，以便饭店提前做好迎接准备工作。如随车陪同客人回饭店，沿途应向客人介绍当地的风土人情以及饭店情况，并随时通知饭店车辆的行进位置。

（4）如出现漏接或找不到客人的情况，仍须在原地等候，并向有关部门查询相关情况。及时与饭店前台联系，查询客人是否已经抵达饭店，以便及时采取补救措施。

（5）机场代表要掌握每天离店的客人信息、所乘航班号、离店时间、行李件数等。

（6）宾客到达机场后，要协助宾客办理行李托运手续和报关手续。

（7）与宾客礼貌告别，并欢迎再次光临饭店。等客人安全离开后，电话通知饭店。

2. 门厅迎送宾客服务

此项工作是迎宾员或门童代表饭店在饭店大门迎送宾客时所提供的一项面对面的服务，他们是饭店形象的具体表现。迎宾员主要承担迎送宾客、疏导交通、协助行李员提拿行李、协助保安做好保全工作等任务。

迎宾服务：

（1）将宾客所乘车辆指引到适当地方停车，以保证不影响饭店门前交通。

（2）待车停稳后，主动上前开启车门，用左手打开车门成70°左右，右手挡住车门框上沿，为客人护顶，协助宾客下车。若遇信仰佛教或伊斯兰教的客人，由于宗教习俗的原因，则无须为其护顶。

（3）使用恰当的礼貌用语向宾客表示欢迎。

（4）若遇儿童、年老体弱者或行动不便的客人，应主动协助他们下车。若遇下雨天，应主动为客人提供撑伞服务。

（5）协助行李员卸行李，并清点行李件数，提醒客人检查有无遗留物品在车上。招呼行李员为客人搬运行李，引领宾客进入饭店大堂。

送宾服务：

（1）宾客离店时，应与宾客礼貌道别，并使用祝福语如"欢迎再次光临""祝您一路平安"等。

（2）对乘车离店的客人，要引导车辆停至方便客人上车又不妨碍装行李的位置。待行李员装好行李且与客人确认行李件数无误后关上车后厢门。

（3）请宾客上车，为其护顶，等宾客坐稳后再关车门，注意不要夹住宾客的衣物。

（4）站在车辆斜前方0.8至1米处，挥手向宾客道别，目送车辆离开。

3. 行李服务

饭店行李服务是礼宾服务的一项重要内容，由行李部负责。行李员的英文翻译为 Bell-boy、Bell-man 和 Porter，其主要工作职责是负责住店客人行李的装卸服务、行李寄存、换房行李服务等。

散客入住行李服务：

（1）散客乘车抵店时，主动上前问候客人，并帮助客人卸行李，与客人检查、清点行李无误后，将大件行李装上行李车，注意贵重及易碎物品应请客人自己拿好。在运送行李的过程中，应注意轻拿轻放，不可以用力过猛，更不能用脚踢行李。

（2）引领客人到前台办理入住登记手续，引领时应走在客人左侧前方两三步处。客人在办理入住手续时，应手背身后，站在宾客后方约2米处等候客人。

（3）完成入住登记后，主动从接待员手中领取房卡，引领客人至房间，途中应热情主动地向客人介绍饭店特色、服务项目及推广活动等。

（4）乘电梯时，应遵守客人先进先出的原则。

（5）出电梯后，将客人引领到客房，进房前应先按门铃或敲门，待确认房内无人的情况下，方可使用房卡打开房门。

（6）开门后，将房卡插入取电槽，确认房间状况无异常后，再请客人进入。将行李放在行李架上后，可征求客人的意见，简单为其介绍房间的设施设备，但时间不宜过长，以免打扰客人休息。

（7）离开房间前，应询问客人是否还有其他需求，如没有，则礼貌向宾客道别，并预祝入住愉快，然后轻轻关上房门，迅速离开。

（8）返回行李部，并填写"行李搬运记录"。

散客离店行李服务：

（1）站立在饭店大门附近，随时注意观察宾客动态，如看到有宾客提行李离店，应立即上前提供服务。

（2）当接到宾客离店需要出行李的通知后，应问清楚宾客的房号、姓名、行李件数及收取时间。

（3）到达宾客房间先按门铃或敲门，通报自己的身份，得到宾客允许后，进入客房。与宾客核对行李件数，检查是否有破损等。

（4）问清宾客是否直接离店，如宾客需要寄存行李，则将填写好的行李牌（注明房号、件数）其中一联交给宾客作为取物凭证，向宾客道别后将行李运回行李房寄存保管。如宾客直接离店，装上行李后，应礼貌地引领宾客到前台办理结账退房手续。

（5）待宾客办好结账手续后，协助将行李装上车，再次请宾客核对行李件数，并向宾客道别，预祝旅途愉快。

（6）返回行李部，填写"行李搬运记录"。

团队行李服务：

（1）团队行李到店时，与送行李的来人清点行李件数，检查行李破损情况，然后填写"团队行李登记单"，写明交接情况，请来人签字确认。

（2）将行李运进行李房，挂上行李牌，摆放整齐。根据前台的团队用房分配表上的信息，把行李分送到宾客房间。

（3）进入楼层后，将行李放在房门一侧，然后敲门自报家门，宾客开门后与宾客确认行李，并将其送入房间。

（4）如发现行李出错或件数不够的情况，应立即报告当班领班或主管，积极帮助宾客查寻。

（5）送完行李后，填写好"团队行李登记表"，并将其存好档。

（6）接到团队行李离店的通知后，应在规定的时间里，按照团号、房间号到相应的楼层收取行李。收行李时，应与宾客确认行李件数，无误后方可收取。

（7）将行李汇总到大堂，请领队、陪同清点后，并签字确认。

（8）与运送行李的来人共同清点团队的行李无误后，请来人签字确认，并协助将行李搬运上车。

4．"金钥匙"服务

为了能统一指挥和协调前厅部礼宾员工的对客服务，饭店通常在大堂某一区域设置礼宾值班台，并由礼宾司或具有较丰富经验的礼宾员担任值班工作，为宾客提供全方位的礼宾服务，其中"金钥匙"服务是饭店最具专业化和个性化的服务。

1952年4月25日这一天，来自9个欧洲国家的代表在法国夏纳举行了首届年会，并在此会议上创办了"欧洲金钥匙大酒店组织"（简称UEPGH）。斐迪南·吉列先生为金钥匙事业呕心沥血，是金钥匙组织的主要创始人，因此被尊称为"金钥匙之父"。

1990年，我国的第一把"金钥匙"出现在广州的白天鹅宾馆。1997年1月在意大利首都罗马举行的第44届国际"金钥匙"年会上，中国区"金钥匙"被接纳为国际金钥匙组织的第31个成员国。

国际金钥匙组织的徽记是两把交叉叠放的金色钥匙，它象征着"Concierge"，如同万能的"金钥匙"一般，可以为客人解决一切难题。"金钥匙"的服务理念是：尽管不是无所不能，但一定要做到竭尽所能。它的服务宗旨是只要在不违反法律和道德的前提下，为宾客解决一切困难，使宾客获得满意惊喜的服务。

金钥匙的岗位职责主要有：

（1）全方位满足住客提出的特殊要求，提供多种服务，如安排钟点服务、托婴服务、医务服务、沙龙约会、推荐特殊餐厅、导游及导购服务等，遵循宾客有求必应的原则；保持良好的职业形象，以大方得体的仪表、亲切自然的言谈举止迎送抵离店的每一位宾客。

（2）全面掌握饭店客房状态、销售现状、餐饮及其他相关信息；协助大堂副理处理饭店各类投诉；协同保安部对行为不轨的宾客进行调查。

（3）检查大堂及其他公共区域的安全情况，消除隐患。

（4）将上级指令、重要事件或事情详细记录在行李员、迎宾员的交接班本上，呈交前厅部经理，以便查询；对行李员日常工作活动进行管理和控制，并做好相关记录。

（5）受前厅部经理委派，对进行培训的行李员给予指导和训练。

（6）协调控制饭店门前车辆活动，确保交通畅通；确保行李部服务设备运转正常，随时检查行李车、行李存放架、轮椅等。

（7）保证行李房和饭店前厅的清洁卫生。

（8）与团队协调关系，确保团队行李顺利运送；检查礼宾部各岗位的值班情况，避免出现脱岗现象。

（9）完成前厅部经理下达的其他任务。

国际金钥匙协会组织要求：加入"金钥匙"协会的必须是直接面对宾客，服务在第一线的饭店前厅员工，通常担任饭店礼宾部主管的职位。他们通晓多国语言，见多识广、经验丰富,身体强健、精力充沛,态度谦虚热情、彬彬有礼、善解人意,具有敬业精神和丰富的专业知识,广络社会关系,处理问题时机智灵敏、应变力强,具有超强的忍耐力,真正做到"想宾客所想,急宾客所急",让服务超越宾客的期望。

> **知识链接**
>
> 金钥匙是指饭店通过掌握丰富的信息并使用高速的服务网络,为客人提供专业的个性化服务的委托代办个人或团体的总称。金钥匙服务是国际饭店金钥匙成员的民间服务专业团体,他们所提供的服务被称为"金钥匙服务"(图4-9)。
>
>
>
> 　国际金钥匙组织徽章　　　国际金钥匙组织中国区徽章
>
> 图4-9
>
> 1929年,法国饭店中有一群拥有丰富服务经验的委托代办礼宾司,他们专门为客人提供尽善尽美的专业化服务,这些服务包括从代办修鞋到承办宴会、充当导游等各项细微服务,目的是为客人提供一般饭店没有的、有一定难度的额外服务。他们中的代表人物斐迪南·吉列先生率先将委托代办服务上升为一种理念,并成立了饭店业委托代办组织,起名为"金钥匙"。两把交叉的金钥匙代表着两种主要职能:一把用于开启饭店综合服务的大门,一把用于开启城市综合服务的大门。

(二)商务中心

为满足宾客的需求,现代饭店尤其是商务型饭店通常设有商务中心(Business Center),为宾客提供传真、复印、打印、文字处理、翻译、上网、秘书等服务。商务中心一般设在饭店大堂非主要交通干道上较偏僻、安静的地方,是一个独立的空间,便于提高宾客的工作效率。有些饭店的商务中心还配备了大小不等的会议室,方便宾客从事各类会议和商务活动。

1. 传真发送及接收服务

受理宾客发送传真的服务要求后,应首先向宾客说明收费标准及相关规定,问清宾客姓名、房号、发往国家或地区,并按照操作规程为宾客发送传真。发送成功后,请宾客付款或签单,账单上需注明传真号码以及发送所用时间。接收到宾客的传真件后,应认真阅读来件信息,并及时与前台确认收件人姓名及房号,电话通知宾客有传真来件,如需要行李员送达房间，则需要开出账单并让宾客付款或签字确认后入房账；如宾客不在房间，则进行留言服务。若是疑难来件应及时请示大堂副理妥善处理。

2. 打印服务

受理宾客打印服务要求时，首先向其介绍收费标准，确认好原稿文件，问清宾客的姓名和房号、打印要求、特殊格式、字体、时间要求等。文件输入完成后，应进行校对，并按照宾客要求打印出来，根据打印张数为宾客开单收费。

3. 复印服务

宾客要求复印文件时，应向其介绍收费标准，确认原件内容，问清宾客的姓名和房号、复印要求、纸张规格、复印张数等，并按照操作规程进行复印和装订。完成后则根据复印张数为宾客开单收费。

4. 受理票务服务

为宾客提供票务服务时，应询问宾客的订票要求，如航班、线路、日期、车次及其他特殊要求等，通过电话或电脑进行查询，如无票源时，则立即向宾客说明情况并做解释，同时征询宾客意见；如可以为其办理，则请宾客出示有效证件进行订票。确认可以出票后，应及时请宾客支付所需费用，并仔细清点核收，认真填写好票据以作为取票凭证。

（三）总机服务

饭店电话总机是饭店内外沟通联络的重要枢纽，以电话为媒介，为宾客提供电话转接、国际国内长途、叫醒、查询、留言等服务。电话总机虽然不直接面客服务，但其通过声音体现着饭店的服务水准，代表饭店形象。

1. 转接电话服务

在铃响三声内迅速接听电话，使用饭店的标准电话用语，语音要亲切自然，占线或业务繁忙时请宾客稍候。话务员必须熟悉掌握本饭店的各种服务项目、收费标准、电话号码和饭店领导的联系方式，熟悉本市及长途电话代码等基本内容，才能够高效地转接电话。

2. 查询服务

准确快速地回答常用电话号码，对于非常用电话号码，应以最有效的方式进行查询，并确认后告知对方。如遇查询住客房号的电话，则应通过电脑进行查询，不能直接泄露房号，应注意为住客保密，接通电话后让宾客直接与其通话。

3. 长途电话服务

住客在客房内呼叫总机拨打国际或国内长途电话，话务员通过确认后，为其开通，同时电脑自动计时、计费，并将其打入相应的账单。

4. 叫醒服务

总机所提供的叫醒服务是全天候24小时的，分为人工叫醒和自动叫醒两类。受理宾客的叫醒预订时，需问清具体时间、姓名和房号，并填写好叫醒记录单。如是人工叫醒，则要在定时钟上准确定时，在准确的时间内打电话到客房进行叫醒，若无人应答，5分钟后在叫一次，若仍无人回话，则立即通知大堂经理或楼层服务员前往客房察看，查明原因。如是自动叫醒，则需要及时将叫醒要求输入电脑,并检查输入是否正确,在叫醒时间前,检查设备是否能正常工作,若发现问题应及时通知工程部。叫醒结束后需检查核对打印报告,若有无人应答的房间,则需及时通知房务中心和大堂经理,进行敲门叫醒,并在交接班本上做好记录。

5. 饭店临时指挥中心

饭店发生紧急情况时,总机房便成为饭店的一个临时指挥协调中心,话务员应按照指令执行任务,播放相关疏散广播,使用电话通报饭店领导和部门,并根据指令紧急联系市内消防、公安等部门。话务员需坚守岗位,继续接听电话,安抚宾客情绪。详细记录紧急情况下的电话处理细节,以备事后检查。

四、前厅部与其他部门的关系

饭店的所有部门都是相辅相成、密不可分的,特别是在对客服务方面,就更加需要依靠饭店的每个部门、每一环节及每位员工的共同协作和努力来完成,以达到宾客的满意程度。而前厅部作为饭店的"神经中枢",是饭店其他部门的信息源,也因此成为了饭店各部门相互沟通和对客服务的纽带,其地位显得格外重要。

前厅部除了需要保证部门内部所属的客房预订、前台接待、电话总机、商务中心、礼宾部等之间的协调沟通和通力合作之外,还需要做好与饭店其他部门之间的有效协作。

(一)前厅部与营销部

营销部负责长期的、整体的客房销售工作,尤其是旅游团队和会议团队;而前厅部则更多关注的是散客和当天的客房销售。营销部将各种签订好的合同副本、预订单及预订资料及时递交前厅预订处;前厅部以书面形式把相关的团队、会议、客情信息通报给营销部,以便使其掌握饭店客房销售的具体情况。

(二)前厅部与客房部

在饭店内部,前厅部与客房部就好像是"亲密的战友",前厅部需要以书面形式向客房部通报一定时期的客情信息包括贵宾接待通知、团队表、翌日抵店及预期离店宾客名单等;客房部会根据前厅部提供的客情报表,按时准备好可以销售的客房。客房部应及时将走客房内的有偿消费和宾客的遗留物品情况通报前厅部,并依照前厅部的相关指令执行对客服务工作。

(三)前厅部与餐饮部

前厅部每日以书面形式向餐饮部通报相关客情信息,协助餐饮部向宾客发放餐饮推销活动的宣传资料及追账工作;餐饮部需根据前厅部的相关指令为宾客提供服务。此外前厅部还要熟悉掌握餐饮部营业时间、服务项目及收费标准等基本信息，以便解答宾客的询问。

（四）前厅部与财务部

前厅部向财务部递交住店客人的账单、信用卡签购单等付账凭证，完成房费转账信息核对及相关操作，提供书面形式的客房营业情况表等；财务部应为前厅部收银员提供财会方面的业务培训，并制定相关的收银工作职责和规范制度。

（五）前厅部与其他部门

前厅部需要了解其他如工程部、保安部、人事部等后勤保障部门的工作程序和相关职责，以便在必要时能及时联系相关部门解决问题。

项目小结

> 饭店前厅部是负责为饭店招徕并接待宾客，销售饭店客房及餐饮、娱乐等产品，沟通和协调饭店各部门的对客服务，为宾客提供各项综合服务的部门。它由预订处、接待处、问询处、收银处、电话总机、商务中心、礼宾部、大堂副理等岗位组成。
>
> 前厅部是饭店形象的代表，是饭店的信息中心和神经中枢，是饭店整体服务质量的体现，是饭店组织客源及创造经济收入的关键部门，是饭店管理的参谋和助手。前厅部与饭店其他部门的合作关系是否协调，将直接影响饭店对客服务的整体效率和宾客的满意程度。

综合能力训练

······ 基本训练 ······

一、解释

饭店前厅部　超额预订　保证性预订　"金钥匙"服务

二、选择

1. 饭店客房预订的种类有哪些？　　　　　　　　　　　　　　　　　　　　（　　）

   A．确认性预订　　　B．等待性预订　　　C．临时性预订　　　D．超额预订

   E．保证性预订

2. 前台的主要工作职责是什么？　　　　　　　　　　　　　　　　　　　　（　　）

   A．推销客房，接待住店宾客，办理入住登记手续

   B．在门厅或机场、车站迎送宾客

   C．确定宾客付款方式，建立客账，提供外币兑换服务

   D．制作客房营业日报表及其他统计分析报表

E．为离店宾客办理结账手续、收回房卡等

F．解答宾客问讯，协调对客服务

3．前厅部在饭店中的地位和作用是什么？ （　　）

A．饭店形象的代表　　　　　　　　B．饭店的信息中心和神经中枢

C．饭店管理的参谋和助手　　　　　D．饭店整体服务质量的体现

E．饭店组织客源及创造经济收入的关键部门

4．前厅部的机构设置原则有哪些？ （　　）

A．精简高效原则　　　　　　　　　B．权责明确原则

C．结构合理原则　　　　　　　　　D．因人设岗原则

E．协作便利原则

5．饭店客房预订的方式有哪些？ （　　）

A．电话　　　　B．面谈　　　　C．留言　　　　D．信函

E．传真　　　　F．网络

三、思考

1．前厅部的主要工作任务是什么？前厅部服务人员的素质要求有哪些？

2．如何理解饭店超额预订的含义？

3．礼宾服务的项目有哪些？金钥匙服务的意义是什么？

・・・・・・ 技能训练 ・・・・・・

一、任务名称

前厅对客服务模拟训练

二、任务目标

通过分组进行前厅对客服务模拟训练，结合教师授课内容及学生的自主创意，使学生在模拟训练中学习和亲身经历饭店前厅对客服务的全过程，培养发现问题和解决问题的能力。

三、任务实施

1．对所教班级进行分组，每组3~4人为宜。

2．小组内进行角色分配，模拟发生在饭店前厅的突发事件，结合教师授课内容来参考解决问题的方法。

5．在课堂上进行汇报演出，要求事件主题鲜明，内容全面涵盖前厅各部门。

6．教师适时指导。

7．时间：1周

四、成果考核

教师根据模拟的突发事件主题及学生表现打分，纳入平时成绩。

项目五 饭店客房管理

学习目标

通过本项目的学习，你应该达到：

知识目标：1. 熟悉并掌握客房部的基本概念。
    2. 掌握客房部的组织结构。
    3. 熟悉客房部主要岗位。
    4. 熟悉并理解客房部的常规管理。

能力目标：1. 了解客房部的业务特点。
    2. 掌握客房部的业务分工。

实训目标：掌握饭店客房服务质量管理的基本技能。

任务一 饭店客房部概述

案例导入

希尔顿和雅高集团的客房

希尔顿集团在美国洛杉矶富豪区的比华利山酒店推出自己的特色概念——睡得香客房。客房中有加厚的床垫、高雅而又不透光的艺术窗帘，闹钟铃响时台灯自动开启，按各人生活习惯设置的生物钟可调灯箱等。前不久，希尔顿又推出两个新概念客房，即"健康客房"和"精神放松客房"。客房内增设了按摩椅、放松泉池、瑜伽教学录像等。

法国雅高集团在巴黎正在尝试"高科技客房"这一新概念客房。客房中床很宽，卫生间更大，照明也更好，采用可旋转的液晶显示电视屏幕，遥控芳香治疗系统，环绕音响等。雅高的市场研究部指出，客人离家出门，在心理上和生理上都会变脆弱，因此会特别留意细节。

（资料来源：秦承敏，王常红. 前厅客房服务与管理[M]. 大连：东北财经大学出版社，2011）

思考

饭店应如何确定自身的类型配置？

一、客房部的概念

饭店客房部（Housekeeping Department），又称为房务部或管家部，是饭店向客人提供住宿服务的部门。它主要负责饭店客房产品的生产以及各种客房对客服务，负责整个饭店公共区域的清洁和保养，负责饭店其他部门布草的洗涤和保养工作，使客人时刻处在清洁、美观、舒适、安全的环境中，可以说，客房部是饭店存在的基础，是饭店最重要的核心部门，没有客房就没有饭店。

二、客房部在饭店中的地位和作用

客房部是饭店的主体，是饭店的主要组成部门，是饭店存在的基础。客房部在饭店的经营与管理中具有十分重要的地位和作用。

（一）客房是饭店存在的基础

饭店是向旅客提供住宿等生活需要的综合性服务设施，从这个意义上来说，没有客房不可能成为饭店，所有客房是饭店存在的基础。

（二）客房是饭店组成的主体

从饭店的建筑面积来看，客房面积一般占了饭店面积的70%左右，从饭店的固定资产投资来看，客房及内部配备的设备物资无论是种类、数量、价值都在饭店物资总量中占有较高的比重，因此，饭店的绝大部分固定资产投资也在客房。

另外，饭店的规模也是由客房的数量来衡量的，根据目前的国际标准，客房数量少于300间的为小型饭店，客房数量在300～600间的为中型饭店，客房数量大于600间的为大型饭店。

（三）客房收入是饭店经济收入的主要来源

1. 客房营业收入占饭店营业收入的比重最高

饭店的经济收入主要来源于客房收入、餐饮收入和综合服务收入三个部分。这三个部分当中，又以客房收入所占比重最大。一般客房收入可以占到饭店总收入的50%左右，有的饭店甚至超过了70%。而且与另外两部分收入相比，客房收入相对比较稳定。

2. 客房的创利率高

客房虽然投资较大，但其经营成本却很低，在一次销售后，经服务员的清洁整理和补充必备的用品之后，又可重复销售，其成本比餐饮等部门都低，所以创利率较高。

（四）客房是带动饭店一切经济活动的枢纽

饭店是一个为客人提供住宿、餐饮、娱乐等综合性服务的场所，但是如果要使饭店整个组织机构正常的运转，必须保证有一定的入住率，只有通过客人入住客房，才能够带到餐饮、娱乐、商品等其他服务项目的消费。客人入住客房，要到前台办手续、交房费；要到餐厅就餐、宴请；要到商务中心进行商务活动，还要健身、购物、娱乐，因而客房服务带动了饭店的各种综合性服务，使得其他经营设施充分发挥效益，没有客房，其他一切设施将无的放矢。

（五）客房服务质量是饭店服务质量的重要标志

客房是饭店的核心产品，其客房的设施是否完好，物品配备是否齐全，客房卫生是否清洁，服务人员的服务态度是否热情、周到，服务项目是否周全、丰富，直接关系到客人对饭店的印象和总体评价，是客人衡量"价"与"值"是否相符的主要依据，是客人评价饭店服务质量的重要因素。

另外，客房部的工作内容涉及整个饭店的角角落落，包括公共区域的清洁、餐巾的洗涤、员工制服的洗涤等。清洁、舒适的公共环境，餐厅雪白的餐巾、员工干净整洁的着装都为提升整个饭店服务质量创造了良好的条件。

（六）客房部的管理为整个饭店的运行与管理提供了基础保障

第一，客房部的管理为其他各个部门的正常运转提供了良好的环境基础和物质保障。第二，客房部员工的数量占饭店员工总数的比例较大，其培训管理水平对饭店员工队伍整体素质的提供和服务质量的改善有着重要的意义。第三，客房部的物质设备众多，对饭店成本控制计划的实现有着直接作用。因此，客房部的管理对于饭店的总体管理关系重大，是影响整个饭店运行管理的关键部门之一。

三、客房部的组织结构

科学、合理的组织结构是客房部顺利开展各项工作，提高管理工作效率的保障。客房部组织机构应是专业分工明确、统一指挥、沟通顺畅的有机整体。各饭店因规模、档次、业务范围、经营管理方式不同，其组织结构设置也有所区别。

（一）大中型饭店

大中型饭店的客房部一般包括经理办公室、布草房、客房楼层服务组、公共区域服务组、客房服务中心、洗衣房六个部门，其组织结构图如图5-1所示。

（二）小型饭店

在规模较小的饭店里，客房部的组织机构层次相对较少，只保留了三条主线，即楼层客房服务组、公共区域服务组及布草房，其组织结构图如图5-2所示。

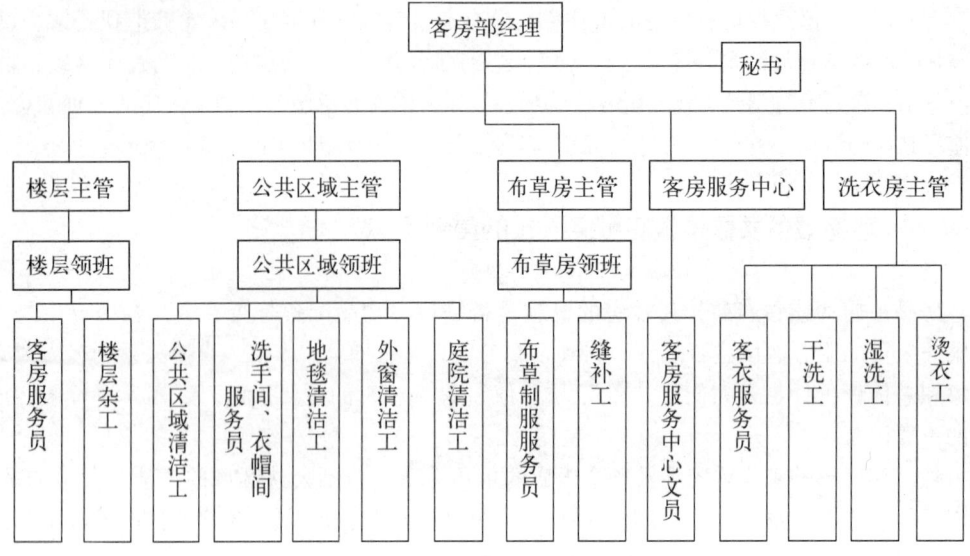

图 5-1 大型饭店组织结构图

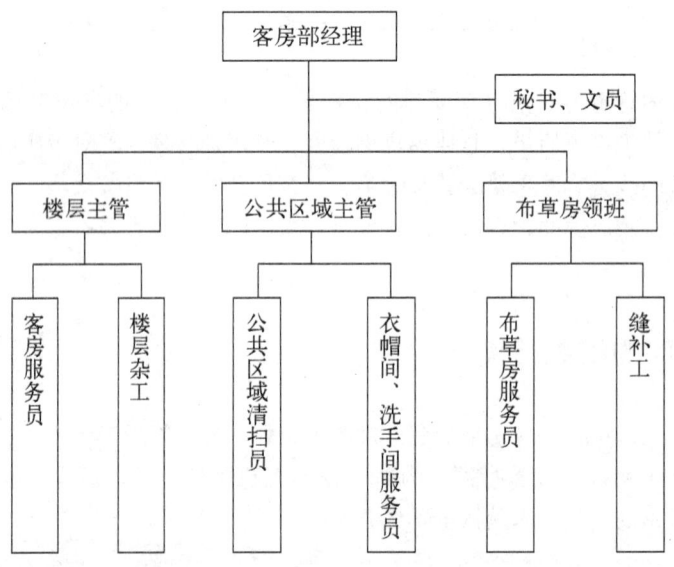

图 5-2 小型饭店组织结构图

四、客房部各分支机构职能

（一）经理办公室

客房部经理办公室主要负责处理客房部的日常事务、文件和档案的管理以及与其他部门的沟通协调等事宜。一些小型的饭店会将客房部办公室与客房服务中心结合在一起，由服务中心人员承担客房部办公室的日常事务，不单独设置办公室秘书的岗位，目的是节省空间、节约人力、方便管理。

（二）客房服务中心

客房服务中心既是客房部的信息中心，也是客房部的对客服务中心，主要负责处理客房部的信息，包括统一调度对客服务工作，向客人提供服务信息，传递调度内部工作信息，正确显示客房状况，保管和处理客人失物和遗留物品，控制员工出勤，管理工作钥匙，领取和分发客房部所需物资，以及与其他部门的联络、协调等。

（三）客房楼层

客房楼层是客房部的主体，主要负责客房及客房公共区域的清洁保养和对客服务工作，管理客房及客房楼层的设施、设备，负责客房日用品的替换，并为客人提供必要的服务。

（四）公共区域

公共区域管理机构的职能是负责饭店各部门办公室、餐厅、公共洗手间、衣帽间、大堂、电梯厅、各通道、楼梯、花园和门窗等公共区域的清洁卫生工作以及一些专业性、技术性较强的清洁保养工作。在部分饭店里，它还负责饭店的园林绿化工作。

（五）布草房

布草房的职能是负责全饭店布草及所有工作人员制服的收发、分类和保管。对有损坏的制服和布草进行修补，并储备足够的制服和布草以供周转使用。有一些饭店会将布草房与洗衣房合并，负责整个饭店的布草、所有员工的制服和客人的衣物的收发、洗涤、熨烫、分类和管理工作。

（六）洗衣房

洗衣房的职能是负责洗涤员工制服和对客服务的所有布草，并为住店客人提供洗衣、熨烫的服务。在不同的饭店，对于洗衣房的管理有所不同，大部分饭店洗衣房归客房部管理，也有少部分饭店洗衣房由工程部管理，或者独立成为一个部门，并对外提供服务，一些小型的饭店甚至不设洗衣房，而是将饭店的洗涤业务外包给专业的洗衣公司负责。

五、客房部主要岗位及职责

（一）客房部经理

客房部经理在饭店房务总监或总经理的领导下，负责客房部的全部管理工作，其岗位职责包括：

(1) 负责编制客房部的经营工作计划和人员编制情况。

(2) 主持制定客房部的规章制度、工作操作流程、服务质量标准、安全保障措施。

(3) 参加饭店经理会议、主持部门会议，传达布置执行会议决定和上级指示，检查上级指定的完成情况，听取汇报，督促工作进度，解决工作中的问题。

(4) 监督客房和公共区域清洁卫生、绿化情况，监督客衣、棉织品和制服的洗涤熨烫服务。

(5) 负责客房设施设备的使用管理工作，督促做好日常的维护保养和清洁工作，定期进行考核检查；参与客房的改造和更新装修工作，研究和改进客房的设备设施。

(6) 研究改进或增设房间物品、操作工作和劳动用品。

(7) 加强核算，严格控制部门成本和费用，降低消耗。

(8) 审阅各管区每天的业务报表，密切注意客情，掌握重要接待任务情况，及时检查和督促认真做好接待服务及迎送工作，参与重要接待任务，检查VIP房间，拜访长住客人，探访生病的客人。

(9) 组织安全、消费检查。

(10) 制订培训计划，对员工进行培训，参与管理人员工作绩效考核，参与决策员工调动、奖罚、录免、提级和增薪事宜，选拔管理人才，发现和培养优秀员工。做好员工思想工作，调动员工工作积极性。

(11) 广泛听取和搜集客人意见，处理客人投诉、遗留物品及意外事件。

(12) 了解饭店业发展趋势，分析部门营业周期情况，提出部门业务改进的合理化建议。

(13) 沟通本部门与饭店其他部门的联系，和有关部门配合协作。

(14) 审核并签署部门报表、请示、报告等文件。

(15) 完成领导交办的其他工作任务。

（二）客房部主管

在客房部经理的领导下，负责客房部的管理工作，其岗位职责包括：

(1) 接受客房部经理的指挥，主持、监督各领班和服务员的工作。

(2) 巡视楼层、大堂、洗衣房及客房各个负责点，抽查客房卫生，查看VIP房和走客房。

(3) 同领班和客房中心文员协调好排版及每日工作计划，搞好员工内部关系，在客房紧张和住客多时协同楼层领班查房。

(4) 处理突发事件及投诉。

(5) 与前厅部、工程部、销售部及有关部门密切联系，随时注意核对房态，提供准确的客房状况。

(6) 参加部门工作例会，主持领班、员工会议，传达、布置会议决议和上级指示，执行并完成部门制定的各项任务和要求。

(7) 直接指挥调度好客房部每天工作事宜，巡视客房部所有区域，监督指导客房部各项工作质量的落实，贯彻指导客房部工作和服务效果，执行客房部的规章制度及工作程序。

(8) 督导各部门领班工作成效和行为，协助领班工作，指导领班解决疑难，参与受理客人投诉；协助部门经理解决饭店和员工的投诉，处理部门下属员工违纪问题和一般性问题。

（9）协助客房部经理和客房服务中心文员、各部门领班完成完善客房物资的管理，督导各部门物资发放制度的执行，控制各部门物资消耗及使用情况。

（10）每天检查各部门员工工作情况及工作完成情况，负责各部门员工的培训工作，协助各部门领班完成各类表格的填写上报，并与各部门保持密切联系，保证达到预期的工作目标，必要时参加各部门的实际工作。

（11）每日抽查50～80间客房，包括走客房、空房及住客房，并参与VIP客人房间的准备工作；做好每天检查记录，包括各部门员工的分配、房态及工作情况等，及时汇报解决维修保养问题，并随时向客人提供可能的帮助。

（12）在客房部经理有事情不在的情况下，代行部门经理职责。

（三）楼层领班

在客房部主管的领导下，负责所属区域的客房管理工作，其岗位职责包括：

(1) 负责每日自己管区内服务员的工作安排和调配，督导客房服务员及清洁工工作。

(2) 巡视所管辖区域，检查客房卫生、对客服务质量及安全情况。

(3) 检查房间设施设备的维修保养，安排客房的大清洁计划和周期卫生计划。

(4) 协同主管及客房服务中心文员，负责楼层各类物品的领用、发放、消耗统计，加强成本费用控制。

(5) 掌握所管辖客房的状况，亲自招待宾客以示对贵宾的礼遇。对VIP房及重要客人进行再查房。

(6) 随时留意客人动态，处理一般性的客人投诉，有重大事故时向上级报告。

(7) 领导本班全体员工积极工作，负责检查本班组员工的仪容仪表及工作表现，对下属员工工作提出具体意见，关心员工生活和思想状况，抓好精神文明建设。

(8) 熟练掌握操作程序与服务技能，能亲自示范和训练服务员，做好对新员工的带教工作，使之尽快适应工作要求。

(9) 填写领班工作日志，做好交接班记录。执行上级领导的工作指令，向上级报告客房状况，住房特殊动向，客房、客人遗失物品和损坏房间报维修房等情况。

(10) 参加领班会议。

(11) 完成部门经理安排的其他工作。

（四）楼层服务员

在客房部楼层领班和主管领导下，负责楼层的接待服务及清洁卫生工作，其岗位职责包括：

(1) 服从领班的工作安排，按照客房清洁流程和质量标准，做好客房日常清洁及计划卫生。

(2) 负责退客房的检查和报账工作。

(3) 检查小型酒吧的酒品饮料，不足时及时补充。按要求领取客用物品并及时向客人提供补充。

(4) 根据客人的要求，负责客人委托代办的各种事项，及时提供各种服务。
(5) 做好来访客人的接待和登记工作。
(6) 协助领班做好 VIP 房和有特殊要求房的布置。
(7) 协助洗衣房做好客衣的分送工作。
(8) 做好设施设备的使用及保养工作，检查各类设施设备的完好情况，发现问题及时报告和报修。
(9) 向领班报告清洁卫生用具、客用品的损耗情况。
(10) 负责本楼层的巡视和安全保卫工作，保持客房楼层和周围环境的安静和安全，发生异常情况，及时报告主管。
(11) 按要求认真填写工作报表，做好当班工作记录和交接班工作。
(12) 负责及时上报，处理特殊情况和突发事故。
(13) 做好领导交办的其他工作。

（五）公共区域领班

在客房部公共区域主管领导下，负责安排所属公共区域的清洁卫生工作。
(1) 制订每月公共区域清洁计划，负责本班组员的工作安排。
(2) 带领和督导班组员工，按工作规范和质量标准，做好公共区域的清洁卫生和绿化养护工作。
(3) 负责清洁工具的保管保养和物料用品的领用发放，控制清洁物品的耗量。
(4) 检查公共区域各种设施设备的损坏情况，及时报修和报告主管。
(5) 检查下属仪容仪表、工作情况及出勤。
(6) 培训和带教下属员工工作。定期对下属进行评估，向上级提出奖惩建议。关心员工生活和思想状况，抓好班组精神文明建设。
(7) 负责向公共卫生主管报告。
(8) 完成领导交办的其他工作任务。

（六）公共区域清洁工（PA）

在公共卫生领班的领导下，具体负责公共区域的清洁卫生工作。
(1) 服从领班的工作安排，按照工作规范和质量标准，做好责任区内的清洁卫生工作和花木的保养、培育和修剪。
(2) 熟悉并掌握工作范围，熟悉清洁工作和清洁剂的性能和使用方法，正确使用清洁工具和清洁剂，做好清洁工具和清洁用品的保管保养工作。
(3) 检查责任区内各种设施设备的完好情况，及时报告和报修。
(4) 严格执行安全操作规程，防止意外事故发生。
(5) 完成领导交办的其他工作任务。

任务二 饭店客房部的业务管理

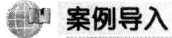

马虎不得的客房卫生

北京某四星级饭店的客房部,这几天接待一个洽谈会团体,客人非常多,所以客房部服务员清扫房间的任务量很大。某实习生正在一间走客房内做床,他急急忙忙撤下单子,发现褥垫上有块污渍,因为还有很多房要做,也顾不得把褥垫翻转过来,于是就把干净的被单往上一铺,包好了事。没想到这间房正巧是饭店接待 VIP 客人的特用房。客房部经理亲自检查房间,发现褥垫上有污渍,十分生气。他说:"不管是什么样的客人住这间房,若发现床单下铺着有污渍的褥垫,都会影响客人的情绪,休息也不会安心,影响舒适感与安全感。很可能使其在北京的整个旅程都不愉快,甚至会拒付房费,失去客人,使饭店蒙受损失,这个后果是很严重的。"客房部经理立即责成楼层主管、领班派人撤换褥垫,并追查责任人,还要求该服务员做深刻检查,认真对待此事,并给予处罚。

(资料来源:张永宁.饭店服务教学案例[M].北京:中国旅游出版社,2003)

 请问此案例给你带来什么样的启示?

一、客房部的业务特点

(一)以时间为单位出售客房使用权

客房商品的销售是以无形的时间为单位的商品销售形态。与其他商品最大的区别在于只出售使用权,其商品的所有权不发生转移。因此,客房部员工一方面要尊重客人对客房的使用权,向客人提供各类客房服务;另一方面也要保护饭店对客房的所有权,做好客房设施设备、物资用品的保管和维护工作。

客房商品是以时间为单位出售的,所以其价值实现的机会一旦在规定的时间内丧失,就意味着其价值将永远失去。因而,饭店的客房也被认为是最易失去价值的商品之一。客房部应科学地确定其客房清扫程序,加速客房的周转,及时为客房的销售提供合格的商品。

(二)工作琐碎,随机性大

客房业务的工作内容是非常零星琐碎的。从客房的整理、物品的补充、设备的维修、公共区域的清扫到各种客房服务项目，都是一些具体琐碎的事务性工作。另外，客人需要的服务随机性也很大，事前较难掌握。这都需要客房服务人员具有丰富的经验、较强的责任感和主动性；否则，将影响客房工作的效率和服务质量。

客人入住酒店，大部分时间在客房度过，客房是客人休息、工作、会客、娱乐、存放物品及清理个人卫生的场所。不同客人的身份地位不同，生活习惯相异，文化修养与个人爱好也各有差异，所以对客房服务的要求也是多方面的，这就使得客房部业务具有很强的随机性和差异性。

除了客人的要求具有随机性和差异性外，客房部业务本身也具有随机性。客房部的管辖范围较广，除了客房的业务之外，还要负责公共区域的清洁、绿化以及布草洗涤、发放等工作。

 案例评析

王先生的生日

王先生入住一宾馆的当天恰好是他的生日，细心的总台发现后通知了客房部。客房部于是进行了精心策划，安排几位服务员，晚上带着礼物前往祝贺。她们来到门前按响门铃后，王先生打开房门，听到了悦耳的歌声，"祝你生日快乐"。王先生看见几位服务小姐，面带笑容，一边唱歌一边向他身上撒下彩纸，为首的服务员手捧鲜花和生日蛋糕向王先生表示祝贺。进入房间后，服务员随手关上电灯，点上蜡烛，和王先生一起吹灭了蜡烛，王先生非常感动并承诺："下次再来我还住这儿。"临走时王先生还多次向宾馆致谢。

（资料来源：周本胜.客房服务与管理[M]．北京：北京师范大学出版社，2012）

【评析】酒店工作人员细心地发现了客人的生日，并精心为客人策划了生日祝福，给客人的旅途生活增添了生活气息和浪漫色彩，使客人有"宾至如归"之感。这种做法值得推广。

（三）私密性与安全性要求高

客房是客人在饭店的私人领域，客房业务对私密性和安全性的要求很高。

服务人员未经客人同意不能随意进入客房，要做到尽量少打扰客人。服务人员在客房内不能随意移动、翻看客人物品，必须绝对尊重客人的隐私权。

安全是客人对饭店最基本的要求。作为客人在旅途中的投宿场所，每一家饭店都必须确保客房的安全，为客人提供一个安全舒适的私密空间。

 案例评析

史密斯先生的不满

史密斯先生是英国一家著名投资公司的项目经理，此次来华与中方洽谈一个大型投资项目。由于大量的商务活动和时差原因，每天还要跟总部联系，因此他只好在凌晨休息，中午起床工作。但遗憾的是，客房服务人员并未察觉到史密斯先生的这一起居习惯，并且饭店方面也没有给予充分的重视，每天上午客房服务员时而清扫房间，时而收取客衣，信使又时而派送留言、传真等，使他不能得到良好的休息。史密斯先生虽然多次向客房服务人员交代，但由于语言沟通的障碍，收效甚微。他曾尝试使用"请勿打扰"牌提醒，但由于房间行李及资料很多，没能找到该牌。尤其在周末，打扰更加频繁，使他忍无可忍，甚至认为服务人员要与他作对。他原打算住宿一个月，但不到第15天，便给酒店总经理写了长达5页的投诉信，随后便搬离了该酒店。

（资料来源：李任芷等.旅游饭店经营管理服务案例[M].北京：中华工商联合出版社，2000）

【评析】客房服务人员应时刻注意观察客人的行为，了解客人的需求，并对常客及有特殊要求的客人建立客史档案，制定并严格执行有针对性的服务计划。

（四）接触面广，情况复杂

客房部每天送旧迎新，客源流动性很大，客人之间，身份地位、兴趣爱好、生活习惯、旅游目的都各不相同，因此对客房服务的要求也是多方面的。这使得客房接待服务工作变得较为复杂，客房服务人员需要根据客人的具体情况和不同的特点，做好针对性的服务工作。

案例评析

多了一个枕头

客房服务员小李连续两天为415房间客人做床时都发现，客人的枕头下总是垫着床盖。他猜想客人可能是嫌枕头低。到了晚上开夜床时，他主动为该客人加了一个枕头。晚上客人回房后发现床头多了一个枕头，既惊喜又纳闷："我并没有向服务员要枕头呀！"这时，小李打来电话询问客人对床铺是否满意。客人连声道谢，感到十分满意，非常高兴。

（资料来源：秦承敏、王常红等.前厅客房服务与管理[M].大连：东北财经大学出版社，2011）

【评析】客人的做法引起了小李的注意，他分析客人是嫌枕头低了，于是悄悄地给客人加了一个枕头。小李贴心的服务给客人带来了惊喜与满意。加一个枕头事情不大，却饱含了小李对客人无微不至的关心和体贴，满足了客人要求。这种强烈的客人意识、细致的服务技巧、超前服务精神十分可嘉。

二、客房部的常规管理

（一）客房清洁整理准备工作

1. 参加客房部工作例会

客房服务人员应按饭店规定换好工作服，整齐着装，整理好仪容仪表，然后准时到客房服务中心签到并参加工作例会。在每日的工作例会当中，客房部值班经理或领班需对服务员的仪容仪表、精神状态进行检查，然后下达工作任务，并通报当天的住客率和续住率，通报当天的注意事项及VIP客人、特殊客人的要求等。

2. 签领客房钥匙和工作手机

客房服务员在参加完工作例会，接受了工作任务后，需到客房服务中心文员处领取工作钥匙和工作手机。工作钥匙和工作手机由客房服务中心文员统一收发管理。领取工作钥匙和工作手机时，必须履行签字手续，填写"钥匙、手机收发登记表"。客房服务员领取钥匙后必须随时携带，不得转交他人（表5-1）。

表5-1　楼层钥匙签领表　　　　　　　　　　日期：

楼层	区域	领用时间	领用人	签发人	归还时间	归还人	签收人
3F	领班						
	A						
	B						
	C						
	D						
4F	领班						
	A						
	B						
	C						
	D						
5F	领班						
	A						
	B						
	C						
	D						
6F	领班						
	A						
	B						
	C						
	D						
7F	领班						
	A						
	B						
	C						
	D						
8F	领班						
	A						
	B						
	C						
	D						

3. 了解分析房态,决定客房清扫程序和顺序

客房服务员在领取了每日工作表之后,必须首先了解核实客房状况,确定房间清扫程序和清扫顺序(表5-2)。

表5-2 房间状态(房态)一览表

序号	房间状态	专业术语	备注
1	干净的空房	VC(vacant clean)	随时可以销售或入住的干净的空房
2	未清扫的空房	VD(vacant dirty)	未清扫的空房
3	未清扫的住客房	OD(occupy dirty)	有客人住的尚未打扫的房间
4	已清扫的住客房	OC(occupy clean)	有客人住的已经打扫干净的房间
5	住客房	OCC(occupied)	住店客人正在使用的房间
6	走客房	C/O(check out)	客人已退房结账并离开房间
7	新入住房	C/I(check in)	客人已登记入住的房间
8	大修房	OOO(out of order)	房间因设施设备故障,需要大修的房间
9	未能使用的房间	OOS(out of service)	暂时不能使用的房间
10	外宿房	S/O(sleep out)	房间已被客人使用,但客人因事昨夜未归
11	少量行李房	L/B(light baggage)	住客房中客人行李很少的房间
12	无行李房	N/B(no baggage)	住客房中无客人行李的房间
13	请勿打扰房	DND(don't disturb)	客人不愿被打扰的房间
14	请速打扫房	MUR(make up room)	客人需要立即打扫的房间
15	双重锁房	DL(double lock)	房门上了双重锁的房间
16	续住房	Stay over	客人将继续使用的房间
17	预退房	Due out	今日预计要退,但尚未退的房间
18	预订房	Arrival	今日已有预订的房间
19	已到客房	Arrived	客人已经到达的房间
20	已退房	Departed	客人已经离店的房间
21	钟点房	Day use	客人不在房间过夜的房间
22	多人房	Triple	三人或更多人住的房间
23	客人在店房	In house	未结账,客人在店的房间
24	无预订房	Not reserved	今日无预订的房间

客房服务员每天在了解了客房状态之后,应该根据开房的急缓先后,客人情况,前台、领

班的指示或实际情况决定客房的清扫顺序。在旅游旺季，客房出租率比较高，房间供不应求的情况下，合理安排清扫顺序尤为重要。在这样的情况下，客房服务员应优先考虑如何加速客房出租的周转，使客房尽快重新出租，因此房间的清扫顺序一般安排如图5-3所示。

在旅游淡季的时候客房出租率不高，房间需求量不大，应尽量考虑先满足客人的特殊需求。此时的客房清扫顺序一般安排如图5-4所示。

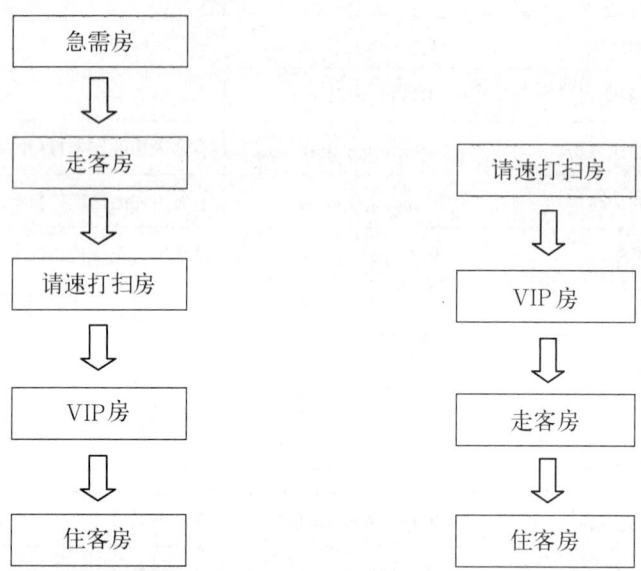

图5-3 旅游旺季客房清扫顺序　　图5-4 旅游淡季客房清扫顺序

长住房客人起居生活一般有一定的规律，清扫时间应与客人协商，定时打扫。

在实际工作中，客房服务员还应根据实际情况不同灵活调整清扫顺序。

4. 准备工作车和清洁工具

工作车是客房服务员清扫整理房间的重要工具，工作车使用是否方便、工作车上用品是否齐全，直接会影响客房服务员的工作效率。工作车的准备工作应做到工作车内外清洁、完好，布草、客房用品和文具用品齐全、摆放整齐，清洁剂和清洁工具充足。准备工作车的程序和标准如表5-3所示。

表5-3 准备工作车的程序及标准

程　　序	标　　准
1. 清洁工作车	(1) 在工作间撤除脏的布草、倒掉垃圾； (2) 用湿润的毛巾将空置的工作车内外擦拭干净，检查工作车有无损坏； (3) 清洁桶及清洁用具必须冲洗干净并沥干； (4) 配装好各种清洁药水备用。
2. 挂好垃圾袋和布草袋	将干净的垃圾袋和布草袋挂在两侧车钩上，要把各袋钩住或挂紧，确保各袋有足够的支撑力以放置垃圾和撤下来的脏布草
3. 放置干净的布草	将床单、枕套、浴巾、面巾、方巾、地巾等布草整齐叠放在工作车上

续 表

程　序	标　准
4. 放置房间用品	将房间消耗用品整齐地摆放在工作车的顶架上，房间消耗用品包括： (1) 易耗品，包括拖鞋、擦鞋纸、礼品袋、杯垫、餐巾纸、调酒棒、吸管、白糖包、黄糖包、红茶包、绿茶包、咖啡包、伴侣包、圆珠笔、铅笔、火柴、润肤露、洗发露、沐浴露、泡泡浴、浴室套装（包括浴帽、针线包、指甲锉、棉签）、洗衣粉、牙具、梳子、剃须刀、浴擦、香皂、矿泉水、面巾纸、卷纸、女宾袋（卫生袋）等； (2) 纸制品，包括"请勿打扰"牌、"请速打扫"牌、早餐牌、洗衣单、保险箱说明书、酒吧账单封页及内页、服务指南、中英文房价单、地图、客人意见书、送房服务餐单、文件夹（包括信纸、传真纸、航空信封、平邮信封、无烟房禁烟卡、电话指南、电视节目单、环保卡、便笺纸、各类杂志）
5. 准备好清洁桶或清洁盆	将塑料清洁桶或清洁盆放在工作车最底层的外侧，清洁桶必须保持清洁无污垢，内放清洁剂、消毒剂、尼龙刷、家具蜡、空气清新剂、胶皮手套等清用具
6. 准备好干净的抹布	准备干净的杯具专用抹布一条，干净的四色抹布一套，有的饭店还使用百洁布、泡棉等
7. 准备好吸尘器	(1) 检查吸尘器是否清洁、电线及插头是否完好； (2) 检查集尘袋是否倒空或更换，附件是否齐全完好； (3) 把吸尘器的电线绕好，不可散乱

工作车、清洁桶及物品栏的摆放标准如图5-5至图5-7所示。

图5-5　工作车摆放标准

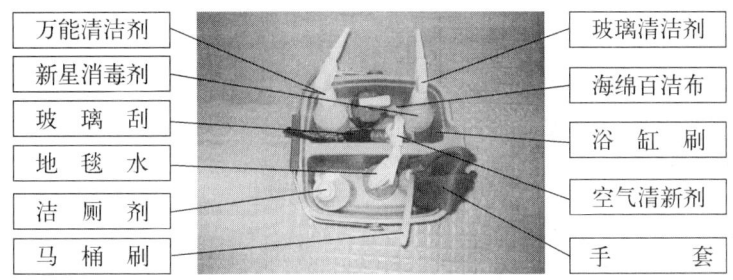

图5-6　清洁桶摆放标准

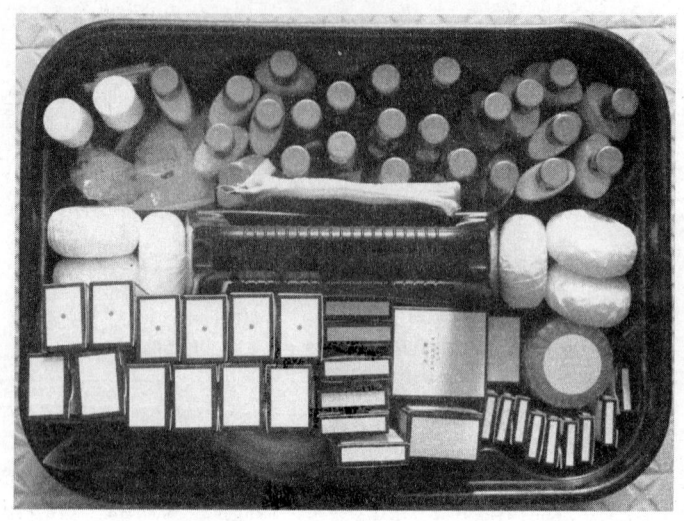

图5-7 物品栏摆放标准

知识链接

如何使用四色抹布

饭店为了避免各种疾病的传染，一般需要配备多种抹布擦洗不同的物件，并用颜色加以区分，以防混淆使用。目前，饭店通常使用四色抹布，即蓝色、绿色、红色和白色，不同颜色的抹布均有专业的用途，蓝色用来擦尘，绿色用来擦地，红色用来擦马桶，白色用来擦洗浴室。除此之外，饭店还应配有杯具专用抹布，以保证干净卫生。

知识链接

客房清洁常用清洁剂

1. 消毒液：具有消毒杀菌的功效，可用来消毒杯具，清洁浴缸、马桶等。
2. 玻璃清洁剂：通常为碱性清洁剂，为了环保和使用的安全，目前很多连锁饭店选择无氨玻璃清洁剂，用来清洁玻璃用品，如淋浴间、窗户、茶几等。
3. 浴室清洁剂：通常为中性清洁剂，可用来清洁浴室台面、浴盆、浴缸等。
4. 空气清新剂：通常具有杀菌、去异味、芳香空气的作用，可用来去除房间的烟味、异味等，使房间空气更为清新。
5. 马桶清洁剂：通常呈酸性，但含合成抗酸剂，以增加安全系数，有特殊的洗涤除臭和杀菌功能，主要用于清洁卫生间马桶、男用便器等用具。

（二）客房清洁卫生及服务管理工作

1. 客房清洁卫生及服务流程（图5-8）

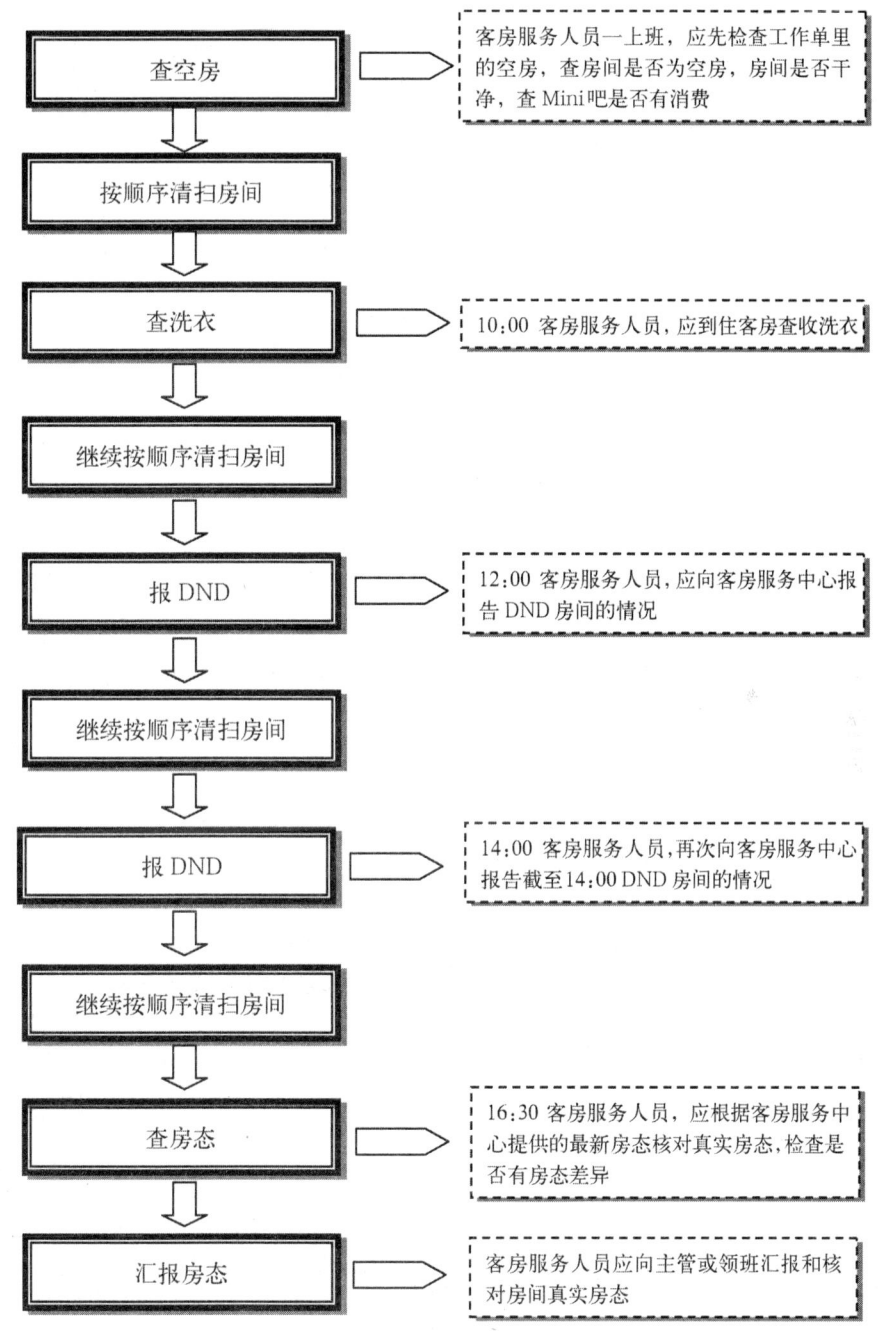

图5-8 客房服务员工作流程图

2. 进门程序（表5-4）

表5-4 进门程序操作标准

序号	操作标准	备注
1	看是否有"请勿打扰"标识	若没有，可进入下一步操作，若有，应在工作单上表明，并过后再来打扫
2	敲门三下，自报身份"客房服务员"或英文"housekeeping"，后退半步	后退半步，以方便宾客从窥视镜中看清来访者身份
3	3~5秒后，确认房内无动静后，再次重复上述敲门动作	在门外等候时，应注意倾听房内的动静，并从窥视镜中观察有无灯光
4	等待，如仍无人应答，则用钥匙卡打开房门约1/3，通报"客房服务员"，确认无人后完全打开房门进入房间。	如进门后，发现客人在睡觉或浴室，应关上房门，安静地离开，稍后再来清洁
4	如客人在，则询问是否可以清洁客房	

3. 走客房清洁整理

走客房是指客人已经结账离店，还没有清扫的空房。对于走客房，客房服务人员应进行全面、彻底的清洁，其操作步骤和操作标准如表5-5：

表5-5 走客房清洁整理操作步骤及标准

序号	操作步骤	操作标准
1	进门	按进门程序进入房间
2	打开房门	1. 将工作车停放在客房门口，开口对着房间。将"正在清洁"操作牌挂在门把手上； 2. 清扫全过程房门完全打开，以保证室内空气新鲜
3	进入房间	1. 插卡取电； 2. 打开灯开关，检查照明设备是否完好； 3. 打开空调，调整到适当温度（通常设置为23℃）； 4. 拉开窗帘
4	检查是否有客人遗留物品	如发现客人有遗留物品，应及时通报领班
5	收垃圾	1. 由内而外，将房间所有的垃圾和客人的废弃物装入垃圾桶； 2. 将客人使用过的杯具，收到卫生间，并放入消毒剂，以便消毒清洁； 3. 清洁垃圾桶
6	撤脏布草	1. 撤出卫生间脏布草； 2. 逐层撤出床上的脏布草； 3. 撤出脏布草时，应同时检查是否有丢失、损坏或污染现象。如发现有污渍，应做相应的标志或单独处理；如有损坏或严重污染时，应报告领班，另行处置
7	清洁卫生间	1. 进入卫生间，开灯、开排气扇，拿进清洁工具和洗涤剂； 2. 将清洁剂或消毒剂倒在马桶、浴缸、淋浴房、洗漱台内，便于擦拭去污； 3. 清洁消毒杯具： （1）所有杯具要求无水渍 （2）所有玻璃杯具，除杯底外无指纹 4. 清洁淋浴间： （1）检查下水道是否通畅，注意清理毛发 （2）检查龙头是否完好 （3）清洁淋浴间玻璃、瓷砖、龙头、金属挂件等，保证所有物品无水渍，玻璃、金属均光亮 5. 清洁浴缸： （1）检查下水道是否通畅，注意清理毛发 （2）检查龙头是否完好 （3）浴缸、龙头等，保证所有物品无水渍，干净光亮 6. 清洁马桶： （1）检查冲水阀是否完好 （2）用专用马桶清洁剂、马桶刷和马桶擦布，对马桶内外进行彻底清洁 7. 清洁洗漱台、抹尘 8. 按规定摆放干净布草，并补充卫生间物品； 9. 用专用擦布从内而外将地面擦洗干净： （1）注意清理毛发 （2）不能留有任何水渍 　　10. 关灯、关排气扇，将卫生间门关至30°

续　表

序号	操作步骤	操作标准
8	铺床	按铺床程序规范操作。铺床前必须检查床垫上是否有毛发、污渍，如有应立即清洁或调换
9	抹尘	1. 从房间门口开始，按从左到右、从上到下、从内到外的原则，有序地对房间进行抹尘； 2. 抹尘的同时检查客房设施是否完好； 3. 抹尘的同时检查房间物品是否齐全； 4. 抹尘的同时检查抽屉、保险箱是否有客人遗留物品
10	补充物品	按要求的数量和摆放标准添补客用品和宣传品
11	吸尘	1. 由内而外，边吸边退。注意房间边角、床下、床头柜下； 2. 整理好家具、摆件
12	退出房间	关灯、拿走取电卡、锁门。锁好门后，应再次确认是否已锁好

4．住客房清洁整理

住客房，顾名思义是指有客人入住的房间。若客人在房间，应征得客人同意后再对房间进行整理。对于住客房的清洁整理，应尤为重视客人的隐私，不得翻开客人物品和文件，不得自行处理客人物品，不得接听客房电话。其操作步骤和操作标准如表5-6所示：

表5-6　住客房清洁整理操作步骤及标准

序号	操作步骤	操作标准
1	进门	按进门程序进入房间
2	进入房间	若客人在房间，将工作车停放在客房门边上，开口向外。将"正在清洁"操作牌挂在门把手上，全程开门打扫 若客人不在房间，将工作车停放在客房门口，开口对着房间。将"正在清洁"操作牌挂在门把手上。为了保证客人的财产安全，住客房要求全程关门打扫。 1. 插卡取电； 2. 打开灯开关，检查照明设备是否完好； 3. 打开空调，调整到适当温度（通常设置为23 ℃）； 4. 拉开窗帘
3	收垃圾	1. 由内而外，将房间所有的垃圾和客人的废弃物装入垃圾桶； 2. 将客人使用过的杯具，收到卫生间，并放入消毒剂，以便消毒清洁； 3. 清洁垃圾桶
4	撤脏布草	1. 撤出卫生间脏布草； 2. 逐层撤出床上的脏布草； 3. 撤出脏布草时，应注意检查床上是否有客人的物品，以免客人物品丢失，另外还要检查布草是否有丢失、损坏或有污染现象。如发现有污渍，应做相应的标志或单独处理；如有损坏或严重污染时，应报告领班，另行处置
5	铺床	1. 按铺床程序规范操作； 2. 铺床前必须坚持床垫上是否有毛发、污渍，如有应立即清洁或调换； 3. 将客人床上的客人物品叠放整齐
6	抹尘	1. 从房间门口开始，按从左到右、从上到下、从内到外的原则，有序地对房间进行抹尘； 2. 抹尘的同时检查房间迷你吧是否有消费，若有消费及时入账； 3. 将客人的物品在原位摆放整齐

续 表

序号	操作步骤	操作标准
7	补充物品	按要求的数量和摆放标准添补客用品和宣传品
8	清洁卫生间	1. 进入卫生间,开灯、开排气扇,拿进清洁工具和洗涤剂; 2. 将清洁剂或消毒剂倒在马桶、浴缸、淋浴房、洗漱台内,便于擦拭去污; 3. 清洁消毒杯具: (1) 所有杯具要求无水渍 (2) 所有玻璃杯具,除杯底外无指纹 4. 清洁淋浴间: (1) 注意清理毛发 (2) 清洁淋浴间玻璃、瓷砖、龙头、金属挂件等,保证所有物品无水渍,玻璃、金属均光亮 5. 清洁浴缸: (1) 注意清理毛发 (2) 浴缸、龙头等,保证所有物品无水渍,干净光亮 6. 用专用马桶清洁剂、马桶刷和马桶擦布,对马桶内外进行彻底清洁; 7. 清洁洗漱台、抹尘; 8. 将客人的用品摆放整齐,按规定摆放干净布草,并补充卫生间物品; 9. 用专用擦布从内而外将地面擦洗干净: (1) 注意清理毛发 (2) 不能留有任何水渍 10. 关灯、关排气扇,将卫生间门关至30°
9	吸尘	1. 由内而外,边吸边退,注意房间边角、床下、床头柜下; 2. 整理好家具、摆件
10	退出房间	若客人不在房间,关灯、拿走取电卡、锁门。锁好门后,应再次确认是否已锁好
		若客人在房间,跟客人礼貌道别,并锁上房门

5. 夜床服务

夜床服务是指对住客房进行晚间寝前整理,又称"开夜床"(图5-9)。夜床服务是一种高雅而亲切的服务,其作用主要是方便客人休息,使客人感到舒适温馨、有家的感觉。夜床服务通常应在晚6点至9点完成。夜床服务主要包括三项工作,即房间整理、开夜床、卫生间整理。其操作步骤和操作标准如(表5-7):

表5-7 夜床服务操作步骤及标准

序号	操作步骤	操作标准
1	进门	按进门程序操作
2	进入房间	若客人在房间,询问客人是否需要开夜床服务,征得客人同意后,方可为客人提供夜床服务
		若客人不在房间,将工作车停放在客房门口,进入房间并关门: 1. 插卡取电; 2. 打开灯开关
3	小整理房间	若客人已入住,为客人小整理房间,收垃圾、简单清洁、整理桌面、床头柜和茶几

续 表

序号	操作步骤	操作标准
4	开夜床	1. 将被子向外折成45°，并附上书签； 2. 摆正枕头，若客人已经入住，将客人衣服叠好放于床面上； 3. 打开床头灯； 4. 将水和水杯按标准摆放于床头柜上； 5. 将地巾铺放于床边，中间位置，并放上拖鞋； 6. 将当日报纸按标准放于书桌一角； 7. 若一人入住，将打开床头柜有电话一侧，若两人入住双床，则两边都开
5	整理卫生间	1. 若客人已经使用，将客人物品摆放整齐； 2. 将垃圾清理干净，洗漱台擦洗干净； 3. 卫生间地面较脏时，应用湿抹布擦干净； 4. 将地巾摆放于淋浴房前； 5. 关灯，将卫生间门关至30°
6	退出房间	若客人不在房间，关窗帘、关灯、拿走取电卡、锁门。锁好门后，应再次确认是否已锁好
		若客人在房间，跟客人礼貌道别，并关上房门

图5-9 夜床服务

6. 客人遗留物品的处理

在客房范围内，无论何时何地拾到客人的物品，都必须尽快交到服务中心，以便将物品交还客人，如客人已经离开，则需要填写相应的"客人遗留物品登记表"，写明日期、房号、拾到地点、物品名称、拾物人姓名和班组。如果遗留物品是贵重物品或重要证件，服务中心应及时通知客人。所有遗留物品都必须保存在失物储藏柜里，贵重物品与非贵重物品分开存放，贵重物品应专人管理。客人在领取遗留物品时，应出示相应的证件，确认无误后，方可签领。

（三）客房计划卫生

计划卫生即周期性的清洁保养工作。客房计划卫生是指在搞好客房日常清洁工作的基础上，拟订一个周期性的清洁计划，采取定期循环的方式，对清洁卫生死角或容易忽视的部分及家具设备进行彻底的清洁和维护保养，以进一步保证客房的清洁保养质量，维持客房设施设备的良好状态。

各饭店应根据自身的工作计划和要求，根据客房的清洁卫生标准和设施设备情况，科学合理地制定计划卫生的内容、周期和时间。计划卫生的项目应尽量设计全面，通常包括家具除尘、家具打蜡、地板维护保养、地毯清洗、墙面的清洁与保养、纱窗床罩等的清洗、通风口清洁、金属器具的擦拭等等。

1．制订计划

（1）每日计划清洁。每日计划清洁是指在完成日常的清扫整理工作外，每日都有计划性地对客房某一领域或部位进行彻底的清理。

（2）季节性及年度性计划清洁。季节性及年度性的计划清洁范围较大，不仅包括客房家具，还包括各项设备及床上用品。由于目标较大，时间较长，所有季节性与年度性的计划清洁一般在淡季进行，而且必须与前厅部、工程部密切合作，以便对某一楼层实行封楼，由维修人员进行检查与维修。

2．落实计划及进行检查工作

客房部拟订计划后，应作好计划清洁的落实与检查工作。一般由领班负责督促清洁员完成当天的计划卫生任务，并进行检查。

（四）客房对客服务工作

1．洗衣服务

客人在饭店居住期间，可能会需要饭店提供洗衣服务，尤其是商务客人或因公长住饭店的客人。洗衣服务在对客服务中，是比较容易引起客人投诉的一个项目，所以客房部应注重对洗衣服务的控制工作。

洗衣服务分为水洗、干洗、熨烫三种，时间上分正常洗和快洗两种。正常洗多为上午交洗，晚上送回；下午交洗，次日送回。快洗不超过4小时便可送回，但要加收50%的加急费。具体的操作步骤和标准如（表5-8）：

表5-8 洗衣服务操作步骤及标准

序号	操作步骤	操作标准
1	收取客衣	1．每日10：00客房服务员应到住客房收取客衣； 2．客房服务员应按进门程序进入房间； 3．检查洗衣袋或洗衣筐中是否有需要洗涤的衣物； 4．检查洗衣单，是否有填写房号、洗涤方式、客人签名。若洗衣袋内装有客人衣服而客人没有填写洗衣单的，应及时联系客人，得到客人的认可后，方可为客人提供洗衣服务
2	递交洗衣房	客房服务员在收取了客衣后，及时通知洗衣房收取、交接
3	洗涤	1．检查衣物是否有破损和污渍，若有破损或污渍应记录下来，特别严重的应及时联系客人，得到客人的认可后，方可为客人提供洗衣服务； 2．认真阅读洗衣单，了解客人需求； 3．洗涤； 4．熨烫
4	送回客衣	将洗涤好的客衣，叠放整齐，送回客人房间

2. 借用物品服务

饭店客房内所提供的物品一般能满足住店客人的基本生活需求，但有时客人会需要饭店提供一些特殊物品，如熨斗、婴儿车、热水袋、体温计、变压器、接线板、剃须刀等。因此，客房服务中心应备有此类物品，在服务指南中标明，以示服务周到，其操作步骤和标准如表5-9所示：

表5-9 客房借用物品服务操作步骤及标准

序号	操作步骤	操作标准
1	了解客人需求	客房服务员应仔细询问客人租借物品的名称、要求以及租借的时间等
2	将物品送至客房	将用品迅速或在客人约定的时间送至客房，向客人说明注意事项，并请客人在《租借物品登记单》上签名
3	做好详细记录	客房服务员应将客人租借的用品情况做详细记录，以便下一班服务人员继续服务
4	收回租借物品	当客人归还物品时，客房服务员应做好详细记录。当客人离店时，应特别检查客人是否归还租借用品

项目小结

饭店客房部是饭店向客人提供住宿服务的部门，是饭店的主体，是饭店的主要组成部门，是饭店存在的基础，在饭店的经营与管理中具有十分重要的地位和作用。

本项目主要阐述了饭店客房部的概念、地位及作用、组织结构、主要岗位及职责和客房部的主要业务内容和常规管理等内容。其中重点对客房部常见业务，从工作流程到工作细则、工作规范等进行了详细阐述，使饭店客房服务与管理更具有实操性。

综合能力训练

······ 基本训练 ······

一、解释

客房部　房态　走客房　住客房

二、选择

1. 饭店营业收入中所占比重最大的是　　　　　　　　　　　　　　　　　　　　　　（　　）
   A．客房收入　　　　B．餐饮收入　　　　C．综合服务收入　　　　D．旅游收入
2. VC房态代表的意思是　　　　　　　　　　　　　　　　　　　　　　　　　　　　（　　）
   A．未清扫的空房　　B．干净的空房　　　C．未清扫的住客房　　　D．已清扫的住客房
3. 以下哪些分支机构属于客房部管理？　　　　　　　　　　　　　　　　　　　　　　（　　）
   A．客房服务中心　　B．客房送餐　　　　C．布草房　　　　　　　D．洗衣房
4. 在旅游旺季的时候，为了提高客房出租的周转率，以下几种房间中应首先打扫（　　）
   A．VIP房　　　　　B．请速打扫房　　　C．住客房　　　　　　　D．走客房

5．以下哪些工作是由客房部楼层服务员负责的？ （　　）
　　A．清扫客房　　　　B．客衣洗涤　　　　C．与前台沟通　　　　D．公共区域清洁

三、思考
1．饭店客房部的概念是什么？简述客房部在饭店的地位和作用。
2．饭店客房部常见业务包括哪些？

四、案例分析
　　小江是一家大型饭店客房部六楼的服务员，一天上午，他准备进入618房间打扫时，发现客人正在房间与朋友会谈。小江礼貌地征询了客人的意见，约定了下午3:00再来打扫客人房间。就在小江准备退出房间时，客人叫住了他，说自己有件西服需要送洗衣房清洗，并说自己很忙，要小江代为填写洗衣单。小江看到客人与朋友聊得火热，便一口答应了客人的要求，接着用自己领会的意思在洗衣单上湿洗一栏中做上记号，随即将西服和洗衣单送进洗衣房。洗衣房员工依照洗衣单上的要求，对此西服进行了湿洗。不料，西服的口袋出现了一点破损。客人要求饭店赔偿西服的损失。

　　（资料来源：周本胜．客房服务与管理［M］．北京：北京师范大学出版社，2012）

问题：
1．客人的西服为何会出现破损？
2．如果是你，你会如何避免此事发生？
3．已经遭受客人投诉，要饭店赔偿损失，你会如何处理此事？

· · · · · · 技能训练 · · · · · ·

一、任务名称
中式铺床

二、任务目标
掌握中式铺床的基本要领和技巧。

三、任务实施
1．将学生进行分组，4~6人为一组。
2．小组成员分别依次进行中式铺床训练。
3．小组成员在练习过程中，小组的其他成员观摩学习，并对小组成员的操作流程、操作规范等进行评分、讨论，小组成员之间相互学习，共同提高。
4．小组成员在练习过程中，其中一名成员负责计时，要求3分钟之内完成。
5．教师适时指导。

四、成果考核
1．学生正确掌握中式铺床的操作程序和操作要领。

项目五 饭店客房管理

2. 所有同学要求在 3 分钟之内完成一次中式铺床（表 5-10）。

表 5-10 中式铺床

序号	操作程序	图片示例	操作说明
1	准备工作		1. 检查床垫与床箱是否吻合，并适当调整； 2. 检查床垫、床箱有无污渍及安全隐患，并及时处理； 3. 检查、整理床上用品
2	甩单定位		1. 站在床尾或床侧开单； 2. 甩单一次到位，床单中线居中、正面向上、四周下垂均匀、床面整洁美观
3	床单包角		1. 从床头开始，顺时针方向包角； 2. 包90°直角。包角要领如下：一提、二绷、三折、四塞、五放、六抬、七砍； 3. 走位。四步到位，快步； 4. 注意在包角的最后应加绷边环节
4	装被芯、铺棉被		1. 将被套平铺在床上，一次抛开； 2. 开口方向正确，朝向床尾； 3. 将被芯装入被套里层； 4. 手伸进被套里，紧握住被芯的两角，将其与被套的床头两角重合对齐； 5. 将被芯床尾两角与被套床尾两角重合对齐，用力抖动，使被芯完全展开，被套四角饱满； 6. 调整被套位置，使之与床头齐平，棉被的中线与床垫的中线对齐，一次成功； 7. 将棉被床头部分翻折 45 cm； 8. 将被套开口封好
5	套枕头		1. 握住枕芯 1/3 处，将枕芯塞入枕套； 2. 四角到位，饱满挺括； 3. 枕头开口处平整、无褶皱，处理开口手法正确

续 表

序号	操作程序	图片示例	操作说明
6	放枕头		1. 将两只枕头放在床头正中，枕头中线与床中线齐平； 2. 枕头边与床头齐平； 3. 枕套边沿无褶皱，表面平整，自然下垂； 4. 单人床枕套开口背对床头柜，双人床枕套开口相靠
7	检查		检查整体效果

项目六 饭店餐饮管理

学习目标

通过本项目的学习,你应该达到:

知识目标:1. 掌握餐饮部的基本概念和组织结构。
2. 熟悉餐饮部主要岗位。
3. 掌握餐饮部的业务分工。
4. 熟悉并理解餐饮部的常规管理。

能力目标:熟悉餐饮餐厅业务的各项流程。

实训目标:掌握饭店餐饮服务质量管理的基本技能。

任务一 饭店餐饮部概述

案例导入

在济南饭店餐饮市场竞争激烈,而有一家"乡村别墅"饭店生意却好得出奇,这家饭店除了提供独具特色的当地美食外,还在设计和装潢上别具匠心,给人一种浓重的乡土气息和文化品位,其乡土气息是,在饭店的楼顶上,搭建了一些蔬菜大棚,里面有多种无土栽培的新鲜蔬菜和瓜果,消费者既可观赏到绿色田园的美景,又能品尝到亲手采摘的新鲜果蔬;在文化气氛的设计上,饭店在全部包厢和大厅里悬挂各种挂件,介绍济南的名人名士、风景名胜以及各种关于菜品的由来和典故,洋溢着浓郁的文化气息,让客人在品尝美味的同时,还能感受济南历史和民俗的醇美气味,可谓一举多得。这样的特色经营必然使得其在激烈的市场竞争中脱颖而出。

思 考 你印象中的饭店餐饮是怎么样的?你认为这家饭店为什么会在市场竞争中脱颖而出?

一、饭店餐饮部的定位

饭店餐饮部,是饭店重要的部门之一,主要为宾客提供优质美味的食品、菜肴、酒水和相关的一系列服务,也是为饭店创造经济效益的主要部门。餐饮部是饭店和宾客之间联系与互动最密切的一环,其业务范围包括饭店的中餐厅、西餐厅、咖啡厅以及酒吧等,餐饮部的工作效率和服务水平是饭店经营管理水平的标志之一。餐饮部不仅要为宾客提供符合卫生标准的、高质量的餐饮产品，而且还要为宾客提供高雅温馨且具有浓郁文化色彩的就餐环境；服务人员热情周到、宾至如归的细微服务，不仅使客人得到物质上和生理上的满足，而且得到精神上的极大享受。作为饭店重要的创收部门，餐饮部必须严格控制餐饮成本，提高餐饮经营利润水平，餐饮部对饭店的整体效益影响巨大，其食品、菜品的质量与服务水平的高低，直接影响着饭店其他产品的销售情况，甚至是饭店的声誉与品牌形象（图6-1）。

图6-1　某饭店餐饮部一角

二、饭店餐饮部的地位和作用

（一）餐饮部是现代饭店必不可少的重要组成部分

饭店最重要的职能是为客人提供住宿和饮食服务，现代饭店中决不能缺少餐饮服务，因此，餐饮部是现代饭店的重要组成部分，是客人在饭店的活动中心之一，也是饭店必不可少的利润来源部门。

（二）餐饮部服务水平是饭店整体服务水平的反映，直接影响饭店声誉

在饭店，餐饮部直接为客人提供面对面的服务，其服务态度、服务技能都会在客人心目中产生深刻的印象，客人会根据餐饮部为他们提供的餐饮产品的种类、质量以及服务态度等来判断饭店服务质量的优劣及管理水平的高低。因此，餐饮服务的优劣不仅直接影响饭店的声誉和竞争力，而且直接影响饭店的客源和经济效益。

（三）餐饮部收入是饭店营业收入的主要来源

餐饮部是饭店获得经济效益的重要部门之一，一般饭店的餐饮收入占饭店总收入的30%～

40%，餐饮经营规模越大、功能越齐全，餐饮收入所占比例越高。餐饮部必须积极开发特色餐饮产品、增加服务项目、严格控制餐饮成本和费用，为饭店创造良好的经济效益。

（四）餐饮部是饭店在市场营销中的重要组成部分

餐饮部是饭店参与市场营销竞争的排头兵，现代饭店的客房标准相对接近，竞争余地小；而其餐饮则具有灵活、多变的能力。两家条件等级相似的饭店，其餐饮水平往往是决定胜负的主要因素，餐饮部门在竞争中的地位和作用有时会决定整个饭店的兴衰。

（五）餐饮部是弘扬民族饮食文化的主要场所

饭店餐饮产品集中体现了一个地区的饮食文化与特点，宾客在品尝美食的同时，可以从中了解到该地区的民风民俗、文化传统、历史沿革乃至宗教习俗。饭店可以通过设计更多具有本地特色与传统的餐饮产品来吸引更多宾客前来品尝。

（六）餐饮部的工种多、用工量大

餐饮部的业务环节多而杂，从餐饮原材料的采购、验收、储存、发放到厨房的初步加工、切配、烹调再到餐厅的各项服务销售工作，需要各部门各岗位的许多员工配合和协调，才能发挥正常运转，这种工种多、用工量大的特点为社会创造了众多就业机会。

三、饭店餐饮部的主要任务和工作原则

（一）餐饮部的主要任务

（1）研发并制作高品质的菜品为宾客提供精致可口的菜肴食品，满足客人高层次的餐饮需求。

（2）为宾客提供优质的用餐服务，餐饮部必须向所有进店消费的客人提供优质的用餐及咖啡厅、饭吧、茶座等各式服务，努力让客人满意。

（3）为宾客提供赏心悦目的就餐环境，餐厅装潢要精致、舒适、典雅、富有特色；灯光柔和协调；餐厅陈设布置要整齐美观；餐厅环境及各种用具要绝对清洁卫生；服务人员站位得当、仪态端庄、表情自然，创造和谐亲切的就餐环境。

（4）保证宾客食品卫生和饮食安全，餐饮部必须严格把好食物进口关、储存关、加工关、烹饪关、出菜关、服务关，同时还要抓好餐具消毒、个人卫生和环境卫生工作，保证达到国家规定的卫生检疫标准。

（5）创造良好的经济效益，餐饮部必须根据市场变化，及时推出符合市场需求的产品，同时加强餐饮成本控制，开源节流，尽可能提高本部门利润；餐饮部还应积极配合支持其他部门，共同创造饭店整体良好的经济效益和社会效益。

（二）餐饮部主要工作

餐饮部的工作主要分为三个部分，第一，原材料的采购、验收、保管：负责食品饮料的供应、质量和保管；第二，厨房：负责将食品做成美味的菜肴；第三，餐厅：负责接待客人，为客人提供服务。这三部分的工作融为一体，必须互相配合，缺一不可。

四、餐饮部经营的主要原则

（一）坚持质量上乘的原则

餐饮部必须严格控制餐饮的各个环节，保证质量的稳定性，使菜品和服务质量始终保持在高水平，这是星级饭店餐饮经营的最基本和最首要的原则，同时还要狠抓成本管理、节约费用，努力提高餐饮部的经营效益。

（二）坚持特色经营的原则

在餐饮经营过程中，要突出个性和特色，在菜品和服务管理中积极创新思路，使餐饮成为本饭店经营的亮点，从而吸引更多的客人前来消费。

（三）注重营销工作的开展

把餐饮营销与饭店客房、娱乐、会议等项目结合起来，采取多种促销宣传手段，利用现有的客源网络开发新的市场。

（四）坚持面向市场的原则

饭店餐饮经营必须努力推出满足饭店宾客消费需求的产品和服务；同时，还必须从当地消费实际出发，积极开发出适应当地市场需求的产品，如节假日消费、婚宴、团队、会议用餐等，利用自身资源优势，增加服务项目，为消费者提供更多的选择。

五、餐饮部组织机构及岗位职责

（一）餐饮部组织机构

餐饮部人员的编制和配备是企业经营管理中的一项重要任务，它的科学性与合理性直接影响餐饮经营的效率和人员成本。餐饮部必须根据自己的特点和业务需要进行人员的编制和配备，设立组织机构。各餐饮部的组织结构不尽相同，但目的是一致的，必须保证本部门的正常运转和合理分工。通常饭店餐饮部的组织机构如图6-2所示。

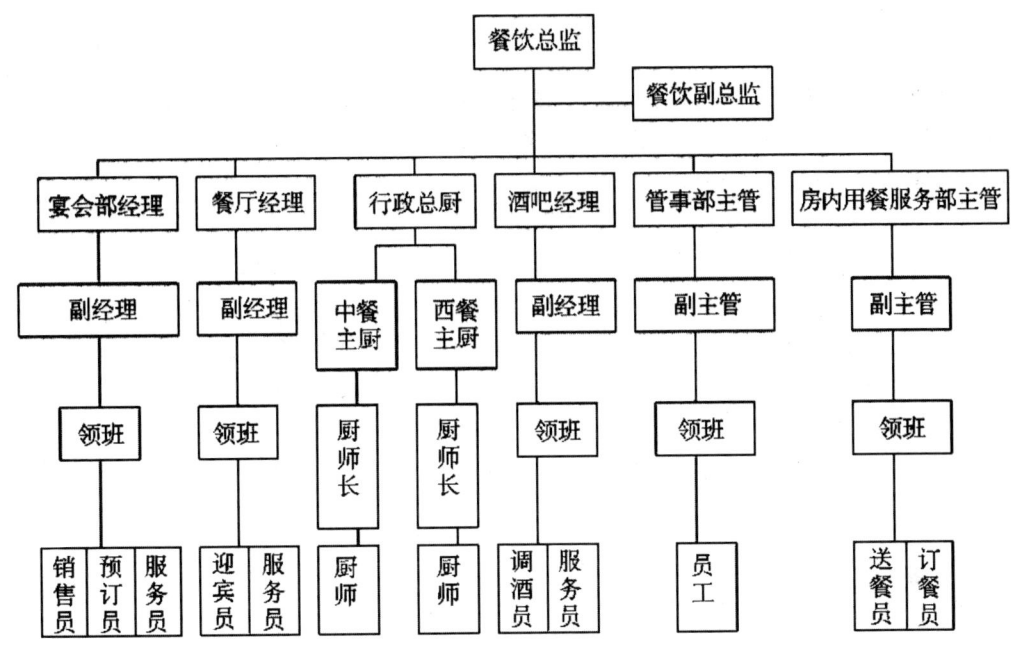

图6-2 餐饮部组织机构图

（二）餐饮部各部门主要职责

1. 餐饮总监

在饭店总经理的授权下，全面负责餐饮部日常经营管理工作。按照饭店餐饮部确立的目标管理要求，负责制定餐饮部的经营管理计划和经营预算，并组织实施；督导餐饮部日常运转管理，确保为客人提供优质高效的餐饮服务并进行成本控制。

2. 行政总厨

制定厨房的生产计划与成本预算、管理制度、操作制度及岗位职责；设计富有特色的菜品、对菜肴不断开拓创新，提高菜肴质量，扩大销售；加强对生产流程的管理，控制原材料成本，减少费用开支；检查厨房食品及其环境的清洁卫生状况，发现问题及时解决；定期开展厨师技术培训，做好各厨房的考核、评估工作。

3. 餐厅经理

负责餐厅的日常管理，协调餐厅与传菜部及厨房等其他部门的工作，全面负责为客人就餐提供各项优质服务。

4. 送餐经理

负责送餐服务规范与实施，组织协调厨房、客房等部门，保证客房订餐的及时、准确送达。

5. 管事部

管事部是保证餐饮部正常运转的后勤保障部门，主要负责清洁厨房的工作环境和各种炊具，以保证厨房生产的卫生；负责为餐厅提供清洁的营业用具，并确保餐饮各部区域的卫生处于最佳状态。

6. 宴会部

宴会部主要负责中西宴会、冷餐酒会、鸡尾酒会等各类宴会及重大活动的策划、组织、协调和实施，向客人提供优质的服务。

7. 采购部

采购部是餐饮部的物资供应部门，采购部在饭店统一管理下，根据实际工作需要，适时、适量、适价、经济合理地采购餐饮部所需要的物品，确保餐饮部经营活动的正常进行，主要工作是负责及时做好食品原材料的采购工作，保证餐饮部所需原材料供应；负责餐饮原材料的验收与保管工作；做好采购价格控制及仓库存货控制工作，严格控制采购成本。

知识链接

餐厅及餐饮服务的概念

（一）餐厅的概念

餐厅（Restaurant）一词根据《法国百科大辞典》之记载，其词源为derest-aurer，是"恢复精神气力"的意思，后被注释为给客人提供休息和食物饮料以恢复体力精神的地方。所谓餐厅就是通过出售菜肴、酒水、服务来满足客人饮食需求的场所。餐厅必须具备下列三项条件：

(1) 具有一定的场所，即具有一定的接待能力的餐饮空间和设施。

(2) 能够为客人提供菜肴、饮料和服务。菜肴、饮料是基础，服务是保证。

(3) 以盈利为目的。餐厅是饭店的利润中心之一，餐饮从业者应致力于餐饮产品的研究和开发，在餐饮管理上下工夫节流，积极参与餐饮竞争，以获得最佳的经济效益。

（二）餐饮服务的概念

所谓服务，是指借助人的劳动创造产品的使用价值，并实现产品价值的有效转移。美国旅游业先驱埃尔斯沃思·密尔顿·斯塔特曾说过："饭店从根本上说，只销售一样东西，那就是服务，提供低劣服务的饭店是失败的饭店，而提供优质服务的饭店则是成功的饭店。饭店的目标应是向客人提供最佳服务，而饭店的根本经营宗旨也就是为了使客人得到舒适和便利。"

餐饮服务是餐饮产品的重要组成部分，它与餐饮设施设备、菜点酒水、餐厅的环境气氛等共同为客人创造一种愉快的就餐经历。在餐饮消费日趋多元化的今天，消费者愈加注重餐饮产品之外的无形餐饮服务，它将是饭店餐饮品牌建设的重要基础。

餐饮服务的构成内容如下：

(1) 辅助性设备设施，如餐桌、餐椅、餐具器皿、服务用品等。

(2) 使餐饮服务易于实现的产品，如菜肴酒水等。

(3) 明显的服务，即消费者感觉到的各种利益。

(4) 隐含的服务，即消费者的心理感受或附属于服务的特征。

（三）微笑服务

饭店服务是一种特殊的商品，它有极其丰富的精神内容。微笑服务是满足宾客精神需要的主要方式，是良好服务态度的重要组成部分和外在表现形式。

微笑服务是一种特殊的语言——情绪语言。它可以和有声语言及行动相配合，沟通人们的心灵，缩短人与人之间的距离，给人以希望与鼓励，所以微笑服务对于饭店而言，可以代表企业的形象，提高效益和声誉；对于宾客而言，得到的是心情舒畅和精神满足；对于服务员来说，没有任何损失。微笑服务已经引起各国的广泛重视，并把它作为一种经营手段和优质服务的重要内容。法国巴黎被称为"微笑的城市"，在法国各种服务行业场所的墙壁上、橱窗里都张贴着一首名为"微笑"的诗，并排列成一颗心的形状。十分注重礼仪的新加坡，一直把微笑服务作为饭店餐饮服务的重要组成部分，服务员就是礼貌大使、微笑大使。在我国香港，商家经常向职员灌输"和气生财"的经营之道。在欧洲，饭店视宾客为"上帝、公主、王子"，提出"宾客永远是对的"服务宗旨，其服务至上的待客传统由来已久。美国希尔顿饭店创始人康纳德·尼科尔森·希尔顿经常问下属的一句话是："你今天对宾客微笑了吗？"他确信，微笑将有助于希尔顿饭店业向全世界发展。他要求员工牢记一个信条："无论饭店遭到何种困难，希尔顿饭店服务员脸上的微笑永远是宾客的阳光。"希尔顿先生将饭店经营管理和服务质量的"三把刀"——勤奋、自信和微笑传给了他的服务人员，并把它作为生活艺术的信条，为世界饭店业的发展作出了杰出的贡献。

发自内心深处的微笑是一种真情流露，带给个人是温暖、真诚、热情、友好和健康；给自己一个微笑，会使自己心情舒畅地工作；给同事一个真诚的微笑，会营造一个融洽的工作氛围。

任务二　饭店餐饮部餐厅业务管理

案例导入

某天晚上，老汪正在宴请远道而来的老朋友小李一行。在点菜时，服务员小陈热心地向老汪推荐应时的大闸蟹，老汪欣然接受。当大闸蟹上桌时，小陈又热情地向小李等人介绍本地大闸蟹的特色，在座的客人们非常满意小陈的服务。在客人们津津有味地品尝大闸蟹时，小陈走近小李说："对不起，先生，给您换一下餐碟好吗？"此时的小李右手拿着半只螃蟹，见状后忙侧身让开，为避免碰到小陈，小李还把右手举过了肩膀，小陈发现餐碟中还有半只螃蟹时，便提醒小李："先生，还有半只螃蟹呢。"小李又连忙用左手拿起另半只螃蟹。双手各拿半只螃蟹的小李为不影响小陈更换餐碟而成举手投降状，一旁的老汪看到后便打趣地说："小李，是不是喝不下酒而向我投降了？"小李一听，忙自嘲地说："我是向漂亮的服务员小姐投降。要说到喝酒，我哪会怕你。等小姐换好餐碟，我好好与你喝几杯。"等小陈换好餐碟，小李果真要与老汪喝酒，老汪也不甘示弱。当两人干完第一杯后正凑在一起说着话时，小陈过来说："对不起，先生，给您倒酒。"小李和老汪不约而同地向两边闪，小陈麻利地为两人斟满酒，两人又干了一杯，然后又凑在一起说话，小陈又不失时机地上前说："对不起，先生，给您倒酒。"此时的小李忽然对着小陈大声怒吼道："没看到我们正说着话吗？"小陈一脸茫然，不知该怎么办才好。

> **思 考** 服务员小陈为什么会惹客人生气？规范化服务在饭店餐饮服务过程中有什么重要性？

餐饮部的工作主要分为三大部分：第一，接待，接受预订、迎宾、衣帽服务、带位、递菜单等。第二，销售，接受点菜、知道选菜、回答问题、餐间服务、辅助服务等。第三，销售控制，检查餐饮数量、质量、开单、结账、收款等。

餐厅服务直接面向客人，要求服务人员掌握熟练的服务和推销技能，同时饭店餐饮服务对象多样，口味各异，在服务操作中服务人员的工作态度、技能与工作效率对客人有极大的影响，饭店餐饮部门必须做好员工培训和质量控制，推行标准化管理，从而保证为客人提供高品质的服务。饭店餐厅主要服务工作有：

一、散客标准化服务流程

（一）迎客

（1）主动拉椅让客人就座并同时问候客人。
（2）送上热毛巾。
（3）询问客人喜欢喝茶或喝饮料，并介绍品种。
（4）翻开杯子。
（5）跟客人倒茶或酒水请客人饮用，上芥酱、小食。
（6）拆筷子套，帮客人铺上餐巾在大腿上。
（7）收回客人用过的毛巾。

（二）点菜

（1）主动询问客人是否可以点菜。
（2）打开菜谱让客人细看并主动介绍餐厅内的特色菜、每周厨师精选、海鲜以及用正确的方式推销急推的菜式。
（3）点菜后重复一遍客人所点的菜式名称和分量（在卡内注明清楚）。
（4）向客人推销酒水（洋酒、中国名酒、啤酒、汽水、新鲜果汁等）。
（5）点菜后给客人斟上酱油。

（三）上酒水、上菜

（1）按规定选择合适的酒杯给客人斟酒水。
（2）斟酒水后征求客人是否可以把茶杯、茶壶撤走，如客人不喝任何酒水的，将茶水斟入水杯中，然后把茶壶撤走。
(3) 准备上菜时的用具（汤碗、毛巾、洗手盅、蟹钳等）。
(4) 上菜时要报菜名，并把点菜卡交给传菜员盖印。
(5) 上汤、粥、面、粉、糖水都要给客人分，上鱼要征求客人是否要起鱼骨。
(6) 随时留意客人所点的菜式，上菜的节奏，是否上齐。

（四）台面服务

(1) 勤巡台，给客人斟茶水、酒水，再次推销酒水和菜式。
(2) 主动帮客人点烟，夹去桌面上的杂物。
(3) 换骨碟、收空笼、菜碟以及换烟盅（不多于两个烟头）。
(4) 有责任提醒客人将行李或随身财物保管好。
(5) 客人用餐后询问是否需要点些水果或甜品吃。
(6) 最后用完餐后，给客人斟上新鲜的热茶（重新上杯子）。
(7) 征求客人意见是否撤走桌面上的菜和餐具（清点餐具数量）。
(8) 再送一次热毛巾给客人，清洁好桌上留下的什物。

（五）结账，送客

(1) 随时留意客人想结账的举动。
(2) 结账时收起点菜卡，检查是否上齐，然后核对台号、人数，将卡送至收银台。
(3) 复核账单与实际消费是否相符，用结账本夹着账单送到客人桌前请客人付款。
(4) 如现金支付的要在客人面前复核一遍并告知数目。
(5) 如果是房客，须把客人入住卡送到收银台去核对。
(6) 将余额交给客人再次"多谢"并"欢迎下次光临"。
(7) 主动帮客人拉椅子，提醒客人带好随身物品，欢迎再光临并送客。

二、中式宴会标准化服务流程

（一）餐前准备（图6-3）

(1) 根据任务单布置宴会场地（如台数、人数、签到台、主台、横额等）。
(2) 了解宴会任务单，要清楚知道台数、人数、开餐时间、主办单位、客人姓名和公司名称、宴会的性质、菜式品种及特殊要求。
(3) 按菜单要求摆放餐具、用具。
(4) 按菜单要求把各类酱料、洗手盅、茶叶、毛巾、下栏盘等用具备好。
(5) 按中餐筵席要求摆位，在主人、副主人位置摆上明显区别的席巾花，近副主人位置旁设上分菜位（备公勺、分更、公筷），拉好椅子，对好位置，整理工作台。

(6) 提前一小时以上把宴会告示牌放于大堂及门口。
(7) 提前安排服务员到电梯间迎客。
(8) 宴会前半小时,上好芥酱、第一道菜的酱料,上酱油。
(9) 做好餐前准备工作后,在自己负责的岗位内站好迎接客人到来。

图 6-3 中餐宴会摆台示例

(二) 餐间服务程序

(1) 客人到来,主动问好,并帮客人拉椅,把客人的衣服存放好。
(2) 给客人上毛巾,并问客人喝什么茶。
(3) 给客人上茶之后站于自己负责的台边,注意客人动态,勤加茶水、换烟盅。
(4) 客人到八成左右,应由主管通知厨房准备(中厨、烧味,有海鲜的通知海鲜池)。
(5) 客人到齐后征求主人是否可以上菜。
(6) 客人同意上菜后,通知服务员铺餐巾、脱筷子套。
(7) 上酒水(先女后男、先客后主),收茶杯、台花和台号牌。
(8) 由主管通知烧味、厨房上菜。
(9) 上酒水时要用托盘(酒类除外),从主宾(主人右边的客人)起倒,再副主宾,然后先女后男,顺时针方向走,最后是主人,倒酒时先征求客人喝什么,然后再倒。
(10) 倒酒水要求在客人右边,招牌那面向客人,瓶口不能碰杯口(倒酒水的分量准则是:洋酒 2 盎司,中国酒 9 分,葡萄酒 5 分,汽水及啤酒 8 分)。
(11) 上菜要在分菜位,并报上菜名,如有配料应先上配料后上菜,上菜应靠转盘边上,将菜慢转一周至主宾处。
(12) 如有头有尾的菜式,头朝向正主人,上鱼时慢转一圈给客人看,询问客人,鱼是否要去主骨。
(13) 如白灼虾、炒蚬等菜式,先上毛巾、洗手盅,后上菜。
(14) 上汤时,上一套汤碗盛,分剩下的汤主动给客人分第二次。
(15) 客人喝完汤后,给客人上一道毛巾,并把汤碗收去。

（16）根据客人的用膳速度，控制上菜速度，上完一个菜后，下一个菜是什么，配什么酱料要心中有数。

（17）上菜不能重叠放，应把客人吃剩较少的一碟先分，问哪一位要加，无人应答时，换小碟装起放回台面。

（18）每撤一道菜，也要将这道菜的配料和装座一起撤掉，空出位置再上其他的菜。

（19）重新上热茶。

（20）上甜品、点心前先征求客人意见，收去台面不用的餐具和菜，换上干净筷子、骨碟。

（21）台面剩下筷子、筷子座、骨碟、茶杯。

（22）有水果的上叉，吃完甜品后上毛巾，撤走客人面前的餐具，留下茶杯和没喝完的饮料。

（23）把台花放回转盘上。

（24）客人走时，主动帮客人拉椅，取回大衣，并热情道谢。

（三）分菜

（1）宴会是否分菜要看任务单或客人的临时要求而定，如果要分菜，通知厨房，控制上菜速度（叫一上一）。

（2）分菜有两种方式，但都在分菜前展示给客人看（摆上转盘转一圈）。

① 台上分菜：把骨碟排在转盘上，用公勺分别把菜分到骨碟，然后分给客人，这种做法适用于每台十二人或以下的宴会。

② 席边分菜：设一张工作台，将展示后的菜式取回工作台上，然后分在骨碟上，用手盘托分给每一位客人，这种做法适用于VIP、十二人以上的宴会。

（3）上菜的次序是先女后男，先主宾、副主宾，然后顺时针方向分派，最后是主人。（如客人有特别要求的上菜次序，则按客人要求而定。）

（4）撤换餐具同样按此顺序，如客人还没吃完，但放下筷子的话，则要先向客人示意后方可收去。

（5）汤汁较多的菜式用翅碗或饭碗连碟盛装再分派。

（6）如转盘有汤汁、菜、杂物时，及时清理干净。

（7）分菜时，尽可能避免发出响声。

（8）分汤或糖水时应一手放于背后。

（9）分羹类，切忌用勺往锅边刮。

（10）分菜时，脸向主人，胆大心细，掌握好分量，分得均匀，一次分完。

（四）结账服务程序

1. 现金结账

按客人实际消费数量把账单打好并核对无误；账单夹于结账本给客人结账；客人有疑问应耐心解释；当面点清客人现金数目；账单和现金一起送回收银处，金额太大的账单可把客人带到收银处支付；把发票交给客人并道谢。

2. 支票结账

按客人实际消费数量把账单打好并核对无误；账单夹于结账本给予客人结账；客人有疑问应耐心解释；用签字笔填好背书（联系电话、身份证号码、姓名）；支票连账单送回收银处，由收银填写银码（也可由客人自填）；将发票和支票存根交给客人并道谢。

3. 信用卡结账

按客人实际消费数量把账单打好并核对无误；核对金额、项目是否相符；账单夹于结账本送交客人；将客人的身份证、信用卡，以及账单拿回收银处刷卡（如果要拿授权应通知客人）；把账单、信用卡收款单一起交给客人签名；校对签名后把信用卡、身份证和收款单（客人存底联）交给客人。

4. 饭店房客签单

按客人实际消费数量把账单打好并核对无误；账单夹于结账本交给客人签名；客人要签上正楷签名和房号，另出示房卡；把账单送回收银处核对；把房卡交回给客人。

5. 熟客或长期客户结账

按客人实际消费数量把账单打好并核对无误；账单夹于结账本送给客人签名；签名要把名字和公司名写清楚；送回收银处查对；所有签单客户均需管理层同意，并出书面通告。

（五）欢送客人

（1）当客人站起准备离开时，服务员要主动上前，按女士优先、先宾后主的次序为客人拉开椅子。

（2）提示客人携带好自己的物品。

（3）礼貌地向客人道别，感谢客人的光临，并希望客人再次光临，将客人送至餐厅门口后目送客人离开餐厅。

（4）任何一位服务员遇到客人离开餐厅时应礼貌地向客人道别，欢迎客人再次光临。

（六）宴会结束后的工作

（1）当宾客离开餐厅后，服务员及时收拾餐厅和休息室，检查台面及地毯，确保宾客没有遗留的物品和易燃物品。

（2）依次收拾餐巾、纸巾、玻璃器皿及瓷器，玻璃器皿必须单独收拾。

（3）清理宴会厅及休息室，搞好地面卫生，将餐桌和椅子按规定位置摆放整齐。

三、西式宴会标准化服务流程

（一）摆台及餐前准备工作（图 6-4）

（1）摆台时要清洁双手，并用托盘盛放需用的餐具，同时检查餐刀、餐叉、酒具、餐盘、确保洁净光亮。如发现不清洁或破损的餐具要更换。

（2）拿取时，刀、叉只能握其柄部，餐盘、面包盘不能接触盘面；杯具不能接触杯身的上部位置。

（3）摆台完毕后全面检查一遍，核实餐具摆设正确，花瓶、蜡烛台位置端正。

（4）大型宴会在宾客到达餐厅前5分钟，把宾客要用的黄油、面包摆放在面包盘和黄油盘中，每位宾客的面包数量应一致。

（5）在宾客的杯中斟入冰水或矿泉水。

（6）准备好各种饮料，需冷藏的饮料应放入冰箱内冷藏。

（7）宴会前全面检查灯光、空调、餐台摆设、现场环境布置及其他餐前准备工作，服务人员检查自己的仪容仪表并整理制服着装。属于重要宴会，服务人员必须戴上白手套。

图6-4　西餐宴会摆台示例

（二）迎接宾客及休息间服务

（1）带位员准时站立在门口的两侧。带位员须保持站立姿势端庄自然，不依傍他物站立或闲谈。

（2）微笑迎接宾客，当客人走近门口时，主动上前相迎并礼貌地向客人问好："先生/小姐（太太），早上好/您好/晚上好，欢迎光临。"

（3）引领客人到休息室，如果客人进入休息室后脱下外衣、帽子等，要主动将客人物品妥善放置，重要宾客的物品应放在休息室显眼的位置，方便宴会后客人取走。

（4）送上餐前酒或饮料，征询客人的需要。送饮料给客人时，如宾客已入座，须在客人面前的茶几上放杯垫，然后放饮料杯；如客人站立着，须将纸巾先给客人，然后送上饮料。

（5）休息室的服务时间一般为半小时左右。服务员要留意观察，当宾客到齐，主人示意可入席时，服务员须立即打开通往餐厅的门，引领宾客入席。

（三）引领客人入座

（1）带位员走在客人的右前方，伸手向客人示意方向，礼貌引导客人前行，步行速度要适中，与客人保持1米的距离。请客人就座，带位员、餐厅主管、服务员应主动为客人搬椅子。

（2）待客人就座时将椅子往前送，并说"××先生/小姐/太太，请坐"。

（3）客人坐好后，将台面的餐巾用双手拿起两边，并轻轻打开，同时向客人提示，将餐巾从客人右边为客人铺在大腿上。

（4）如客人带有小孩，先准备儿童椅子，然后帮助儿童就座。

（5）如客人带有大衣或大件行李，须协助将物品摆好。事先请客人先取出衣物内的贵重物品，宴会客人的外衣及行李存放需有专人负责，以免造成物品丢失。

（6）带位员在离开时预祝客人就餐愉快。

（四）席间服务流程

1. 酒水服务

（1）宾主客人入座后，服务员打开餐巾，铺在宾客的腿上，然后根据宾客的需要斟酒水和饮料。

（2）当宾客准备用开胃冷菜时，服务员应配相应的酒水（冷菜开胃品一般与烈性酒相配）。

2. 上菜

（1）上汤：为汤盘加上垫盘，然后从宾客的左手边用左手将汤送到宾客面前。

（2）上主菜：主菜一般配有数款蔬菜、寿司和沙律。盛主菜用大号餐盘，盛沙律用生菜盘（也可用小吃盘）。主菜上台前，先为宾客斟红葡萄酒。

（3）上点心：根据点心的品种选用正确的餐具。热点心一般用点心匙和中叉，烩水果用叉匙，冰淇淋应用专用的冰淇淋匙放在垫盘内同时端上去。进食点心时如安排有宾客讲话，须在上点心或宾客讲话前为客人斟好香槟酒，以方便宾客祝酒。

（4）上芝士：芝士一般由服务员分派，先在银盘上垫上餐巾，放上数款芝士和一副刀叉，另用一餐盘放上烤面包片或苏打饼干，送到宾客的左边，任宾客自选。

（5）上水果：先上水果盘和洗手碗，然后将已装盘的水果端至客人面前，请宾客自己选用。

（6）上香巾：宾客吃完水果后即上香巾。事先按宾客人数将香巾放在小垫碟中，然后送往宾客面前餐台的左侧位置。

3. 撤换餐具

（1）当宾客基本用完开胃食品时，可撤餐盘。

（2）上鱼、虾等海鲜菜肴前，先撤下汤盘和汤匙，为客人斟好白葡萄酒，然后才上主菜。

（3）客人用完主菜后即可撤走餐具，换上适用的甜品餐具。

（4）用完芝士，应撤掉餐台上的餐具，保留酒具、水杯和饮料杯。

（5）当全席的宾客把刀叉放在盘子里，汤匙纵放在汤盘里时，表示客人已进食完毕，便可撤掉餐具。如宾客将刀叉交叉放在餐盘内或是汤匙横放在汤盘内，表示客人还没有吃完，一般不能撤餐具。但目前有相当数量的外宾不注意上述方式，服务员应礼貌询问客人，征得客人同意后再撤下餐盘。

（6）撤餐盘须从宾客的右侧进行，用右手撤盘，左手接盘，注意不能在餐台上刮盘或重叠放置。撤餐盘时将刀叉一并撤下，将刀尖压叉子下面撤换。

（7）每次撤盘时要控制数量，避免单手承托过多的餐盘造成意外。撤下的餐具要马上放到附近的服务台上，经整理后送至后台。

4. 为客人拉椅

当宴会基本结束，主人请宾客到休息室时，服务员应立即上前为客人搬开椅子，然后拉开休息室的门请宾客到休息室就座。上述服务均按女士优先，先宾后主的顺序服务。

（五）宴后休息室服务流程

（1）待宾客在休息室就座后，服务员开始上咖啡。每客准备一杯咖啡，配上垫盘和咖啡匙，将咖啡放在托盘内托送，另一名服务员跟随送上糖和奶。

（2）上咖啡后，服务员用托盘服务各种餐后酒水（如白兰地、蜜酒）以及巧克力糖和雪茄烟，注意雪茄无须送给女宾。

（3）稍候片刻，服务员为宾客再斟一次咖啡和酒水。最后撤掉咖啡杯具，再上一次饮料，表示宴会到此结束，宾客可自由退席。

（六）结账服务

与中式宴会服务相同。

（七）欢送客人

与中式宴会服务相同。

（八）宴会结束后的工作

与中式宴会服务相同。

阅读材料

西餐服务方式

（一）法式服务

由西查李兹于20世纪初发明的一种用于豪华饭店的服务方式，又称"李兹服务"。

1. 服务人员：法式服务是一种最周到的服务方式，由两名服务员共同为一桌宾客服务。

2. 上菜方式：用服务车推出菜肴，服务员当宾客面进行烹制表演，服务员助手用右手从宾客右侧送上每一道菜。

注意：面包、黄油和配菜应从宾客左侧送上，因其不属于一道单独的菜肴；从宾客右侧用右手斟酒或上饮料；从宾客右侧撤盘。

3. 特点：最讲究礼节的豪华服务，注重在宾客面前进行切割和燃焰表演，能吸引宾客的注意力和烘托餐厅气氛，服务周到，每位宾客都能得到充分的照顾；但服务节奏缓慢，浪费人力，用餐费用昂贵，普通人消费不起，空间利用率和餐位周转率都比较低。

（二）俄式服务

1. 服务人员：较节省人力，通常由一名服务员为一桌宾客服务。

2. 上菜方式：服务员先用右手从宾客右侧送上空盘，按顺时针方向操作。站立于宾客左侧，用右手从宾客左侧分菜，按逆时针方向围桌行走。斟酒、上饮料和撤盘都在宾客右侧操作。

3. 特点：讲究优美文雅的风度，服务效率和空间利用率都比较高，节省人力，每位宾客都能得到较周全的服务。采用桌边分菜，没分完的食物可回收，减少不必要的浪费。主要用于西餐宴会服务，尤其是大型宴会。

（三）美式服务

1. 服务人员：这是最简单、快速而廉价的服务方式。一名服务员看数张餐台。

2. 上菜方式：宾客右侧上菜，右侧撤盘。

3. 特点：简单明了，服务速度快，餐具和人工成本低，空间利用率和餐位周转率都十分高。广泛流行于西餐厅和咖啡厅。

（四）英式服务

英式服务又称家庭式服务，服务方法是服务员从厨房将烹制好的菜肴传送到餐厅，由主人亲自动手切肉装盘，并配上蔬菜，服务员把装盘的菜肴依次端送给每一位客人；家庭的气氛很浓，用餐的节奏较缓慢。

（五）大陆式服务/综合式服务（Continental service）

综合式服务是一种融合了法式服务、俄式服务和美式服务的综合服务方式。不同的餐厅或不同的餐次选用的服务方式组合不同，与餐厅的种类和特色，顾客的消费水平，餐厅的销售方式有密切的联系。

西餐进餐礼仪：

1. 西餐桌上应和别人轻松自由地交谈。
2. 说话时嘴里不要嚼食物，说话前用餐巾擦一下嘴。
3. 不端着盘子进餐。
4. 大块肉食不可用刀叉扎着食用，应切成大小适宜的小块送入口中。
5. 面包用手掰成大小合适的小块送入口中。
6. 喝汤时，不能发出声响。
7. 骨头、鱼刺不进口，放进口里的食物一般不吐出。

任务三 菜单设计

菜单是酒店餐饮提供商品的目录，是酒店餐饮产品销售的品种、说明和价格的一览表，在酒店的经营和销售中起着重要作用。菜单设计一般遵循以下几个重要原则。

一、迎合目标顾客的需求

任何酒店，不论其规模、类型、等级，都不具备同时满足所有消费者需求的能力和条件。餐饮部必须选择一群或数群具有相似消费特点的宾客作为目标市场，以便更好更有效地满足这些特定宾客群的需求。菜单设计时，应首先认清本酒店的目标市场，掌握目标市场的各种特点和需求。只有在及时、详细地调查了解并深入分析目标市场的各种特点和需求的基础上，餐饮部才能有目的地在菜式品种、规格水准、餐饮价格、营养成分、烹制方法等许多方面进行计划和调整，从而才有可能设计出为宾客所喜闻乐见的菜单。

二、结合原材料成本与菜品获利需求

菜单设计是酒店餐饮部为获取利润所必须进行的第一步计划工作，菜单设计应考虑酒店成本目标，如果菜单计划不合理，高成本菜式过多的话，那么即使酒店具有完善的食品成本控制措施，也很难获得预期的盈利。

设计菜单时，主要应该综合考虑三个内容：第一，该菜式的原材料成本、售价和毛利。检查其成本中是否符合目标成本率，即该菜式的盈利能力如何；第二，该菜式的畅销程度，即可能的销售量；第三，该菜式的销售对其他菜式的销售所产生的影响，即有利或是不利于其他菜式的销售。

三、菜品营养因素

随着现代生活水准的不断提高，人们越来越注重饮食的营养，菜单设计不仅要知道各种食物所含的营养成分，同时还要了解各类顾客每天所需的营养成分和热量摄取，而且还应当懂得该选用什么原材料，如何搭配才能烹制出符合营养原理的饮食。

四、食物的花色品种

不管属于哪种类型和规格的餐厅，它们所供应的食物首先必须具有诱人的魅力。各类原材料经过不同的烹调加工、不同的搭配，可以烹制出形形色色、各具风味的菜式品种，使菜肴在色、香、味、形方面达到完美。菜单设计必须丰富多彩，提供各种菜式品种，激发宾客对美食的欲望。

五、厨房设备及员工技术水准

菜单设计还应充分考虑酒店的厨房设备和员工的技术能力，厨房设备和员工技术水准会直接影响和限制着菜单菜式的种类和规格。如果菜单菜式的种类、规格、水准已经超出了设备生产能力或厨师的烹调水准以及服务人员的服务水准，那么后果是可想而知的。

六、菜单定价适中

餐饮产品的价格由四大部分构成：成本、费用、税金和利润。产品成本包括菜肴主料、辅料和调料构成的原材料成本和燃料成本两部分。费用包括人工成本、管理费用、经营费用、财务费用等。税金包括营业税、城建税、教育附加税等。利润指一定时期内营业收入额扣减去成本、费用和税金后的余额。毛利是指餐饮产品价格中费用、税金和利润构成的部分，是餐饮产品价格减去成本后的差额。所有餐饮产品价格还可表示为原材料成本与毛利之和。产品价格＝产品成本＋毛利，毛利率是指毛利在价格中所占的比重。毛利率＝毛利/销售价格×100%。因此，菜单定价必须合理，能保证出品的毛利率，为酒店创造高利润。

七、外观设计和谐

菜单设计要注重外观，讲求规格尺寸，突出美感效果。在菜单上每道菜可以附上图片，尽量与菜单内容协调。字体选择要考虑餐厅的风格；菜单上的字体不宜太小；菜单的式样和尺寸大小，应根据餐饮内容、销售的食品品种多少、餐厅规模而定；封面要有酒店与餐厅的名称和标志；设计封底时，要将酒店与餐厅的信息性内容，如地址、电话、营业时间等标上。

菜单用纸的选择，如果使用一次性菜单，菜单内容每天更换，应当印在比较轻巧、便宜的纸上，不必考虑纸张的耐污、耐磨等性能；如果是固定菜单，应当选用质地精良、厚实的纸张，同时还必须考虑纸张的防水、防污、去渍、防折和耐磨等性能。

菜单上菜肴顺序的编排可按照上菜的先后顺序，但千万不要按菜品价格的高低来排列菜肴，否则客人会仅仅根据价格来点菜，这对餐厅的推销是不利的。餐厅的特色名肴在菜单中给予突出；每道菜式应该以简洁的文字描述其配料、制作方法和独特风味。

总之，菜单设计要富有独创性，其外表设计和风格都需要标新立异、不落俗套。

知识链接

菜单的种类

菜单的种类可谓形形色色、多种多样。

（一）点菜菜单

点菜菜单的使用最为广泛，是按一定程序排列餐饮企业供应的各式菜点，每种菜点都有单独的价格，就餐客人可以根据自己的口味爱好和消费能力来自由选择所需的菜点。点菜菜单分早、午晚餐菜单和客房送餐菜单等。

1. 早餐菜单

早晨是一天的开始，无论是何种类型的客人，他们都希望尽快享用早餐，因此，早餐应简单、快速，但要求高质量。星级饭店的早餐菜单一般分为中、西式两种。

2. 午、晚餐菜单

午、晚餐是一天中的主要两餐,所有客人都希望吃得舒服。一般说来,客人对午餐的要求相对简单一些,但对晚餐的要求高一些。客人对午、晚餐菜单的要求是品种繁多,选择余地较大,并富于特色。在一部分西餐厅,午、晚餐菜单是分设的,但绝大多数中餐厅的午、晚餐菜单是合一的。

3. 周末早午餐菜单

随着人们休闲观念的增强,相当一部分人会在周末早晨睡懒觉,待这部分客人赶到餐厅时,可能已经错过了早餐时间。为此,有一些餐饮企业为适应这些客人的生活特点和饮食需求,便在周末推出早午餐(也称晚早餐,brunch)菜单。早午餐菜单介于早餐和午晚餐菜单之间,既有早餐菜点,又有午餐菜点。

4. 客房送餐菜单

在星级饭店的餐厅,还有客房送餐菜单。住在客房中的客人由于某种原因不能或不愿去餐厅用餐,因而要求在客房中就餐。为满足这些客人的要求,星级饭店大都提供客房送餐服务(Room Service),并制定了专门的客房送餐菜单。该菜单的特点是:品种较少、质量较高、价格较高。

(二)套餐菜单

所谓套餐,是指由餐饮企业按一般的进餐习惯为客人提供规定的菜点,而不能由客人自由选择。套餐菜单就是这些规定菜点的排列表。其特点是只有一餐的统一价格,而没有每道菜点的单独价格。

(三)团队用餐菜单

餐饮企业一般都会接待旅游团队、会议团体等,这些团队客人的用餐一般由餐饮企业根据其用餐标准安排,一般应注意:

(1)根据客人的口味特点安排菜点。

(2)中西菜点结合,高中低档菜点搭配。

(3)这些客人往往会在餐厅连续用餐,所以应注意菜点的花色品种,争取做到天天不一样、餐餐不重复。

(四)宴会菜单

宴会菜单是根据客人的饮食习惯、口味特点、消费标准和宴请单位或个人的要求而特别制定的菜单。餐饮企业一般会根据季节、标准等制定几套宴会菜单,当客人前来预订时再根据客人的要求做适当的调整。

(五)自助餐菜单

自助餐菜单与套餐菜单相似,两者的主要区别是菜点的种类和数量。自助餐菜单的定价方式一般也有两种:一种是与套餐菜单相同的包价方式,即价格固定,然后客人任意选择餐厅提供的所有菜点;另一种是每种菜点单独定价,客人选择某种菜点就支付该菜点的价格。

(六)酒单

酒单和菜单同等重要,相当一部分餐饮企业的菜单与酒单合二为一。但最好还是单独设计酒单。酒单应清楚、整洁和精美,不宜太复杂,而且应根据客人的需求经常更新。

除上述菜单外,餐饮企业根据其类型及客源对象不同,还有一些其他菜单,如快餐菜单、今日特价菜单、儿童菜单等。

项目小结

餐饮管理是酒店日常经营工作的重要组成部分,是酒店利润的主要来源之一。本项目主要对酒店餐饮管理进行总结和阐述,通过本项目的学习,学生可了解酒店餐饮管理的主要内容及管理过程,掌握酒店餐饮餐厅服务、菜单设计等的方法和理论,为其在以后实际工作中奠定良好的理论基础。

综合能力训练

·········· 基本训练 ··········

一、解释

餐饮部　菜单

二、选择

1. 餐饮总监的工作职责主要有　　　　　　　　　　　　　　　　　　　　　　　　(　　)
 A．负责餐饮部日常管理工作　　　　　　B．负责制订餐饮部的经营管理计划
 C．确保餐饮部优质高效的餐饮服务　　　D．餐饮部成本控制
2. 客人结账方式有　　　　　　　　　　　　　　　　　　　　　　　　　　　　　(　　)
 A．现金结账　　　　　　　　　　　　　B．支票结账
 C．信用卡结账　　　　　　　　　　　　D．酒店房客签单

三、思考

1. 简要说明酒店餐饮部的地位和作用。
2. 餐饮部餐厅的工作主要由哪三大部分组成?

四、案例分析

许先生带着客户到北京某星级饭店的餐厅去吃烤鸭。这里的北京烤鸭很有名气,餐厅客人很多。由于没有预订,许先生一行入座后,马上开始点菜。他一下子就为8个人点了3只烤鸭、十几个菜,其中有一道清蒸鱼,由于忙碌,小姐忘记问客人要多大的鱼,就通知厨师去加工。

不一会儿,一道道菜就陆续上桌了。客人们喝着酒水,品尝着鲜美的菜肴和烤鸭,颇为惬意。吃到最后,桌上仍有不少菜,但大家已酒足饭饱。突然,同桌的小康想起还有一道清蒸鱼没有上桌,就催服务员快上。

鱼端上来了,大家都吃了一惊。好大的一条鱼啊!足有3斤重,这怎么吃得下呢?

"小姐,谁让你做这么大一条鱼啊?我们根本吃不下。"许先生边用手推了推眼镜,边说道。

"可您也没说要多大的呀。"小姐反驳道。

"你们在点菜时应该问清客人要多大的鱼,加工前还应让我们看一看。这条鱼太大,我们不要了,请退掉。"许先生毫不退让。

"先生,实在对不起。如果这鱼您不要的话,餐厅要扣我的钱,请您务必包涵。"服务小姐的口气软了下来。

"这个菜的钱我们不能付,不行就去找你们经理来。"小康插话道。最后,小姐只好无奈地将鱼撤掉,并汇报领班,将鱼款划掉。

问题:
1. 请分析服务人员在点菜中犯了什么错误。
2. 根据此案例说明规范服务在酒店餐饮服务中的重要性。

······ 技能训练 ······

一、任务名称

设计一份菜单

二、任务目标

掌握菜单设计的原则和方法。

三、任务实施

1. 教师讲解菜单设计的原则和方法。
2. 教师展示几份优秀菜单样板并结合菜单设计的原则和方法逐一点评其优劣。
3. 教师要求学生结合自身家乡情况,运用电脑设计一份家乡菜的特色菜单。
4. 学生设计完成后集中予以展示,评出最佳设计作品三件。
5. 时间:一周。

四、成果考核

1. 菜单内容设计要考虑市场需求、定价原则、餐厅特色、厨房能力的要求。
2. 菜单形式上要求有文稿、版面布局、封底封面等设计,体现一定的艺术性。

项目七 饭店服务质量管理

学习目标

通过本项目的学习，你应该达到：
知识目标：1. 饭店服务质量的概念及构成。
　　　　　2. 饭店全面质量管理。
　　　　　3. 饭店服务质量管理的方法及评价。
能力目标：1. 掌握饭店服务质量管理的方法。
　　　　　2. 掌握饭店全面质量管理。
实训目标：根据饭店服务质量的构成内容，观察某星级饭店的服务动态管理，调研宾客对该饭店的满意程度。

任务一　饭店服务质量管理的基本概念

案例导入

服务员明天休息？

　　正值公司下午茶时间，陈先生在公司休息区喝着咖啡，翻阅着一本商务杂志，看到一则饭店广告，说是新建五星级商务饭店，位于Y市商务区，交通便捷。想到明天正好要去Y市见客户，陈先生就决定预订这家饭店。回到办公室，陈先生立即致电这家饭店，预订明天的房间。饭店总台的员工向陈先生介绍了房间的类型并告知了各类价格。服务员的业务非常熟练，介绍的速度如同绕口令般快，陈先生根本来不及记忆，要求服务员再报了一遍才听清楚。"就订一间大床间吧。"陈先生考虑了一下说道。服务员问陈先生几点到，陈先生说下午4:00到，服务员说那就给您保留到5:00吧，并解释说现在是旺季，房间很紧张。陈先生估计了一下自己抵达饭店的时间应该可以，就同意了。顺口就问服务员贵姓，服务员却回答说："你不用问，我明天休息。"

　　挂上电话，陈先生怔怔地琢磨明天是否去这家饭店住，还是另外再预订，真担心明天就算5:00前抵达，万一没有房间怎么办，说也说不清楚，因为没有凭据，也不知道这位服务员姓什么。

 思　考　1. 总台服务员的服务质量如何？
　　　　　　　　2. 饭店该如何避免此类情况的发生？

一、饭店服务及服务质量的概念

（一）饭店服务

饭店服务是有形的实物产品和无形的服务活动所构成的综合体。饭店服务应包括核心服务、产品服务、延伸服务、服务的可及性及宾主关系等所有的内容。

（二）饭店服务质量

一般关于饭店服务质量的理解有两种，一种是狭义上的服务质量，指饭店服务员服务劳动的使用价值，这里的服务劳动不包括任何实物形态的服务劳动。一种是广义上的服务质量，指饭店综合自身所有资源和要素，为住店顾客提供的一切服务的内容。它既包括饭店设施设备、实物产品等实物形态服务的使用价值，也包括非实物形态服务的使用价值。广义的饭店服务质量是一个完整的服务质量概念。

饭店服务质量指饭店以其所拥有的设施设备为依托，为顾客所提供的服务在使用价值上适合和满足宾客物质和精神需要的程度以及服务活动所能达到规定的要求。它是在一定经济发展阶段的一种综合性服务现象，是发生在饭店服务提供者和接受者之间的一种无形的互动作用，饭店服务的供需双方在交换中实现了各自的利益满足。

知识链接

服务小知识

饭店服务是一种特殊的商品，具有使用价值和价值。西方国家的英文单词——"Service（服务）"中，每个字母都有着丰富的含义：

S——Smile——微笑，服务员始终为顾客提供微笑服务。

E——Excellent——出色，要将每一项细小的服务工作都作得很出色。饭店无小事，细节决定一切，追求尽善尽美，完美无缺。

R——Ready——准备好，随时准备好为顾客提供服务，更要主动为客人服务，在客人开口或要求之前提供服务。

V——Viewing——看待，把每一位顾客都看作需要提供特殊照顾的顾客，对所有顾客都要一视同仁；即使不能让每一位顾客都享受到VIP待遇，但是也得给予每一位顾客应有的尊重和用心服务。

I——Inviting——邀请，每一次服务结束时都要真诚地邀请顾客再次光临。

C——Creating——创造，每一位服务员要精心地创造出使顾客能享受其热情服务的气氛。

E——Eye——眼光，始终用热情好客的眼光关注顾客，预测顾客需要，及时提供服务，使顾客感觉到自己被服务员所关心。而国际上的礼仪交往越来越多的强调直视、注视对方，以示尊重。

（资料来源：程旭东.现代饭店管理［M］.北京：人民邮电出版社，2011.）

二、酒店服务质量的构成

根据国际标准化组织颁布的 ISO 9004-2《质量管理和质量体系要素——服务指南》表明，饭店服务质量主要由硬件质量和软件质量构成。硬件质量是指饭店设施设备等实物有关的并可用客观的指标度量的质量，软件质量则是指饭店提供的各种劳务活动的质量。

（一）设施设备的质量

饭店的设施设备是饭店提供接待服务的基础，饭店提供的服务质量的物质基础包括房屋建筑、所有设备等。饭店服务质量对饭店设施设备的基本要求是：服务设施设备齐全，规格数量达到相应的标准；设备完好，各种设施设备处于良好的使用状态；设备舒适，让顾客感到实用方便。

（二）实物产品的质量

饭店实物产品质量是满足客人需要的重要体现。主要包括四个方面的内容：饮食产品质量、商品质量、客用品质量、服务用品质量。饮食产品最终体现在食品产品的色、香、味等要素上，饮食产品要精致可口、营养卫生、独具特色迎合消费者需要；商品质量则最终以商品本身的内在质量为主，购物产品花色品种丰富齐全、货真价实、民族特色突出、纪念意义浓重、外观包装精美新颖等，用以满足顾客的需求。客用品质量是指饭店直接提供给顾客消费的各种生活用品。服务用品质量是指饭店在提供服务过程中供服务人员使用的各种用品。

（三）服务产品质量

服务产品质量，即以劳动为直接形式创造的使用价值的质量。服务产品质量是饭店服务质量的主要表现形式。其内容包括职业习惯与劳动纪律、服务态度、礼貌礼节、服务技能、职业道德等方面。以上各方面，都取决于服务人员的素质高低、劳动过程的组织和管理水平的高低。

（四）服务环境质量

服务环境的良好程度，是满足客人精神享受的重要体现。良好的服务环境能够给客人提供舒适、方便、安全、卫生的服务，是饭店服务质量的重要组成部分。服务环境的质量包括服务场所的装饰布置、服务设施、空间构图、环境布局、灯光气氛、空间形象、清洁卫生等方面。它是顾客是否再次下榻的重要影响因素之一。

案例评析

令人惊喜的插座

有一天，饭店客房服务员小徐在清洁套房时，无意中听到客人林总在客厅的卫生间自言自语地说："如果有个能插吹风筒的插座就好了。"其实，套房卧室的卫生间除了配有吹风筒外，还都有一个须刨插座和一个备用的插座，而林总恰好喜欢使用自己的吹风筒，并在客厅的卫生间使用。小徐想现在客人有需求，就应该满足他。于是林总离房外出后，小徐立刻联系工程部将客厅卫生间里的备用插座开通了。下午，林总回来在走廊遇见了小徐，小徐微笑地告诉林总客厅卫生间里也有插座可以使用，如有问题请马上通知她。小徐的一番话令客人发愣了半天，他对小徐未卜先知感到不可思议，惊喜之余激动地向小徐连声道谢。其实，饭店在为顾客提供优质服务过程中，并不意味着一定要为顾客提供多少额外的或附加的服务。有时候，顾客在消费的每个过程中，哪怕只获的一点点的惊喜，他们的满意度就会大大提高。因此，在饭店服务过程中，要十分重视能够提供给顾客带来惊喜的服务，牢牢把握服务过程的质量管理这一关。

【评析】服务人员了解顾客的心理，留意客人的日常习惯，关注客人的生活细节，只有这样才能给顾客带来一个又一个惊喜，饭店也才会吸引到越来越多的老顾客前来入住。

（五）安全卫生质量

安全是顾客的第一需要，保证每一位顾客的生命和财产安全是服务质量的重要环节。在环境气氛上，饭店要制造出一种安全的氛围，在心理上给顾客以安全感。建立安全保卫组织和制度，制定饭店的安全设施，切实做好饭店各项安全保卫工作。在接待顾客的过程中，保护顾客的隐私，遵守安全保密制度。饮食卫生和环境卫生可直接影响顾客的身体健康和顾客旅行生活的质量，因此卫生安全也是饭店服务质量的重要内容。

三、影响饭店服务质量的因素

（一）服务的标准化

不同等级的星级饭店，会有不同等级的服务水平和服务标准。即使每个饭店都有相关操作规程，但是真正严格执行的并不多。而且有些规程甚至直接抄袭其他饭店，不符合本饭店实际，缺乏可操作性。还有些操作规程缺少量化标准，导致服务中存在较大的偏差。

（二）员工素质

员工素质包括服务技能、工作态度等多个方面。饭店是劳动密集型产业，服务员要掌握许多不同的工作知识。不同素质的员工，在工作中的表现会有很大差别。对顾客而言，饭店服务质量最直接的表现也是员工素质。从某种程度上说员工素质的高低直接体现了服务质量的高低。

（三）科技水平

许多饭店普遍存在服务效率低下的问题。漫长的等待常常是引起很多顾客不满甚至投诉的原因。服务效率的高低除与服务员的能力有关外，还取决于信息的传递、流程的顺畅等。今天，高质量的服务越来越离不开高科技设备的支持。例如，前台人员可以通过饭店的内部数据库对客人进行充分的了解，而这在传统的饭店服务中是很难办到的。

（四）管理水平

从20世纪80年代开始，国内饭店业就在进行大规模的管理改革。一批批先进的管理理念被引进到行业中来，许多饭店在改革中受益匪浅。然而，仍然有很多饭店的管理水平需要提高。目前，国内有影响力的饭店管理集团还比较少，优秀的管理人才流失情况也很严重。

四、饭店服务质量管理及特点

饭店服务质量管理是饭店服务使用价值的管理，通过对服务质量的策划、控制、保证、改进等手段，来实施对饭店所有活动的管理。它构成了饭店日常管理的中心工作，是饭店管理的核心部分。

同一般商品比较，饭店服务质量有其自己的特点，正确认识这些特点是提高服务质量管理的前提。一般而言，饭店服务质量的特点可以分为以下几个方面。

（一）服务质量的综合性

从饭店服务质量的内容可以看出，饭店服务质量是由很多具体内容和劳务活动构成的，所以，饭店服务质量具有很强的综合性。因此，既要重视设施设备方面的质量，又要重视实物产品的质量，更要重视劳务本身的质量。

（二）服务质量的时间性

饭店的优质服务是由一次次的具体劳务活动完成的，每一次具体服务的实现，都有时间的标准。因此，服务人员必须具有强烈的服务意识、多方面的服务知识及应变能力，才能及时地完成每一次的服务工作。省时、适时、准时、及时就构成饭店服务工作的时间性特色。

（三）服务质量的关联性

饭店的每一次服务活动都不是独立存在的。饭店规模越大，服务活动之间的联系越广泛。从整个饭店看，服务质量在保证设备设施和实物产品的前提下，又包括前厅服务质量、客房服务质量、餐饮服务质量等具体内容。为此，要做好饭店各个服务环节之间的衔接和协调工作。

（四）服务质量的依赖性

饭店服务是由服务人员来完成的。饭店服务是面对面的复杂劳动，比其他劳动有更高的要求。服务人员在对客服务时往往又会受到个人素质和情绪好坏的影响，具有很大的不稳定性。因此，饭店管理者应注重服务人员素质的培养，包括人员选择和职业道德、语言艺术、形体语言、礼节礼貌、职业知识、职业技能、职业习惯等方面的培训；充分调动广大服务人员的主动性、积极性和创造性；必须培养服务人员的工作责任心和自我管理能力。

（五）服务质量评价的主观性

由于优质服务是由很多具体内容和劳务活动构成的，这些活动作用于不同的对象，每一次活动的质量好坏都会影响整个服务质量。而服务质量的高低以客人的心理感受作为评价标准，客人的兴趣、爱好、需求及各地风俗习惯不同，评价标准也会不完全一样。服务质量评价的主观性就体现于此。因此，只有进行多维评价，才能对服务质量进行客观的评价。

任务二 饭店全面质量管理

案例导入

美国饭店新貌——切为了中国客人

越来越多的美国饭店品牌在努力改善服务，以期满足世界上最热门的旅游群体——中国游客的需求。近年来，由于宽松的签证规定和中国中产阶级的增长，美国迎来了规模空前的中国游客。在美国饭店的前台，中国游客正在享受如同国内的服务环境。不论是专门配备的中文服务人员，还是房间里准备的热茶，早餐里的粥点，都无时无刻不体现美国饭店的良苦用心。

美国一些知名饭店，如万豪与希尔顿等，甚至在它们的"中国游客招待指南"里都考虑到了中美文化的差异：不要安排中国游客住在含"4"的楼层里，因为这个数字的发音和中文里的"死"字相同。"（中国游客）他们非常舒心，仿佛是终于有人做了这些有意义的事情。或者说终于有人想起为他们服务了。" Robert Armstrong 说，他是纽约华尔道夫酒店的销售经理，负责处理所有到访的中国游客预定工作。

根据美国商务部的统计，2011 年有一百多万中国人造访美国，为美国经济贡献超过 57 亿美元，比 2010 年增长了 36%。预计到 2016 年，到访数字会达到 260 万。与以往传统的商务旅游不同，越来越多的中国人手握现金,到美国只是为了娱乐休闲(每名中国游客平均花费在 6 000 美元以上)。

于是很多饭店为了争取到中国游客的青睐开始激烈地竞争,主要客户是那些规模很大、固定线路的旅游团,通常在两周游时间内在多个城市间游览。这类游客往往喜欢房间环境能让他们感到轻松的饭店——可能是提供拖鞋、房间里有茶壶,或者前台有中文服务员,当然以上全部提供是最棒的。

"中国游客喜欢喝茶,但他们不喜欢在房间里打着光脚。"银河旅游的 Charlie Shao 介绍道,这是一家纽约的专做中国人旅游的机构。但 Shao 告诉饭店该怎么做的次数越来越少了。例如万豪国际酒店现在根据来自不同地区的中国游客,提供数种口味各异的中式早餐:为中国东部地区游客,菜单就包含咸鸭蛋和泡菜;对于南方游客则安排了各式点心和猪肝粥。

知名的饭店都有意识地培训服务员有关中国文化的常识,避免因为文化上的错误冒犯了中国游客。"迷信"是其中最重要的常识之一:红色是吉利的颜色,"8"是代表财富的幸运数;白色则让人不悦,更不用说数字"4"了。另一方面,在一个中国旅游团里忽略了对不同等级人物间的尊敬,也是饭店常常犯的错误之一。"我们尽量把领导安排在高层,比其他下属楼层都要高。"Armstrong 说。"即使领导住在 8 层的豪华房间里,他的助手住在 38 层的标间也是不合规矩的。"

美国饭店同时在调整扩大美国本土内对中国游客的服务,为了建立中国人的忠诚度,甚至竞争在中国国内就开始了。2011 年,喜达屋酒店集团(在旗下美国每一家饭店中都配备了一名中国专家)把所有高层团队拉到中国待了一个月。丽思卡尔顿集团则让管理层轮流前往中国经历为期三年的锻炼。每个饭店集团都希望在自己的客人奖励计划获得成功,能在中国产生巨大影响。丽思卡尔顿集团市场部副主席 Clayton Ruebensaal 认为自身的领导者必须认识到游客质量比数量重要,每个市场进入者都看准了数量庞大的豪华高级客户,这是一个非常可观的场景。

为了更好应对中国游客的大潮,美国国务院今年早些时候拨款 2 200 万美元,用于在中国几大城市增设机构,以及新增 50 名签证专员。美国政府 2 月份公告称,过去四年里获得过美国签证的中国游客再次申请签证时,只需通过快递即可办理,不用本人亲自到场办理。这些措施结果就是,等候签证面试的时间缩短在了一周内,而去年这个时间平均需要一个月以上。

南卡罗来纳大学斯隆基金会旅行及旅游中心主任 Rich Harrill 认为,在吸引中国人旅游方面,有些专家认为美国依然落后于以欧洲为代表的一些地区和国家。虽然奥巴马总统最近大力提倡推动旅游业,但是其他行业依然准备不足,特别餐饮业和旅游景点。"我们的现状比起应该做的差很多,我们并没有语言优势,但是我们如今面前的这个机会,可能是一个非常非常大的东西。"

 请问此案例给你带来什么样的启示?

一、全面质量管理的含义

全面质量管理,又称 TQM(Total Quality Management),就是指在一个企业中以产品质量为中心,以全员参与为基础,综合运用现代科学和管理技术成果,控制影响产品质量的全过程和各因素,以优质的工作、经济的办法提供满足用户需要的产品的全部活动。

全面质量管理的雏形首先出现于 19 世纪 60 年代的日本,它对当时日本经济的发展起到了极大的促进作用。19 世纪 70 年代这种质量管理方法引入美国,80 年代得到普及。全面质量管理这个名称,最先是 20 世纪 60 年代初由美国著名专家菲根堡姆提出的,1978 年引入中国。它是在传统的质量管理基础上,随着科学技术的发展和经营管理需要发展起来的现代化质量管理,现已成为一门系统性很强的科学。

全面质量管理过程的全面性,决定了全面质量管理的内容应当包括设计过程、制造过程、辅助过程、使用过程等四个过程。

(一)设计过程质量管理的内容

产品设计过程的质量管理,是全面质量管理的首要环节。这里所指的设计过程,包括市场调查、产品设计、工艺准备、试制和鉴定等过程(即产品正式投产前的全部技术准备过程)。工作内容包括通过市场调查研究,根据用户要求、科技情报与企业的经营目标,制定产品质量目标;组织有销售、使用、科研、设计、工艺、制度和质管等多部门参加的审查和验证,确定适合的设计方案;保证技术文件的质量;做好标准化的审查工作;督促遵守设计试制的工作程序等等。

(二)制造过程质量管理的内容

制造过程,是指对产品直接进行加工的过程。它是产品质量形成的基础,是企业质量管理的基本环节。其基本任务,是保证产品的制造质量,建立一个能够稳定生产合格品和优质品的生产系统。其主要工作内容包括,组织质量检验工作、组织和促进文明生产、组织质量分析、掌握质量动态、组织工序的质量控制及建立管理点等。

(三)辅助过程质量管理的内容

辅助过程,是指为保证制造过程正常进行而提供各种物资技术条件的过程。它包括物资采购供应、动力生产、设备维修、工具制造、仓库保管、运输服务等。其主要内容有:做好物资采购供应(包括外协准备)的质量管理,保证采购质量,严格入库物资的检查验收,按质、按量、按期地提供生产所需要的各种物资(包括原材料、辅助材料、燃料等);组织好设备维修工作,保持设备良好的技术状态;做好工具制造和供应的质量管理工作等。另外,企业物资采购的质量管理也将日益显得重要。

(四)使用过程质量管理的内容

使用过程,是考验产品实际质量的过程,是企业内部质量管理的继续,也是全面质量管理的出发点和落脚点。这一过程质量管理的基本任务,是提高服务质量(包括售前服务和售后服务),保证产品的实际使用效果,不断促使企业研究和改进产品质量。其主要工作内容有:开展技术服务工作,处理出厂产品质量问题;调查产品使用效果和用户要求。

二、饭店全面质量管理的内容和原则

饭店全面质量管理是以提高服务质量为宗旨,组织全店员工共同参与,综合运用现代管理手段,建立完善的服务质量标准和体系,为在全过程中控制影响服务质量的各种因素而开展的系统的质量管理活动。

我国饭店业自1978年开始引进并推行全面质量管理以来,运用科学的质量管理思想,改变了传统的事后检查方法,把质量管理的重点放在预防为主上,将质量管理由传统的检查服务质量的结果,转变为控制服务质量问题产生的因素;通过对质量的检查和管理,找出改进服务的方法和途径,从而提高饭店服务质量。其基本点是:宾客需求便是服务质量,宾客满意就是服务质量标准。以专业技术和各种灵活、科学的方法为手段,以饭店全体员工参加为保证,以获得最大的社会效益和经济效益为目的,以实际效果为最终评价点。其特点,是以无形服务为中心,以顾客满意为目的,重视人的作用和强调环境因素的影响。

(一)饭店全面质量管理的内容

饭店全面质量管理的内容主要包括以下几个方面:

1. 全方位管理

饭店全面服务质量的构成因素众多,涉及范围广泛。因而,其全面质量管理必然是全方位的质量管理,既包括饭店前台的各种质量管理,又包括饭店后台的各种质量管理;既包括有形产品质量管理,又包括无形服务的质量管理。

2. 全过程管理

饭店全面质量管理是为客人服务的。而影响对客服务质量水平的各种因素又十分庞杂。它们体现在饭店服务的各个方面,体现在饭店业务管理过程的始终。从客人消费的角度来看,从客人进店到客人离店,是一个完整的服务过程。饭店中的每项业务活动,从开始到结束,都会形成一系列的服务过程。为此,饭店全面服务质量管理,既要做好事前质量管理,又要做好事中和事后的质量管理,因而必然是全过程的管理。

3. 全员性管理

饭店服务质量是由广大员工共同创造的。它贯穿于饭店各层次人员执行饭店质量计划、完成质量目标的过程之中。前台人员直接为客人提供各种服务,后台人员通过为一线人员的工作服务而间接为客人服务,管理人员则组织前台和后台人员共同为客人服务。所以,必须把饭店全体员工的积极性和创造性充分调动起来,不断提高员工的素质,人人关心服务质量、人人参与服务质量管理,共同把服务质量提高上来。

4. 全方法管理

饭店全方法质量管理,是多种多样管理方法的有机结合,是在有机统一的前提下,根据实际需要,采用灵活多样的各种方法和措施,提供优质服务。

5. 全效益管理

饭店服务既要讲究经济效益，同时又要讲究社会效益和生态效益，它是三者的统一。饭店作为企业，其所进行的经营管理活动属于市场行为，只有在获得一定经济效益的基础上，饭店才能生存和发展。从本质上来说，创造社会效益和生态效益，既有利于社会发展和生态环境保护，同时也有利于提高饭店的知名度和美誉度，创造口碑，为饭店带来良好的长远利益。

阅读材料

饭店整体概念培训

两位客人走进一家三星级饭店大堂，正好碰上刚送完行李的行李员。行李员以为客人要住店，就指引他们去总台登记。未料客人并不是住店，而是来就餐的。

客人问："你们旋转餐厅很有名，在几楼？"

行李员答："28楼。请乘左边的快速电梯上去。"

问："是广帮菜吧？"

答："有粤菜，也有淮扬菜。实际上，像上海这样开放的城市饭店，菜肴已是集各帮之长。这里也有北京烤鸭，也有四川火锅。很难绝对说只是哪一帮。你们不妨上去试一试。"

客人又提出第三个问题："价钱贵不贵？"

答："旋转餐厅和二楼的潮州餐厅一样很豪华，档次高，价格比较贵。一般吃吃，平均每位的消费总要100多元，如果点海鲜或高档菜的话恐怕要200多元了。底楼东侧的百花厅也可以吃，价格适中。你们两人去吃，100元出头就差不多了。"

两位客人得到了准确的信息，相互商量了一下，决定还是直奔28楼旋转餐厅。拔腿之前，又问行李员一句："旋转餐厅开到几点？""晚上11点。"行李员不假思索地回答。别以为这位行李员是位先进员工，在这家饭店，每位员工——不管是哪个部门、哪个岗位，也不管是前台，还是后台——入职之后都必须进行饭店整体概念培训。

饭店将所有的服务设施和项目写成培训册子。员工对全店这些设施的服务作用、服务对象、所在位置、性能、特点、开放时间、专门要求等都必须记住，并进行考核，过关后方能上岗。这就是饭店的整体概念培训。当客人来到饭店，客人在饭店里向任何一位员工打听任何一项服务项目，都能得到及时满意的回答。如果刚才那两位客人碰上的不是行李员，他们同样也能如愿以偿。

在客房，楼层服务员也会把饭店的餐饮、康乐、购物、商务等服务向客人介绍得一清二楚。有几位北京客人住店，晚上想唱卡拉OK，楼层服务员把卡拉OK娱乐厅的位置、表演内容、开放时间、散座和包厢收费方法和价格都详细告诉客人，客人再三致谢，玩得十分尽兴。

对于前台一线员工，尤其是前厅、餐厅、公关销售部门的员工，这种整体概念培训更为详细严格。如销售人员，必须对客房数、客房结构、房价、客房档次，及其浮动幅度，餐厅餐位、毛利率、售价、菜肴品种和特色菜肴等都了如指掌。有一位会议筹办人员在与这家饭店的销售人员洽谈后，得知有周到、妥帖、细致和熟练的情况介绍，费用核算和活动安排后，感到十分满意和信任。于是，当场拍板，放弃对另两家饭店的选择，决定把国际会议放在该饭店举行。

(二)饭店全面质量管理的原则

1. 要坚持"以人为本,员工第一"的原则

饭店各级、各部门、各环节、各岗位的优质服务及其服务质量,都是广大员工创造的。为此,在饭店服务质量管理的全过程中,必须始终坚持"以人为本,员工第一"的原则,始终把人的因素放在第一位,关心爱护员工;要运用行为科学理论和方法,运用各种激励手段充分调动广大员工,特别是一线员工的主动性、积极性和主人翁责任感。只有这样,才能提供优质服务,做好全面质量管理工作。

2. 贯彻"宾客至上,服务第一"的原则

要贯彻"宾客至上,服务第一"的原则,饭店必须以客人的活动规律为主线,以满足顾客的消费需求为中心,认真贯彻质量标准,将标准化、程序化、制度化和规范化管理结合起来,加强服务的针对性,切实提高服务质量。

3. 坚持"预防为主,防范结合"的原则

饭店服务质量是由一次一次的具体服务所创造的使用价值来决定的,具有显现时间短和一锤定音的特点,事后难于返工和修补。因此,全面质量管理必须坚持预防为主、防管结合。其具体要求是:必须根据各项服务的实际需要,把质量管理的重点放在事先做好准备,排除各种影响服务质量的因素上面。必须重视饭店服务质量的现场管理、动态管理和优质服务的现场发挥,从而确保提高服务质量。

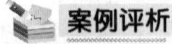 案例评析

裹在床单里的护身符

客房服务员小王每次为客人换床单时,为了省时省事,总是把床上的两层床单非常迅速地揉成一团,撤下来扔进布草袋内。有一次,一位客人问小王是否发现床上有一件小小的护身符。这件护身符对客人来说是件信物,十分珍贵,客人要求必须找到。小王在洗衣房费了九牛二虎之力,终于在一大堆尚未清洗的床单中间发现了客人的护身符。

【评析】这种麻烦本来是可以避免的。因为客房服务员应按照做床的规范要求,将床上单子逐一拆除,并且要轻轻抖动床单,防止裹进其他物品,如客人的首饰、衣物等。小王的失误在于做床时图省事,没有严格按操作规程做,因此床单裹走了客人的护身符,只得从大堆的床单儿中逐一拆除去找,造成了不必要的麻烦。幸而那裹着护身符的床单还没有清洗,若放在洗衣机里一搅,小小护身符必然损坏,即使给客人经济上的赔偿仍不能弥补客人心理上的不愉快。服务员要明确一点,所有服务规程的制定都总结了多年的服务经验和进行科学测算而制定出来的消除各种隐患,保障服务质量的法规,必须严格遵循。

4. 坚持"共性管理和个性服务相结合"的原则

饭店服务质量管理既有共性问题,又有个性问题和个性化服务。从全面质量管理的角度来

项目七 饭店服务质量管理

看，主要是要抓住那些带有共性的、全局性的问题，同时又要重视那些影响服务质量的个性问题。另外，还要特别提倡广大服务人员的应变能力和个性化、情感化服务，要赞扬那些超越程度和标准的优质服务人员和事迹，以便切实提高服务质量，做好质量管理。

案例评析

绿茶变红茶

宾馆的客房内，按常规要为客人准备一种茶叶。上海虹桥宾馆依据大多数客人的习惯，在客房内统一放上绿茶。一次，一位香港客人住进了虹桥宾馆，几天后离店时，无意中说道他不喜欢绿茶。不久，该客人第二次入住虹桥宾馆，走进房间意外地发现准备的红茶，他十分高兴。一连几天，服务员每次都给他放上红茶。他住了3天，临行前的晚上，他对该楼层的服务员说："你们怎么在我房内始终放红茶，而你们服务车上均是绿茶？"服务员回答道："您上次住这时说过不喜欢绿茶，喜欢红茶。我们就在您的客史档案上加了一笔。"这位香港客人惊喜地说："你们的工作真细致！这样高水平的服务，虹桥宾馆肯定发财！"

【评析】这是个性化服务的一个案例。个性化服务又称特色服务，不是神秘而高深的，它是一种心领神会、深入细致、恰到好处、协调舒适地满足宾客个性要求的针对性服务。上例中的服务员细心地捕捉到客人的个性要求，将客人喜欢红茶的信息载入客史档案，待到客人再次入住，即根据客史档案，投其所好，虽然仅一包红茶，却为宾客留下了深深的如意。我们所有服务人员都应像虹桥的这位服务员一样，不满足于一般规范化的服务，而是针对每位客人的特殊要求提供个性服务，才能满足客人个别的、特殊的要求，从而最大限度地达到客人的满意。

5. 坚持"定性管理和定量管理相结合"的原则

饭店服务是以劳动的直接形式，即活动本身来满足客人消费需求的。这种服务的质量标准很难用数量标准来界定，大多只能用定性说明的方法来确定其质量程度和水平。但也有些部门的质量问题和标准可以用数量来反映。因此，饭店全面质量管理可以将定性管理和定量管理结合起来，以定性管理为主。能够定量的质量问题、质量标准尽可能定量，特别是在质量检查、考核评估中，要尽量运用质量统计数据来说明问题并以此来提高饭店质量管理的客观性和科学性。

案例评析

纽约市公园及娱乐局实施"全面质量管理"技术

纽约市公园及娱乐部的主要任务是负责城市公共活动场所（包括公园、沙滩、操场、娱乐设施、广场等）的清洁和安全工作，并增进居民在健康和休闲方面的兴趣。

市民将娱乐资源看作是重要的基础设施，因此公众对该部门重要性是认同的。但是在采用何种方式实现其使命，及该城市应投入多少资源去实施其计划却很难达成共识。该部门面临着管理巨大的系统和减少的资源。和美国的其他城市相比，纽约市的计划是庞大的。该部门将绝大部分资源投入现有设施维护和运作中，尽管为设施的维护和运作投入的预算从1994年到1995年削减了4.8%。

为了对付预算削减，并维持庞大复杂的公园系统，该部门的策略包括：与预算和管理办公室展开强硬的幕后斗争，以恢复一些已削减的预算；发展公司伙伴关系以取得更多的资源等。除了这些策略，该组织采纳了全面质量管理技术，以求"花更少的钱干更多的事"。

在任何环境下产生真正的组织变化是困难的，工人们时常会对一系列的管理产生怀疑。因此，该部门的策略是将全面质量管理逐步介绍到组织中，即顾问团训练高层管理者让他们接受全面质量管理的核心理念，将全面质量管理观念逐步灌输给组织成员。这种训练提供了全面质量管理的概念，选择质量改进项目和目标团队的方法，管理质量团队和建立全面质量管理组织的策略。虽然存在问题，但这些举措使全面质量管理在实施的最初阶段获得了相当的成功。

有关分析显示了该部门实施全面质量管理所获得的财政和运作收益。启动费用是22.3万美元，平均每个项目2.3万美元，总共节省了71.15万美元，平均每个项目一年节约7.1万美元。这个数字不包括间接和长期收益，只是每个项目每年直接节约的费用。

在全面质量管理技术执行五年后，情况出现了变化。

该部门是政治任命的。以前的官员落选了，新一任官员就任后，TQM执行计划被搁浅了。新上任的负责人将其前任确立的全面质量管理技术看作是他能够忽略的其前任的优势。大部分成员没有完全理解或赞成TQM哲学，认为只是前任遗留下来的东西。但是新任同样面临着削减的预算和庞大的服务系统的问题，但没有沿用前任采取的工具，而是采用私有化、绩效管理等手段。

【评析】纽约市公园与娱乐管理局（The New York Department of Parks and Recreation）的主要任务是负责城市公共活动场所（包括公园、沙滩、操场、娱乐设施、广场等）的清洁和安全工作，并增进居民在健康和娱乐方面的兴趣。该部门面临着如何以较少的资源提高服务绩效的问题。在前期该部门将"全面质量管理"（TQM）确定为一项重要举措并取得了一定成效。但是到后期，因为领导人变更而放弃该工具改用其他工具。我们也用上述的理论框架做简要的分析：

首先，公园与娱乐管理局的目标是在面临预算削减的情况下，继续维持庞大复杂的服务系统。该局面临的问题是减少的预算和增加的顾客需求。市民将娱乐资源看作是重要的基础设施，因此，公众对该部门的重要性是认同的。但是在采用何种方式实现其使命，及该城市应投入多少资源去实施其计划却很难达成共识，为设施维护和运作投入的预算从1994年到1995年削减了4.8%。因此该局的目标是以最小的成本达成目标。

其次，公园与娱乐管理局在前期采用的最重要的一项政策工具是"全面质量管理"。"全面质量管理"有以下三个核心理念：

(1) 工作过程中的配备必须为特定目标设计；

(2) 分析职员的工作程序，以进行路线化的组织运作并减少过程变动；

(3) 加强与顾客的联系，从而了解顾客的需求并且明确他们对服务质量的界定。

实践证明，"全面质量管理"是一种有效的工具。

第三，公园与娱乐管理局在运用"全面质量管理"技术时考虑到组织路线的影响。

第四，公园与娱乐管理局在后期因环境改变而放弃"全面质量管理"工具。"全面质量管理"强调主要领导者的作用，这在政府部门是一个挑战。委任的领导人经常会落选，继任者都想证明他们的工作较之前任要有所改进，这常常会使新的管理者抛弃其前任的管理方法。

在该案例中，尽管"全面质量管理"这一工具与该局以"较少的成本维持庞大的服务系统"的目标是匹配的，而且该局在运用"全面质量管理"这一新工具时也考虑到组织路线的影响并采取了一定策略以减少推行该工具的阻力，从而使该工具在经过一段时间尝试后被证明是达成目标的有效工具，但最终却因为领导人的变更而被抛弃。可见，决策者选择政策工具并不完全是理性的，这个案例的意义在于展现了政策工具选择面临的政治压力。

任务三 饭店服务质量管理的方法及评价

一、饭店服务质量管理的方法

在饭店服务质量管理中，饭店管理者只有采取有效的管理方法，才能真正提高服务的质量，提供令顾客满意的服务，使饭店取得良好的经济效益。目前饭店通常使用的服务质量管理的方法有以下几种。

（一）服务质量分析法

服务质量分析，是饭店质量控制与管理的基础工作。通过质量分析，找出饭店所存在的主要质量问题和引起这些质量问题的原因，使管理人员有针对性地对给饭店影响最大的质量问题进行控制和管理。质量分析的方法很多，主要介绍三种在饭店质量分析中比较适用的方法：ABC 分析法、因果分析图法质量、结构分析图法。

1. ABC 分析法

用 ABC 分析法分析饭店服务质量问题可分为三个步骤：一是确定关于饭店服务质量问题信息的收集方式；二是将收集到的有关质量问题的信息进行分类；三是进行分析，找出主要质量问题。

2. 因果分析图法

因果分析图又称特性要因图、鱼刺图或树枝图，它是为了寻找产生某种质量问题的原因，发动大家谈看法，做分析，将群众的意见反映在一张图上，这就是因果图。因果分析图法就是以结果作为特性，以原因作为因素，逐步深入研究和讨论项目目前存在问题的方法。因果分析图法是饭店分析质量问题产生原因的简单而有效的方法。

3. 质量结构分析图

质量结构分析图又称圆形分析图、饼形图。它根据饭店服务质量调查资料，将统计结果绘制在一张圆形图上。它可以直观地看到影响饭店服务质量的主要因素，便于有针对性地提出改进措施。

（二）PDCA 循环法

PDCA 是 Plan（计划）、Do（实施）、Check（检查）、Action（行动）四个英文单词首字母的组合。PDCA 循环是一种科学的工作程序，是质量管理的基本工作方法。它反映了做工作必须经过四个阶段。当 PDCA 四个环节都循环过以后，即称完成了一个管理控制过程。这四个阶段循环不停地进行下去，所以称为 PDCA 循环。在实施 PDCA 循环时可按下列程序进行。

1. 计划（Plan）

对饭店服务质量的现状进行分析，运用 ABC 分析法找出主要的质量问题。运用因果分析法分析产生质量问题的原因,设定目标。从分析出的原因找到主要影响因素。制定解决质量问题要达到的目标和计划,提出解决质量问题的具体措施和方法以及责任。

2. 实施(Do)

执行计划。广泛征集企业员工对提案的看法、意见及改善措施;如果改善意见的确正确可行,则应该及时修改提案。改善提案提出后,经有经验的企业管理者讨论、认可后,付诸实施。

3. 检查(Check)

检查是否按计划日程实施,如果没有按时实施,应查找原因。检查是否能按计划达成预定目标。分析实施阶段中的失败事例,实施计划的各级管理人员在自己的职责范围内进行诊断,查找失败原因并及时纠正错误。

4. 行动(Action)

执行活动基本结束时,开始着手总结及反省,回顾改善前的管理状况和实施的主要措施。比较管理活动结果同改善前相比的效果,并列举出管理实施过程中的优秀典型事例及活动方法。总结成功经验,制定或修改工作规程、检查规程及其他有关规章制度。把未解决的问题或新出现的问题带入下一个 PDCA 循环,如图 7-1 所示。

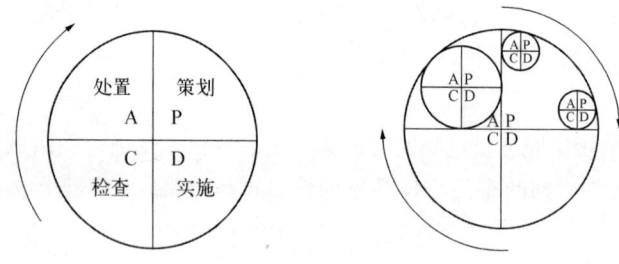

图 7-1 PDCA 循环

PDCA 管理循环的四个阶段缺一不可。循环不停地转动,每转一周提高一步,大环套小环,小环保大环,相互联系,相互促进。只有 PDCA 四个阶段都完成且不断循环下去,才会使饭店服务质量问题越来越少,饭店服务质量越来越高。

(三)QC 小组法

QC(Quality Control)小组,即质量管理小组,是指在各个岗位上工作的员工,围绕企业的方针、目标和现场存在的问题,以改进质量、降低消耗、提高经济效益为目的组织起来,运用质量管理的理论和方法开展活动的小组。QC 小组的任务,主要是提高质量意识,加强全面质量管理理论和方法的学习,解决实际质量问题。QC 小组法的实施步骤:调查现状,确保真实性;分析原因,饭店全体人员共同参与寻找原因;制定措施;按计划实施;检查实施效果;制定巩固措施;处理遗留问题;总结成果资料。

(四)ZD 质量管理法

"ZD"是英文 Zero-Defects 的缩写,含义是无缺点计划管理,即零缺点管理。这是美国人克劳斯比于20世纪60年代提出的一种管理观念。以"无缺点"为管理目标,以每个员工都是主角为宗旨,充分挖掘人的内在潜力,以确保质量为目的。在饭店中采用这种管理方法,可以促使饭店服务管理达到最佳度。

1．ZD质量管理法的特点

(1) 第一次就把事情做好的管理思想,是"零缺点"管理的核心。

(2) 预防为主,防患于未然的管理方式。

(3) 严格执行服务质量标准的管理制度。

2．ZD质量管理法的步骤

(1) 建立服务质量检查制度。许多饭店建立了自查、互查、专查、抽查和暗查五级检查制度,督促员工执行质量标准,预防质量问题的出现。

(2) 每个人第一次就把事情做对。饭店服务具有不可弥补性的特点,所以,每位员工都应该把每项服务做到符合质量标准,这是改善饭店服务质量的基础。

(3) 开展零缺点工作日竞赛。一般来说,对于饭店员工而言,造成饭店服务质量问题的因素有两类,即缺乏知识和认真服务态度。因此,饭店可开展零缺点工作日竞赛,使员工养成良好的工作习惯。

(五) 专项质量管理法

专项质量管理又称项目管理。项目的质量管理主要是为了确保项目按照设计者规定的要求满意地完成,它包括使整个项目的所有功能活动能够按照原有的质量及目标要求得以实施。专项质量管理旨在强化质量体系要素中某一环节的管理控制,以便在局部上提高服务和产品的质量。由于专项管理相对实用,更加简单,容易实施,因而得到了饭店的青睐,被广泛运用。饭店经常开展的"微笑天使""服务之星"、优质服务评比、饭店技能比赛等活动,均属于专项质量管理的范畴。

1．专项质量管理的特点

(1) 授权某个人负全责。

(2) 由某一个组织完成。

(3) 在一个明确的时间内结束。

(4) 有相对简单实用的评价审核标准。

(5) 有一个清楚的目标。

(6) 项目完成后,应有完整的质量文件材料。

2．专项质量管理的步骤

(1) 确定项目概念,即项目的质量目标、管理者的期望。

(2) 进行项目的可行性分析,评估实施该项目的条件、优势和困难。

(3) 设计并确定项目实施的步骤、评价审核标准等。

(4) 执行、运行。与该项目有关的组织、人员按规定步骤完成各自的任务。

(5) 总结记录。包括执行情况分析、项目最终结果、实施效果的评价和经验教训的总结。

3. 建立质量管理点

所谓质量管理点，是指某阶段或某时期内，需要特别强化控制的关键问题、部门、岗位或人。那些问题、部门、岗位或人对于整个饭店或某部门的服务质量多半是至关重要的，可能是宾客投诉较为集中的，可能是饭店或部门最难以推动的，也可能是饭店自身最薄弱的环节。

二、饭店服务质量控制的过程

饭店服务质量的控制过程是指采用一定的标准和措施来监督和衡量服务质量管理的实施和完成情况，并随时纠正服务质量的管理过程。饭店服务质量控制的过程有三个阶段。

（一）预先控制

预先控制，是指饭店管理者通过对饭店业务情况的观察、预测和分析，预计可能出现的问题，在其未发生前加以防止的管理活动。预先控制的控制要点是：

（1）将对隐患因素的预测，作为控制的依据。

（2）对生产系统的未来行为，有充分的认识。

（3）根据事前信息制定计划和控制方案。

（二）现场控制

现场控制，是指饭店管理者在饭店业务进行过程中的控制。现场控制的控制要点是：

（1）以计划执行过程中获取的信息为依据。

（2）要有完整、正确的统计资料和完备的现场活动信息。

（3）决策迅速、执行有力，保证及时控制。

（三）反馈控制

反馈控制，是指酒店管理者在饭店经营业务活动结束后，把实际工作结果与预定目标做对比，找出偏差，分析产生差异的原因，及时提出整改措施，以便在今后的工作中改进并提高的管理方法。反馈控制的控制要点是：

（1）以计划执行后的信息为主要依据。

（2）要有完整的统计资料。

（3）要分析内外部环境的干扰情况，确保下一轮计划的执行。

知识链接

服务质量控制的要点——"瞬间服务"的控制

在饭店对客服务过程中,服务质量的控制受到很多因素的影响,比如,服务人员的素质、宾客的主观性、服务质量显现的短暂性等。作为一个管理者需要花很多精力去进行质量的控制,如何做效果才会好?

宾客对服务质量的判断、宾客对服务的满意程度源于宾客对服务的感知。服务感知(Perception of Service)的实质是顾客对服务的感觉、认知和评价。了解宾客对服务的感知至关重要。宾客对饭店的产品和服务会从哪些角度去考虑?他在接受我们的产品和服务时会有什么样的想法?这其实正是我们每天的工作重点,也是服务质量控制的要点。

1. 影响服务感知的因素

影响服务感知的因素主要有服务接触,服务人员、服务过程和有形实据,饭店形象,服务定价四点。这四点影响了宾客对服务的感知并与宾客对服务的期望值掺和起来,最终影响了宾客对服务质量的评价和顾客对服务的满意程度。

(1)服务接触(Service Encounter),是指服务机构或服务人员在服务过程中与宾客的接触对宾客服务感知的影响最直接、最重要。宾客正是在与饭店或其人员的接触中真实地感知服务的内容、特点及功能。因此,服务接触也称服务"真实瞬间"(Moment of Truth)。宾客对服务的真实感知是通过服务过程中的每一时刻,亦即一个个真实的瞬间完成的。例如,宾客来到饭店,从大堂门童的招呼、总台的登记、客房服务人员的引领、房间内各种设施和用品的使用,到餐厅的环境、服务和食品等,都会影响顾客对饭店服务质量的真实感知。

服务接触有正效应和负效应。正效应接触,是指给顾客带来良好感知的接触;而负效应接触,则是指给顾客带来不良感知的接触。著名的迪士尼乐园之所以长盛不衰,与不断改进服务质量有关。而迪士尼乐园的服务质量之所以能不断改进,一个重要原因,是迪士尼乐园与每一位游客的服务接触环节很多,平均有74个左右。因此,改进服务质量和改善顾客对服务感知的余地很大。这就是迪士尼乐园有吸引力的一个"秘密"。

服务接触,按接触的媒介可区分为遥距接触、电话接触和当面接触三种方式。

(2)服务人员、服务过程和有形实据。服务人员、服务过程和有形实据等服务的组成元素,影响顾客对服务的感知。例如,在饭店服务中,饭店所处繁华的地段及饭店的装修会使顾客感知到饭店的服务档次不低;整洁的环境使顾客感知到认真、仔细和严谨的服务态度;新鲜而芳香的店堂空气使顾客感知到所出售的商品更新程度较高;温暖宜人的气温、柔和的灯光和音乐使顾客感知到温情、细腻的服务;强烈的灯光和欢快的音乐使顾客感知到热情、豪爽的服务;赠送礼物则使顾客感知到一种长久的服务关系;醒目的指示牌和方便的电子查询荧屏,使顾客感知到过程设计中周密的服务;服务人员对顾客语言举止的文明,使顾客感知到饭店格调的高雅等。

(3)饭店形象。饭店形象(Image),是指饭店的理念和行为在消费者心目中留下的印象或记忆。饭店的行为形象比较具体,如,营业部门的开关门时间、服务项目的多少等。饭店的管理和服务理念形象比较抽象,如"坚持传统特色""放心店""具有传奇色彩"(沃尔玛)等。滑稽的"麦当劳大叔"代表麦当劳的形象。它的目标市场是孩子,麦当劳的服务是统一的和高效的,代表一种生活方式等。

（4）服务定价对服务感知也有重要影响。因为服务定价会影响顾客对服务的期望，而服务期望影响服务感知。服务定价的提高，会引起服务期望的提高；服务宽容区间变窄，顾客的挑剔性则会变强。对同样质量的服务，挑剔性强的顾客的感知要比挑剔性不强的顾客要求高一些。

2．服务感知的内容

顾客对服务的感知，包括服务质量、服务满意和服务价值三项互相联系的内容。这三项内容正是饭店业竞争的焦点。饭店业的竞争就是服务质量的竞争、服务满意度的竞争和服务价值的竞争。然而，服务质量、服务满意度和服务价值都是必须被顾客感知的。从这个意义上讲，服务也是一场如何确保让顾客对饭店所提供的服务有正面感知的竞争。

（1）根据 PZB（Parasuraman，Zeithaml，Berry 三位美国学者）在 20 世纪 80 年代末、90 年代初的研究，顾客感知服务质量，一般包括 5 个层面：服务的可靠性（Reliability）、服务的反应性（Responsiveness）、服务的保证性（Assurance）、服务的关怀性（Empathy）、服务的有形性（Tangible）。

（2）对服务满意度的感知。顾客对服务质量的感知，很大程度上决定着顾客对服务的满意度。绝大多数服务的内容包含很多有形及无形的元素，每一元素皆可影响服务的质量，从而影响顾客的满意度。服务中提供的产品（或用品）质量影响着顾客对服务的满意度。比如，宾客看到一家饭店客房提供的饮料不新鲜，提供的牙膏、香皂和沐浴露没有品牌，饭店商场提供的小商品质次价高，那么宾客对这家饭店的服务就不会很满意。情景因素也会影响顾客满意度。比如，商务饭店出现太多的旅游团队客人，长住或常住宾客满意度就会打折扣。

（3）对服务价值的感知。20 世纪 90 年代中后期，不少服务市场营销学者的研究显示，除服务质量外，还有其他因素可以影响顾客对服务的满意度，例如，服务人员付出的努力，服务人员的服务技巧和服务产品知识等。以服务人员在服务时付出的努力为例，若顾客认为服务的感知表现低于期望表现，但却感到服务人员已尽了很大努力，希望能好好地提供顾客所需的服务。这样，顾客对服务的不满意度将减少。

3．促进服务感知的策略——"瞬间服务"的控制

饭店可以针对服务营销的内容和影响服务感知的因素设计促进服务感知的策略，主要包括服务接触策略，服务人员、过程和有形提示策略，服务机构形象策略和服务定价策略等。

服务接触的每个瞬间对顾客的感知都是非常关键的。因此，饭店必须管理好服务接触的每一个环节，达到"零失误"或顾客 100% 满意的要求。

服务人员、服务过程和服务有形提示是服务营销组合新增的 3 个要素，对顾客的感知具有直接的影响。因此，饭店可以通过服务人员、服务过程和服务有形提示来促进顾客的感知，把对服务人员、服务过程和有形提示的管理与服务接触点（或环节）的管理整合起来。

增强饭店的形象也能促进顾客对服务的感知。增强饭店形象，就是要讲"真善美"，其中"真"是关键。饭店为树立形象而做广告、人员推销、公共宣传等沟通要讲真实。另外，饭店要尽量用顾客真实的体验来加强自己的形象。

服务价格是影响顾客价值感知的关键因素，又是同服务接触，服务人员、服务过程和有形实据以及服务沟通的成本紧密联系的因素。饭店怎样通过调节顾客的期望进而促进顾客的感知，同时又能收回成本，这是定价策略要解决的核心问题。

（资料来源：陈明主．饭店管理概论［M］．北京：旅游教育出版社，2011.）

三、饭店服务质量的评价

做好饭店服务质量的评价工作，是饭店落实经济责任制，调动员工做好服务工作的重要举措。客观、公平、合理的饭店服务质量评价还能对饭店服务人员的奖勤罚懒、扶优治劣起到重大的作用。因此，饭店管理者应该对饭店服务质量进行公平、公正和公开的评价，并构建科学、合理的服务质量评价体系。

（一）饭店服务质量评价的内容

1. 服务质量管理标准的执行程度

饭店各部门、各环节、各岗位员工的工作是否符合饭店质量管理标准和服务规程的要求。

2. 顾客的物质和精神满足程度

顾客对饭店服务质量的满意率是否符合饭店星级标准的要求，如员工的素质高低、设施的配套程度、设备的舒适程度、实物产品的适用程度、服务环境的优美程度等。

饭店服务质量管理的效果，最终主要表现在两个方面：是否符合饭店服务质量的等级标准和是否满足客人的物质和精神需要。评价服务质量管理效果的主要方法是检查。检查的方式是灵活多样的。例如，旅游主管部门对饭店的质量检查，特别是星级评定和星级复查，饭店内部的质量检查，宾客满意率调查等。

（二）衡量饭店服务质量的标准

1. 可靠性

可靠性指饭店可靠地、准确无误地完成承诺的服务的能力，它是饭店服务质量属性的核心内容和关键部分。顾客希望通过可靠的服务来获得美好的经历，而饭店企业也把服务的可靠性作为树立企业信誉的重要手段，如必须兑现向预订宾客承诺的客房或餐厅包厢。

2. 反应性

反应性指饭店准备随时帮助宾客并提供迅速有效服务的愿望。反应性体现了饭店服务传递系统的效率，并反映了服务传递系统的设计是否以顾客的需求为导向。服务传递系统要以顾客的利益为重，尽量缩短顾客在消费过程中的等候时间。例如，顾客在前台办理住宿登记时填写身份证信息，如果改为扫描存入，可以缩短宾客办理的时间，给顾客的感知质量带来积极的影响。

3. 保证性

保证性指饭店的员工所具有的知识技能、礼貌礼节，以及所表现出的自信与可信的能力。员工具有完成服务的知识和技能，可以赢得宾客的信任，使宾客在异乡有宾至如归的感觉。

4. 移情性

移情性指饭店的服务工作自始至终以客人为核心，关注他们的实际需求，并设身处地地为宾客着想。在服务过程中，员工要主动了解宾客的心理需求、心理变化及潜在需求，进而提供周到细致的服务，让宾客充分感受到服务中的"人情味"。

5. 有形性

有形性指饭店通过一些有效的途径——设施设备、人员、气氛等传递服务质量。饭店服务虽具有无形性特征，但我们必须通过有形的物质实体来展示服务质量，以便有形地提供饭店服务质量的线索，为顾客评价服务质量提供直接的依据。

> **知识链接**
>
> **世界最佳饭店的衡量标准**
>
> 1984年一些大型国际饭店联号的总裁、总经理提出最佳饭店应具有十条标准，这十条标准现已被国际饭店业所接受。以下列出这十条标准：
>
> （1）一流的服务员，一流的服务标准。具有热情、认真、熟练和训练有素的服务员，他们能提供快速敏捷、热情周到的服务。
>
> （2）客房洁净、舒适，陈设高雅，环境怡人。客房服务是促使客人再次下榻饭店的关键因素。
>
> （3）客人有"宾至如归"感。马耳他国际饭店这样论述：一所最佳饭店应该向宾客提供舒适、方便及一流标准的服务，同时饭店要有宜心的环境，暖人的房间，它留给客人的第一和最后印象都有应该使客人有一种"宾至如归"之感。
>
> （4）设有多种服务项目。
>
> （5）具有独特的菜系和地方佳肴。餐饮是旅游者的最大需求之一，也是饭店的重点服务项目。
>
> （6）地理位置选择十分恰当。无论是商业饭店、度假饭店还是会议饭店，都要选择与自己饭店类型相符合的最好的地理位置，如度假饭店应位于景致秀丽的风景区。
>
> （7）陈设与内装修应具有民族风格和地方特色。
>
> （8）注意微小的服务和装饰，如显示各项服务的图示文字指南，这是服务细致的具体体现。
>
> （9）有名人下榻和就餐。
>
> （10）应是举办历史上最重要宴会的场所。

（三）饭店服务质量评价体系的构成

1. 评价主体

评价主体是指由谁来进行评价，目前充当评价主体的主要有顾客、饭店组织和第三方机构。

2. 评价客体

评价客体包括两方面的内容，即由设施、设备等构成的硬件服务质量，由服务项目、服务水平等构成的软件服务质量。

3. 评价媒体

评价媒体即评价的表现形式、各评价主体反映评价结果的渠道。评价媒体指的评价的主体通过何种形式来表现其评价的过程和结果。

（四）饭店服务质量的三方评价

1. 顾客评价

顾客评价直接指向服务的对象，体现了以"顾客为中心"的服务宗旨，因而获得普遍的欢迎。但顾客服务质量评价标准中的期望服务指标、感知服务指标以及服务质量的可靠性、反应性、保证性、移情性、有形性等指标涉及许多主观心理因素，因此较难确定，这使其带有浓厚的主观性、模糊性、差异性以及不公平性色彩。顾客评价的形式有以下几种。

（1）顾客意见调查表。它是饭店广泛采用的一种顾客评价的方式。具体做法是先设计好有关饭店服务质量具体问题的意见征求表格，并将其放置于易于被客人取到的客房内或其他营业场所，由客人自行填写并投入饭店设置的意见收集箱内或交至大堂副理处。这种评价方式涉及范围广，客观性较强。当前国际上许多饭店还利用因特网和其他一些在线服务进行顾客意见的调查，这种方式快速而及时，因而很受欢迎。

（2）电话访问。它可以单独使用，也可以结合销售电话同时使用。访问时可以根据设计好的问题进行，也可以没有固定的问题，因此自由度和随意性比较大。

（3）现场访问。它又称突击访问，做法是抓住与顾客会面的短暂机会，尽可能多地获取顾客对本饭店服务的看法与评价。现场访问应充分利用时机，如特殊VIP顾客在引来送往中的现场访问，对销售大众的现场访问，对偶然遇到的老朋友，老熟客的现场访问等。

（4）小组座谈。小组座谈是指饭店邀请一定数量的有代表性的顾客，采用一种取舍的形式，就有关饭店服务质量方面的问题进行意见征询、探讨与座谈，小组座谈可结合饭店其他公关活动同时进行，座谈完毕后向被邀请的顾客赠送礼物或纪念品。

（5）常客。商家向潜在顾客推销产品的成功率是15%，而向现有常客推销产品的成功率是50%。饭店管理者应该把常客拜访作为主要目标和服务项目，对常客进行专程拜访，以显示饭店对常客的重视和关心。

知识链接

顾客感知服务质量模型

1982年,瑞典著名服务市场营销学专家克·格鲁诺斯提出"顾客感知服务质量模型",认为顾客对服务质量的评价过程实际上就是将其在接受服务过程中的实际感觉与他接受服务之前的心理预期进行比较的结果。如果实际感受满足了顾客期望,那么顾客感知质量就是上乘的,如果顾客期望未能实现,即使实际质量以客观的标准衡量是不错的,顾客可感知质量仍然是不好的,如图7-2所示。

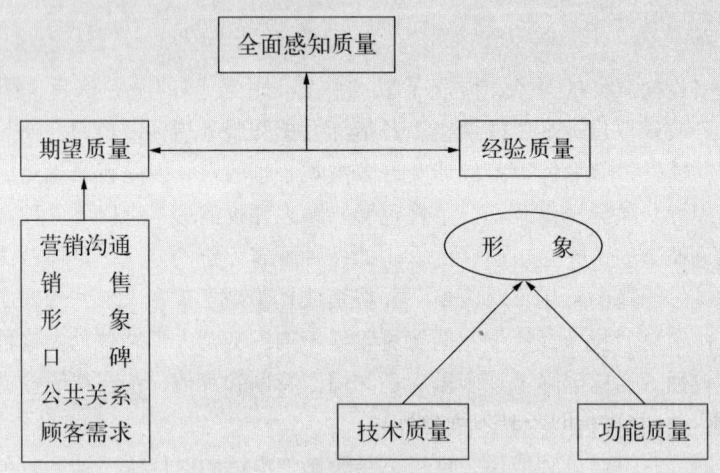

图7-2 顾客感知服务质量模型

格鲁诺斯的"顾客感知服务质量模型"的核心是"质量是由顾客来评价的",实际上是要求服务厂商从顾客的角度来评价和管理服务质量,顺应了"以客户为中心"的现代市场营销潮流。特别是在市场竞争越来越激烈的服务市场营销中有特别重要的指导意义。

2. 自我组织评价

饭店作为饭店服务的提供者,有义务对其所提供的服务进行考察与评判,尽量减少提供不合格服务,其评价形式有如下几种:

(1)饭店统一评价。有饭店服务质量管理的最高管理机关组织进行定期或不定期的考评。这种形式应注重以下几方面内容:注意对不同部门的重点考核,关注各部门服务质量的差异性;注意评价的均衡性,除了应做好前台服务质量的评判工作外,还应对后台工作进行考查;重视评价的严肃性,对于不达标、有问题的当事人和现任人必须依照饭店有关管理条例做出处理。

(2)部门自评。部门自评就是按照饭店服务质量的统一标准,各个部门、各个班组自己对自己的考核与评价。部门自评大致分为饭店级、部门级和班组岗位级三个层次。部门自评是建立在饭店统一的服务质量标准基础上的,饭店服务质量管理机构应对部门自评结果进行考核与监督，对存在较大差异的情况应该重视，找出原因并加以解决。

（3）饭店外请专家进行考评。饭店各层次的考评固然重要，但难免会因长期身在此山中而"不识庐山真面目"。因此，应聘请有关专家协助饭店进行自我服务质量评价，使得考评结果更具有专业性。

（4）随时随地地特种考评。由饭店中、高层管理者来实施，饭店管理者的每一次走动都应作为对饭店服务质量的一次考评，对这一过程中发现的每一个问题应及时纠正。

（5）专项质评。专项质评是指饭店针对特定的服务内容、服务规范进行检查与评估。饭店通常对自己的优势服务项目或在特定时间内开展专项质评，并以服务承诺或服务保证的方式向顾客显示质评后的服务效果。饭店通常对服务基本质量保证、服务时限、服务附加值、服务满意度等做出承诺，并通过制定更高的服务质量标准、较高的服务质量补偿金和简化顾客申诉程序等措施来贯彻饭店服务质量承诺。

3. 服务质量的第三方评价

第三方是独立于饭店服务供应方和需求方的评价主体，是从"旁观者"的角度礼仪各项标准来评价服务质量的，较为客观、公正，其评价的结果较能让大众信服。其评价形式有以下几种：

（1）资格认定。在我国，旅游业以定点方式来确定涉外或不涉外资格。比如旅游涉外定点餐厅、定点商店、涉外饭店、涉外娱乐场所等，它们均表示一种资格，即可接待外国人、海外华侨、港澳台同胞的能力。

（2）等级认定。目前我国餐馆业存在两大认定体系：星级饭店与等级饭店。星级饭店以中高档饭店为对象，以五角星的多寡为等级标识，星级越高等级越高；等级饭店以餐饮业为主要认定对象，以文字反映被评价对象的档次，如特级饭店、一级饭店、二级饭店等。

（3）质量体系认证。质量认证是指由可以充分信任的第三方证实某一鉴定的产品或服务符合特定标准或其他技术规范的活动。我国已参加国际标准化组织并取得认证资格，因此，我国企业获得的质量认证证书是国际通行的。

（4）行业组织、报刊、社团组织的评比。利用饭店行业组织、社团组织、民意调查表、市场调研公司、报刊杂志等对饭店的服务质量继续评价的方式。例如，我国举办饭店"百优五十佳"评比；国外最知名的《公共机构投资人》杂志，每年以打分的方式评出全球最佳饭店，其他如美国质量协会、餐饮协会的五星钻石奖，日本旅业公会的"最佳休闲度假场所"等。

由于三方评价各有其优点，为了构建更加科学合理、操作性强的服务质量评价体系，要求饭店业应将顾客评价、饭店组织评价以及第三方评价有机地结合起来，深入细致地权衡三方评价的优缺点，并对三方评价因子做出合理的选择，对因子权重做系统、全面和客观的考察。

在饭店的运营过程中，要保证饭店服务质量评价体系的运行必须要做到：建立和健全合理的服务质量管理组织机构，制定完善服务质量管理的规章制度；制定明确的服务质量管理规划；制定标准的服务规程，并不断补充和完善；建立严格的检查体系和灵敏的服务质量信息反馈系统；建立培训体制。

综合能力训练

基本训练

一、解释

饭店服务质量　饭店服务质量管理　QC 小组法　ZD 质量管理法　饭店全面质量管理

二、思考

1. 饭店服务质量构成的主要内容有哪些？
2. 饭店全面质量管理的内容和原则是什么？
3. PDCA 循环法的程序是什么？
4. 专项质量管理的内容是什么？

三、案例分析

客人为什么发火？

6 月 20 日 15：00，客房服务员小王推着工作车经过 315 房时，被该房的台湾客人王先生叫住，王先生投诉说 315 房间的电话没反应，不能用。小王听到客人的投诉马上打电话叫工程部派人来修，工程部小刘 1 分钟后即来到房间，小刘拿起电话，拨了一下，发现可以通话，没有问题，便对客人王先生说："电话没问题，没坏呀！"客人一听，生气了："难道我没事找事，明明电话就是打不通，你这样的服务态度，我要投诉你！"小刘一下子愣住了，也不知道自己是如何得罪了客人。

问题：

1. 案例中存在怎样的服务质量问题？
2. 如何在今后的工作中避免此类问题？

技能训练

一、任务名称

××饭店服务质量满意度调查

二、任务目标

1. 以小组为单位，观察××饭店的服务动态管理，调研宾客对该饭店的满意程度。
2. 通过实地考察和课堂汇报，锻炼学生观察问题、分析问题和解决问题的能力。

三、任务实施

1. 将学生进行分组，6~8 人为一组。各组组员推选一位同学担任组长，负责小组的分工工作。
2. 每个小组自行选定本地任意一家星级饭店作为实地考察对象。
3. 组长组织成员开展实地调研，利用各种途径搜集一手资料，整理后撰写调研报告。

4. 每组将调研报告制作成 PPT，选派一名代表做发言汇报，要求主题突出，观点鲜明，表达流畅。

5. 教师适时指导。

6. 时间：2 周。

四、成果考核

1. 调研报告，1500 字左右。

2. 教师根据学生表现及调研报告计分，纳入平时成绩。

项目八 饭店客户关系管理

学习目标

通过本项目的学习，你应该达到：

知识目标：1. 了解饭店客户关系管理的概念及其特征。
2. 熟悉饭店客户档案管理的客户类型及体系结构。
3. 掌握饭店客户关系管理原则与方法。

能力目标：具备判断饭店客户价值的能力。

实训目标：1. 掌握与不同类型宾客进行沟通的技巧。
2. 掌握投诉处理的原则、程序与方法。

案例导入

饭店常客李佳带了他的朋友王飞来到饭店，进门前李佳就不断地向王飞夸赞饭店的服务。二人来到前台后，前台接待人员热情地问候："李佳先生，欢迎再次来到我们饭店。"李佳先生很高兴："你还记得我呀，这次和我朋友一起来的，他叫王飞。"接待员热情地招呼："您好，王飞先生。"王飞看着李佳，心里非常诧异，难道李佳是这里的贵宾吗？办理完入住手续，两人来到了房间，客房服务员敲门进来，送来迎茶："您好，李佳先生，王飞先生。"王飞更惊讶了，客房服务员也知道我们的名字。

下午，两人换了运动装准备打网球。当他们到了网球场时，服务人员热情地迎了上来："你好，李佳先生，这次领了新朋友来了，还是老习惯吗？"王飞不由得用赞赏的眼光看着李佳。晚上二人又来到夜总会喝酒，服务员看到了，悄悄地同歌手讲了几句，片刻后歌手回到场上说："今天，我们的老朋友李佳先生来到这里，这首歌特别送给您和您的朋友王飞先生。"李佳和王飞都被饭店热情的服务深深打动了。

思考

李佳为什么会向自己的朋友夸赞这家饭店？

任务一 饭店客户关系管理概述

近些年，饭店业在面临旅游经济快速发展、人们整体消费水平提高的大好机遇时，也同样面临着日趋激烈的竞争环境和不断攀升的客户期望。在客户入住饭店的过程中会产生大量的客户信息，那么如何对这些资料和信息进行分类、整理、统计和分析；如何从这些资料中提取对饭店决策有用的信息；如何识别哪些客户能为饭店带来高利润，哪些客户对饭店来说是没有价值的；如何增进饭店与客户间的沟通和了解等等一系列围绕饭店与客户之间联系的问题是饭店管理者最为关心的，而这些问题都可以通过在饭店实施客户关系管理得到很好的解决。

一、饭店客户关系管理的含义

在20世纪80年代，随着国际饭店管理集团进入我国，在饭店的经营和管理中就引入了"客户第一"和"客人永远都是对的"等一系列客户导向的经营理念和思想，并在饭店计算机管理系统中建立了客户资料管理功能。饭店实施客户关系管理，使饭店能够针对客户的具体要求提供个性化的服务，增强客人的满意度，从而提高客人的忠诚度，增加回头客，减少饭店的促销宣传的投入，为饭店节约开支，增加收益。另外，维持良好的客户关系，还可以通过口碑效应，吸引更多的客人前来消费，树立饭店的良好形象。

（一）饭店客户关系管理内涵

客户关系管理（Customer Relationship Management，简称CRM）指的是从公司的战略和竞争力角度出发，通过对企业业务流程中客户关系的交互式管理，提升客户的满意度和可感知价值，建立长期的客户关系，拓展企业附着于客户关系网络的无形资产基础，为相关的业务流程提供有效的决策信息，提高业务流程的效率和整合程度，从而为公司获取有利的市场定位和持续的竞争优势提供保证。

（1）客户关系管理是一种"以客户为中心"的管理理念，客户关系管理的核心思想是将企业的客户（包括最终客户、供应商、分销商以及其他合作伙伴）作为最重要的企业资源，通过完善的客户服务和深入的客户分析来满足客户的需求，保证实现客户的价值。

（2）客户关系管理是一种旨在改善企业与客户之间关系的新型管理机制，客户关系管理实施于企业的市场营销、销售、服务与技术支持等与客户相关的领域，通过向企业的销售、市场和客户服务的专业人员提供全面、个性化的客户资料，并强化跟踪服务、信息分析的能力，使他们能够协同建立和维护一系列与客户和商业伙伴之间卓有成效的"一对一关系"，从而使企业得以提供更快捷和周到的优质服务，提高客户满意度，吸引和保持更多的客户，从而增加营业额；另一方面则通过信息共享和优化商业流程来有效地降低企业经营成本。

（3）客户关系管理是一种管理技术，客户关系管理将最佳的商业实践与数据挖掘、数据仓库、一对一营销、销售自动化以及其他信息技术紧密结合在一起，为企业的销售、客户服务和决策支持等领域提供了一个业务自动化的解决方案，从而顺利实现由传统企业经营模式到以电子商务为基础的现代企业经营模式的转化。

（4）客户关系管理是一种企业经营战略，客户关系管理的目的是使企业根据客户分段进行重组，强化使客户满意的行为并联接客户与供应商之间的过程，从而优化企业的可赢利性，提高利润并改善客户的满意程度。

客户关系管理包含的四部分内容：① 在线销售自动化：联系管理、活动管理、机会管理、电话报告、销售线索跟踪、订单输入和支持、客户联系和远程推销。② 在线客户服务和支持：

客户管理、维护/服务台和现场服务。③市场情报：客户情报、趋势分析、供应商管理。④营销管理：业绩分析、营销计划、销售预测和人力资源管理。

（二）饭店客户关系管理意义

许多知名的饭店企业越来越重视与客户的双向沟通，有些公司开通了热线、建立网站、会员俱乐部、出版刊物等等，建立起与客户间的交流平台，有些公司已经设立了客户关系管理与服务部门；越来越多的公司意识到找寻客户需求的重要性，开始重视市场调查，重视市场定位，在前期花费更多的精力，以客户需求为导向进行决策的例子并不少见。因此，真正尊重客户价值，需要在整个宣传策划、销售、服务过程贯彻以客户为本的观念，以客户需要作为决策、计划的出发点。

（1）饭店服务的无形性和不可贮存性决定了顾客在购买前无法感知饭店的服务和产品质量，在住宿结束之后饭店也需要了解顾客的反应，客户关系管理有利于增强顾客的购买信心赢得顾客信任，有利于提高服务质量。

（2）通过客户关系管理，能够提高顾客的忠诚度。提高顾客的忠诚度能够增强饭店的经济效益，因为相对普通顾客来说，经常惠顾的顾客对价格的敏感度较低，消费能力更强，而且据调查，忠诚度高的顾客平均会向10个人进行有效的口头宣传，从而节约饭店的营销费用。此外，忠诚的顾客具有高度的参与意识，他们提供各类重要信息，能够帮助饭店提高服务质量和经营效益。

（3）通过客户关系管理，建立完整的顾客档案，实行定制跟踪服务，有利于饭店营销工作的开展。因为吸引忠诚回头客的成本要远远低于重新挖掘新顾客的成本，所以回头客是饭店客户关系管理的主要对象，它会使饭店能够减少浪费，集中宝贵的促销经费用到目标市场上。详尽的顾客档案有助于饭店提供更快速和周到的服务，从而吸引和保持更多的顾客。

饭店的客户关系管理就是在充分重视客户资源的基础上，对客户关系的管理，是以IT技术支持建立的顾客档案为依据，为不同的顾客提供不同的定制化产品，通过完善周到的服务来增加顾客的体验，提升客户的满意度和感知价值，建立长期的客户关系。其经营核心是重视与顾客的及时双向沟通，通过为顾客提供全程服务提高顾客满意度和忠诚度，改善客户关系，从而提高饭店的竞争力。

阅读材料

CRM概念的发展与核心理念

（一）CRM概念的发展

CRM（Customer Relationship Management，客户关系管理）的理论基础来源于西方的市场营销理论，在美国最早产生并得以迅速发展。在1980年初便有所谓的"接触管理"（Contact Management），即专门收集客户与公司联系的所有信息；1985年，巴巴拉·本德·杰克逊提出了关系营销的概念，使人们对市场营销理论的研究又迈上了一个新的台阶；到1990年则演变成包括电话服务中心支持资料分析的客户关怀（Customer care）；1999年，Gartner Group公司最先提出了CRM概念。

对于CRM的定义，至今还没有一个统一的表述，不同的研究机构、专家学者和相关企业有不同的表述。Gartner Group公司认为CRM是代表增进利益、收入和客户满意度而设计的企业范围的商业战略，强调CRM是一种商业战略而不是一套系统。Carlson Marketing Group则认为CRM是通过培养企业的每一个员工、经销商或客户对该企业更积极的偏爱或爱好，留住他们，以此提高企业的业绩的一种营销策略。对此，Hurwitz Group提出CRM的焦点是自动化并改善与销售、市场营销、客户服务和支持等领域的客户关系有关的商业流程。而IBM公司所理解的CRM包括企业识别、挑选、获取、发展和保持客户的整个商业过程。

综合来看，CRM是一个获取、保持和增加可获利客户的方法和过程，是企业利用IT技术和互联网技术实现对客户的整合营销，是"以客户为核心"的企业营销的技术实现和管理的实现。同时，CRM也是一种以信息技术为手段，对客户资源进行集中管理的经营策略，该策略的顺利实施需要相关CRM软件的支持。企业以追求最大赢利为最终目的，进行客户关系管理是达到上述目的的手段，CRM的应用是立足企业利益的，同时方便了客户，让客户满意。在企业管理中，CRM首先应用于各企业的销售、销售组织和服务组织，为企业带来长久增值和竞争力。

（二）CRM的核心理念

1. 以客户为中心：客户是交易的主要组成部分，客户的满意度直接关系到企业利益是否能够达到最大化。以客户为中心的经营理念有三个重要的关注点，即客户利润率，客户购买的选择标准以及客户细分。也就是根据客户需求特征细分客户，满足客户购买的选择标准，最终实现客户利润率的最大化。

2. 一种现代经营管理理念：CRM主要吸收了"关系营销""数据库营销""一对一营销"等现代管理思想的精华，通过满足客户的特殊需求，来建立长久稳定的客户关系。

3. 集合了最先进的信息技术：CRM主要集成的最新的信息技术主要包括Internet和电子商务、多媒体技术、专家系统和人工智能、呼叫中心、数据仓库和数据挖掘、CRM相关咨询技术等。CRM主要实现手段是融合了各种IT技术的CRM软件。

4. 企业与客户的一种竞合性博弈：客户关系管理理论指出，客户和企业之间不再是供需矛盾的对立关系，而是一种竞争条件下的合作性博弈，是一种持续型的学习关系。

5. 一套完整的业务解决方案：成功的CRM软件可以帮助企业建立一套完整的业务解决方案，在提高服务质量的同时，还可以通过信息共享和优化商业流程，有效降低企业的运营成本。

二、饭店客户关系管理的特征

（一）以电子息技术为基础

饭店客户流动性强，客户数量庞大，客户信息分散，涉及面广，给数据收集带来困难。饭店客户关系管理数据则信息齐全，具有强大的电子信息技术处理能力。饭店通过客户关系管理掌控核心客户并进行内部管理，为客人提供温馨的个性化服务，提高客人回头率，拓展饭店客源和出租率。在信息化飞速发展，互联网广泛使用的时代，企业可以运用互联网对客户进行沟通与管理，这和传统的企业沟通模式不用，具有其鲜明的特征。

1. 虚拟化

运用互联网对客户进行关系管理有其虚拟化的特征。这一特征是借助互联网所独有的处理信息量大的功能，将距离较远的受众集合在互联网上，对其进行售后服务及产品的使用调查，让其对产品及企业都有进一步的认识，企业甚至可以让顾客参与到产品的使用与设计之中。因此，对于客户关系的管理虚拟化的特征就表现在其可以利用互联网进行长距离的交流与接触，销售企业也可以利用这一渠道和客户直接建立联系，摆脱中介的困扰，节约资金投入。

2. 交易费用降低

因为对于客户的管理体系可以采用信息化的处理技术及方法来确定商业事宜，因此，客户关系的管理就可以很轻松地变成数字化来进行。而且，这一数字化的处理要求也符合各自的需要。同时，互联网的使用费用也比传统的管理体系应用费用降低，因此，无论企业规模大小，都可以在其中找到相对应的管理办法，从而降低成本投入量，还可以更好地维护客户关系，帮助企业营造利益价值，促进企业发展，进而推动社会进步。

3. 全球化

因为互联网的沟通是全球性的，而且可以将整个世界的信息都进行传递与交换，因此，在互联网上对客户进行管理，就可以很轻松地使其不再受地域的禁锢，也就是说，利用互联网对客户关系进行管理有其全球化的特征。

4. 管理节奏快

因为企业对于客户进行管理所需要的信息量很大，因此，利用互联网在网上进行信息的传递与管理是最方便快捷的管理模式，这些都对客户关系管理，提高企业效率，加快信息进步起到了特有的作用。

（二）以客户为中心

饭店业是与"情感"有密切联系的行业，实施客户关系管理的意义更加深远。被誉为"美国饭店大王"的斯坦特就说过"饭店业就是凭借饭店来出售服务的行业"，这是颇有见地的见解。优质服务是饭店生存的基础，客户关系管理系统就是提供这种服务的有力竞争武器。通俗地说，客户关系管理系统让企业知道目标顾客最主要的需求是什么，然后针对顾客差异制订出和顾客需求相一致的营销与服务计划。客人感到自己不再是千人一面的无名氏，而是有价值的顾客。顾客的满意和忠诚，带来了消费额和消费次数的增长，饭店是最终最大的得益者。

饭店客户关系管理不断地搜集全面的、个性化的客户资料，强化跟踪服务、信息分析的能力，协同建立和维护一系列与客户之间卓有成效的"一对一关系"，并通过在饭店内实施"以客户为中心"战略来强化这一关系。这种基于客户关系和客户服务的核心竞争力因素，将在市场和绩效中得到充分的体现，从而使饭店得以提供更快捷和周到的优质服务，提高客户的满意度和忠诚度，吸引和保持更多的客户，进而增强了企业的核心竞争力。

小链接

使用 CRM 系统将会使饭店对客服务质量发生质的飞跃,以下几个饭店的常见场景,进一步说明饭店使用 CRM 系统后的不同(表 8-1)。

表 8-1 CRM 系统

饭店场景	传统方式	使用 CRM 系统后
接听客人电话	千篇一律的问候方式	可直接使用客人的姓名和尊称问候
接受客人预订	烦琐地介绍饭店的房型、房价、优惠等	直接锁定客人的房型喜好、朝向、楼层、房间等,了解历史房价
接受餐饮订餐	只是记载客人要求,不能了解客人的口味偏好等	可了解客人的口味喜好、中意的菜肴
销售人员每日工作安排	查阅日记本,找寻联系人	系统自动提示今日需联系客人,并可提前做好约会安排
销售人员外出	顾此失彼、常常遗忘联系重要客人	及时短信提醒,客人 VIP 等级、积分、手机号码内容详尽
客人生日发送祝贺邮件、短信	常常遗忘	适合不同人群,自动选择短信内容,不重复
客人家人生日、纪念日祝贺	无	短信、邮件自动发送
节日发送邮件、短信	效率低,内容单一	适合不同人群,自动选择短信内容

任务二 饭店客户关系管理的主要内容

案例导入

泰国的东方饭店堪称亚洲饭店之最,几乎天天客满,不提前一个月预订是很难有入住机会的,而且客人大都来自西方发达国家。泰国在亚洲算不上特别发达,但为什么会有如此诱人的饭店呢?大家往往会以为泰国是一个旅游国家,而且又有世界上独有的人妖表演,是不是他们在这方面下了功夫。错了,他们靠的是真功夫,是非同寻常的客户服务,也就是现在经常提到的客户关系管理。他们的客户服务到底好到什么程度呢?我们不妨通过一个客户关系管理实例来看一下。

一位朋友因公务经常出差泰国,并下榻在东方饭店,第一次入住时良好的饭店环境和服务就给他留下了深刻的印象,当他第二次入住时几个细节更使他对饭店的好感迅速升级。那天早上,在他走出房门准备去餐厅的时候,楼层服务生恭敬地问道:"于先生是要用早餐吗?"于先生很奇怪,反问:"你怎么知道我姓于?"服务生说:"我们饭店规定,晚上要背熟所有客人的姓名。"这令于先生大吃一惊,因为他频繁往返于世界各地,入住过无数高级饭店,但这种情况还是第一次碰到。

于先生高兴地乘电梯下到餐厅所在的楼层,刚刚走出电梯门,餐厅的服务生就说:"于先生,里面请。"于先生更加疑惑,因为服务生并没有看到他的房卡,就问:"你知道我姓于?"服务生答:"上面的电话刚刚下来,说您已经下楼了。"如此高的效率让于先生再次大吃一惊。于先生刚走进餐厅,服务小姐微笑着问:"于先生还要老位子吗?"于先生的惊讶再次升级,心想:"尽管我不是第一次在这里吃饭,但最近的一次也有一年多了,难道这里的服务小姐记忆力那么好?"看到于先生惊讶的目光,服务小姐主动解释说:"我刚刚查过电脑记录,您在去年的6月8日在靠近第二个窗口的位子上用过早餐。"于先生听后兴奋地说:"老位子!老位子!"小姐接着问:"老菜单?一个三明治,一杯咖啡,一个鸡蛋?"现在于先生已经不再惊讶了:"老菜单,就要老菜单!"于先生已经兴奋到了极点。上餐时餐厅赠送了于先生一碟小菜,由于这种小菜于先生是第一次看到,就问:"这是什么?"服务生后退两步说:"这是我们特有的某某小菜。"服务生为什么要先后退两步呢,他是怕自己说话时口水不小心落在客人的食品上,这种细致的服务不要说在一般的饭店,就是在美国最好的饭店里于先生都没有见过。这一次早餐给于先生留下了终生难忘的印象。

后来,由于业务调整的原因,于先生有三年的时间没有再到泰国去,在于先生生日的时候突然收到了一封东方饭店发来的生日贺卡,里面还附了一封短信,内容是:亲爱的于先生,您已经有三年没有来过我们这里了,我们全体人员都非常想念您,希望能再次见到您。今天是您的生日,祝您生日愉快。于先生当时激动得热泪盈眶,发誓如果再去泰国,绝对不会到任何其他的饭店,一定要住在东方,而且要说服所有的朋友也像他一样选择。于先生看了一下信封,上面贴着一枚六元的邮票。六块钱就这样买到了一颗心,这就是客户关系管理的魔力。东方饭店非常重视培养忠实的客户,并且建立了一套完善的客户关系管理体系,使客户入住后可以得到无微不至的人性化服务,迄今为止,世界各国约20万人曾入住过那里,用他们的话说,只要每年有十分之一的老顾客光顾,饭店就会永远客满。这就是东方饭店成功的秘诀。

现在客户关系管理的观念已经被普遍接受,而且相当一部分企业已经建立起了自己的客户关系管理系统,但真正能做到东方饭店这样的还并不多见,关键是很多企业还只是处在初始阶段,仅仅是安装一套软件系统,并没有在内心深处去思考如何去贯彻执行,所以大都浮于表面,难见实效。客户关系管理并非只是一套软件系统,而是以全员服务意识为核心贯穿于所有经营环节的一整套全面完善的服务理念和服务体系,是一种企业文化。在这方面,泰国东方饭店的做法值得我们很多企业去认真学习和借鉴。

 思 考　　泰国东方饭店是如何进行客户管理的?起到了什么作用?

一、饭店客户的分类

(一)客源分类

重要客户及老客户是企业利润的主要贡献者,企业必须尽量维持与这些客户的关系,让他们在企业停留的时间更长。要实现这一点,企业必须确定哪些客户属于重要客户,哪些客户属于老客户。通过客户分类发现客户价值,将企业有限的资源集中于那些有价值客户,更好地为他们提供服务，培育客户忠诚度，防止优质客户被挤压而失去。这样可以使企业紧紧抓住核心客户，并形成企业的核心竞争力，不断地从这些客户获取利润，使得企业的利益最大化。

在客户关系管理实施中，客户分类管理是实现 CRM 的主要手段和方法，科学、准确的客户分类方法是 CRM 研究中的一个核心问题。客户分类过程通过分析客户数据库中的数据，为每个类别做出准确描述，或建立分析模型，或挖掘出分类规则，然后用这个分类模型或规则对其他数据库中的记录进行分类。

选择何种技术进行客户分类是能否成功对客户进行划分的关键因素之一。一般来说，客户分类方法并不固定，各企业可根据客户数据库中已有的不同类型的信息和自身管理的需要进行具体的分类。总体上有定性和定量两种客户分类方法。定性客户分类是宏观上对企业所有的目标客户进行分类的一种方法。它根据不同客户的价值的侧重点不同对客户进行分类。定量分类法是以某些具体的客户变量（客户资信水平、客户购买能力、客户需求特点等）为依据，运用定量分析技术进行客户分类的一种方法，主要利用一些数据挖掘技术。对客户价值进行定性和定量的分析，并以定量分析为基础，对与客户价值相关属性进行标准化，采用一定的分类技术对客户进行分类预测，是进行客户分类的一般过程。

从客户为饭店所贡献的收益角度进行客户等级划分，主要可以分为四大类：重要客户、主要客户、普通客户和小客户。

（1）重要客户（VIP 客户）：指在过去特定的交易期间为饭店带来最多收益的前 1% 客户。

（2）主要客户：指除 VIP 外，在过去特定期间为饭店带来最多收益的前 5% 的客户。

（3）普通客户：指除 VIP 和主要客户外，在过去特定交易期间为饭店带来收益最多的前 20% 的客户。

（4）小客户：指除以上三者外，交易金额为其他 80% 的客户。

对于前两类客户，饭店的分类管理策略是：为该类客户建立专门档案，并指派专门的销售人员负责其业务；提供消费折扣；派人定期走访客户，并采用直接销售的渠道方式。对介于主要客户与普通客户之间的最具成长性的客户，其分类管理策略则是：在一定范围内采取个性化服务，开发客户的消费潜力和长期价值。

（二）顾客档案的归集

1. 信息收集

顾客档案能够较好地反映饭店的服务意识，拉近与客户之间的距离，让顾客产生信任、安全、亲切和家外之家的感觉。作为饭店员工，在服务中要用心倾听、细心服务，认真感受客人的一举一动，捕捉机会，尽可能多地获取顾客信息。要想达到这一目的，必须要全员参与，共同进行顾客档案的建设和管理工作。

门童和引领员是最早接触顾客的岗位之一，一名优秀的迎宾员能够在客人到来时准确地用姓氏尊称顾客，同时能够将宾客详细的信息，如特殊喜好、生日、联系电话、喜爱的菜品、爱喝的酒水等准确地传达给值台服务员或点菜员，引领员在与顾客交流过程中可委婉地询问客人的姓氏，并做好传递和记录工作。

点菜员主要是为客人做搭配营养、合理用餐的引导工作，具有娴熟服务知识的点菜员有一定的权威性，她可以做宾客的向导，也是饭店产品对外宣传的桥梁。因此，在点菜过程中可运用婉转的语言与顾客沟通，进一步了解客人的姓氏及特殊的喜好。

值台员和楼层服务员也是获得顾客信息的重要渠道。服务员可以通过用餐过程的细心服务，借询问茶水、酒水等机会与客人沟通，及时记下客人的姓氏尊称，在服务中注意客人的举动，特别是对某一菜品的爱好等。在服务过程中，服务员与客人交往较多，是获取顾客信息的重要途径。

饭店管理人员要具有良好的沟通能力，在饭店巡检过程中随机拜访客人，征求客人意见，用姓氏尊称客人应是管理人员与客人交往所具备的基本能力，这样会使客人产生一种受照顾的感觉。对于不熟悉的新客户，管理人员可以采取意见征询表的形式征询客人意见，同时运用婉转语言与顾客沟通，问客人姓氏并即刻使用，然后形成文字记录备用。

总台接待员和吧台收银员也是接触顾客最多的岗位之一，优秀的收银员、接待员应熟悉关系单位及老客户的姓氏、结账方式或特殊需求、联系电话等，总台预订、宴会预订，客人出示证件时也是记忆客人姓氏、获取信息的极佳途径。

另外，管理、服务人员也可通过客户的司机、朋友了解其相关信息，因为客户的司机、朋友也在想方设法让领导满意。

建立顾客卡制度，让顾客自己留下信息。顾客卡，亦称顾客信息卡，是饭店为顾客准备的名簿，分别用来记录实际来店的顾客以及未来光临的顾客，其记录方式主要有以下几种：

(1) 开账单时，交给顾客"客人资料登记卡"或问卷表，请顾客离开时交还。

(2) 吧台收银时，问明顾客的姓名、地址，并记于顾客名簿上。

(3) 向客户赠送优待券，在赠券时请顾客留下自己的姓名、地址等相关信息。

(4) 向顾客赠送"优待卡"或"贵宾卡"，借此机会获取顾客相应的信息。

2. 档案建立

收集到足够的顾客信息后，首先要有专人对信息进行筛选整理，然后分门别类进行汇总，贮存于微机信息库中。对于没有进行微机管理的饭店，可将顾客档案编制成册，置放于各吧台和收银台处，以便及时查阅。

客人常规档案，是指建立记录客人的姓名、性别、年龄、来自的地区、工作单位、消费形式、消费时间、消费规模等资料的档案，特别要记住客人的姓名。当客人第二次来消费时，只要服务员能够记住对方的姓名，客人就会倍感亲切，增加来饭店的信心和兴趣。

客人个性档案，是指建立记录客人言谈、举止、外貌特征、服饰、性格、爱好、志趣、经历、交往、生日、结婚纪念日、家庭成员情况、性格、饮食习惯等资料的档案。

客人习俗档案，是指建立记录客人的民族风俗、民族习惯、饮食习惯、宗教信仰、颜色习惯、各种忌讳等资料的档案，尤其应该全面了解客人的饮食习惯，掌握客人喜欢吃的菜肴、口味、菜系、荤菜、素菜等。

客人反馈意见档案，是指建立记录客人对饭店设施的要求、对饭店服务质量的评价、对某个服务员的印象、对饭店服务的批评意见和表扬信件以及投诉、对饭店服务的建设性建议等资料的档案。

客户档案因对象不同、饭店规模差异，客户档案内容也有所不同。如果饭店质素比较高，可导入 CRM 客户管理软件进行信息化管理；如果是一般规模的饭店，可根据实际客情进行重点归类管理。

二、饭店客户价值认定

（一）客户价值概述

客户价值不仅仅是客户当前的盈利能力，也包括饭店将从客户一生中获得的贡献的折现净值。把饭店所有客户的这些价值加总起来，称之为客户价值。对饭店来说，客户是十分宝贵的战略资源，对这一资源的保护和利用，直接关系到饭店的盈利水平甚至生存与发展。客户关系管理作为一种先进的管理思想，是现代饭店通过计算机管理饭店与客户之间的关系，以实现客户价值最大化的方法。

客户价值是客户具有或能带来消费利益。具体是指，客户从某一特定产品获得的一组利益，与他在评估、获得和使用该产品或服务时引起的预计费用之间的差额。

一个完整的客户价值包括经济效益（销售额、利润率等）、社会效益（品牌、市场、社会影响力等）、隐性的潜在效益（如渠道扩张、行业扩张、领域扩张、新品推广）等方面。因此，在进行客户价值评估的过程中我们将经济效益、客户资料、客户影响力和客户生命周期这四个要素作为客户价值评估的核心要素。

经济效益这一指标主要是指客户现实的购买力和购买行为为饭店带来的收入和利润，这也是评估客户价值最直接的方法。对饭店经济效益贡献较大的客户就是饭店目前倚重的 20% 的核心少数客户。同时，饭店还应该根据对客户的投入成本和产出收益之间的核算，了解每位客户的客户利润和客户利润率。许多五星级饭店都曾发生过核心客户的"大单生意"却创造了少额的利润甚至赔本的事情。科学准确地衡量客户带来的利润和利润率是饭店客户价值评估和客户关系管理的重要部分。

客户资料是饭店非常倚重的战略资源，是饭店竞争的制高点。饭店可以通过对客户的年龄、性别、职位、收入、家庭角色、家庭规模等人口统计特征和地理环境、交通等因素的分析，划分出不同客户的价值高低。同时，通过客户信息的动态变化，发现潜在客户，进行有针对性的客户关系管理，努力培养客户的忠诚度，在开发新客户的同时挽留客户价值较大的客户。

客户影响力是指客户凭借其一定的社会地位对周围的人产生的积极影响因素。它主要包括有较强社会影响力的客户通过向他人推荐饭店的产品和服务形成良好的口碑和市场销售业绩。这一类客户对饭店的经济贡献并不一定很大，但是他们具有使饭店的知名度、美誉度和品牌忠诚度提升的社会影响力，能为饭店带来新的客户，能为饭店创造未来的销售。从长远角度而言，这种客户的价值并不低于能带来大部分现实收入的 20% 的核心客户。

客户生命周期是指客户与饭店的关系存在着从发生、发展到衰退的一个生命周期过程。准确地把握客户的生命周期，挖掘客户的潜在价值，是饭店在激烈的市场竞争中留住客户，提高销售，增加效益的关键。饭店的经营应围绕着客户的生命周期展开，要完整、科学、经济地按客户生命周期管理饭店与客户的关系，制定饭店的客户关系发展战略。从客户生命周期管理的角度，客户价值是来自客户对饭店贡献的当前净现金流及未来净现金流的总和，也就是客户价值不仅仅是客户当前的盈利能力，也包括饭店将从客户一生中获得的贡献的折现净值。如果把客户作为一种资产来计算，它将是饭店所拥有的客户终生价值折现值的总和。

（二）客户价值细分

通常客户价值细分是按照客户所购买的产品数量和价值进行划分的，这主要是基于我们前面所论述的客户经济价值方面着手进行的细分。然而，传统的分类方法和标准都不能准确地反映出客户价值的真实情况。应该通过对客户资料和数据的分析、整理，着手从定量和定性的双重维度出发进行客户价值细分。

1. 客户金字塔

客户金字塔是指根据客户所带来的收入将客户划分为金字塔状的七个层次。客户金字塔对于饭店来说，处于顶层塔尖的 VIP 客户是最有价值的客户，他们虽然对饭店的经济贡献度最高，但是人数却非常少；处于第六层的是为饭店带来 50% 以上收入的大客户，这是饭店关注和服务的重点；处于第五层和第四层的是中小客户群，这是饭店有待进一步满足和开发的客户群；处于第三层的是不活跃的客户，他们极少购买饭店的产品；处于第二层的是潜在客户群，他们目前虽然没产生购买行为，但是如果饭店采取一些营销手段的话，他们是有可能尝试购买的客户群；最底层的是饭店的怀疑对象，饭店还需要对他们的信息进行搜集和研究，才能判断他们是否有可能成为企业的潜在客户或者现实客户。然而，这种通过客户的购买情况所进行划分的客户层级忽略了客户忠诚度和客户价值等方面的要素，具有一定的局限性。

2. "忠诚度 – 价值"细分体系

客户价值的细分力求通过客户关系管理来提高客户的忠诚度，所以应该将客户的忠诚度与客户的价值这两个方面结合起来对客户进行定性的细分，在这个细分体系中最佳客户是"高忠诚度和高价值"的统一体。这些客户的高价值是值得饭店花费精力和资源去获取、保留和提升的，他们就是处于"客户金字塔"顶层的核心客户。他们的高忠诚度使其能够与企业建立更长久的关系，从而使企业获取更多的收入和利润。

通过以上的定性划分我们可以看出，高忠诚度、高价值的客户是饭店需要重点分析和研究的，是企业的核心客户群，这就是金字塔最顶层的关键少数客户。低忠诚度、高价值和高忠诚度、低价值的客户是很多饭店往往忽略或不够重视的一部分客户群体。低忠诚度、高价值的客户虽然购买次数有限，或者客户的生命周期处于衰退的阶段，但是这是可能每次购买的数量很大，或者在社会上具有一定的影响力和话语权，能对其他客户产生积极营销的那一部分人。高忠诚度、低价值的客户则主要指那些经常购买和使用本饭店产品和服务的客户，他们可能社会影响力有限，但是仍然可以通过多次的采购形成饭店的规模收入和利润，正所谓薄利多销。低忠诚度、低价值的客户对饭店来说，相对价值较小，但是要具体原因具体分析，可能是处于客户生命周期的进入期，或者饭店的产品不能满足客户的需求，饭店应该针对性地制定出对这种类型客户的策略。

（三）客户价值管理

对于高价值客户，即在当前价值和忠诚价值两个方面的总体评价最优的客户，是饭店最为理想的客户，也是与饭店关系最牢固的客户，饭店应投入足够的资源，致力于长期的密切合作。具体策略主要有：为该类客户建立专门档案；重视对客户的感情投入，主动与之进行有效沟通，了解其需求，定期有专门的销售人员负责登门拜访或者电话联系，既获取客户反馈意见，又宣传饭店业务；扩宽信用管理尺度，提供灵活的支付条件，提高签单或月末结算额度；提供店内绿色通道服务等。

对于次价值客户，即当前价值高但忠诚价值较低的客户，他们容易受到其他饭店的优待和引诱，因此，饭店在维护此类客户时须谨慎行事，根据其信用程度，在保证自身利益的情况下区别投入。具体策略主要有：增加营销人员与客户接触的频率，在一定范围内采取个性化服务等。

对于潜在价值客户，他们往往占到饭店客户数量的最大比例，单个客户价值不大，但他们却是饭店作为经济实体存在的基础，饭店应投入较多资源来发掘其购买潜力和长期价值。具体策略主要有：提高客户自我服务水平，采用短信、电话或网络的店外服务方式，而非专门的人员关怀等。

对于低价值客户，饭店要根据其价值低的原因区别对待，如果是新客户，饭店应继续给予适当关怀，如果是衰退期客户，饭店应在衡量关怀成本和收益后再做决策，如果是对价格极其敏感、天生不忠诚的客户，饭店可尽量少给予关怀。

客户价值对饭店来说是潜在的，独立于饭店的，但对于饭店而言，经营努力的目的就在于将潜在的、独立于饭店的客户价值转化为能够给饭店带来现实收益的客户实际价值，即将潜在客户转变为饭店的现实客户，将客户的潜在消费欲望转变为对饭店产品和服务的现实的消费行为，这就是饭店围绕客户关系所付出成本的目的。

三、饭店客户忠诚度的培养

在以顾客为导向的市场环境中，顾客是饭店的生存之本，而使顾客忠诚，是饭店服务的最终目标。顾客忠诚度是指顾客在对饭店服务营销满意的基础上，坚持长期购买形成的消费偏好，也就是说在此过程中表现出感知认可、心理满足、意向忠诚和行为忠诚的有机结合，是顾客对饭店服务营销在市场竞争中所表现出的优势的综合评价和肯定。

1. 客户忠诚度培养的意义

客户忠诚直接的表现是客户的持续购买，它反映了饭店对客户不断更新的需求的有效把握。客户忠诚的获得是饭店在客户关系上最难达到的境界，但也是最佳的状态。客户忠诚分两个层面，一是心理上的忠诚，表现为心理上对某种品牌的关注、认可、欣赏和追随。二是行为层面的忠诚，表现为重复和持续购买。在初期，客户对饭店的忠诚是依饭店提供的产品价值为基础的，但随后这种忠诚就转化为客户对品牌和饭店在情感上的一种共鸣，这是客户忠诚的本质含义。忠诚的客户不会轻易转变对饭店的信赖，甚至还有可能成为饭店的义务推销员，他们是饭店最主要的收入和利润来源。客户忠诚和持续忠诚度极高的饭店，其利润额也始终保持高位，增长速度也快得多。

2. 影响客户忠诚度的因素

客户对饭店表现出忠诚，主要原因是饭店为客户提供了优异的价值。客户保持的根本动力是客户价值而不是满意水平。客户感知价值也会显著影响客户满意，客户的感知价值高，客户忠诚度也高，客户价值与客户忠诚度具有正相关关系。

顾客对饭店的感知是驱动顾客忠诚的关键因素。顾客在购买前的价值判断是购买决策的基础，而购买后是否满意的心理状态会影响再次购买。再次购买时，顾客仍会进行价值判断来决定是否购买，满意度通过影响顾客对各评价指标值的判定，从而间接影响购买决策。因此，顾客对饭店信任的感知是驱动顾客忠诚的根本因素，顾客满意从过程中影响顾客对饭店服务的感知价值，进而影响顾客忠诚。

3. 客户忠诚度的培养

客户忠诚度培养可以从以下几个阶段逐步强化培养。

（1）消费决策期——承诺忠诚服务。

饭店顾客忠诚度的培养始于顾客消费欲望产生时，伴随于顾客做出消费决策的全过程中。对消费决策期顾客忠诚的管理主要手段是承诺饭店对其的忠诚服务，表明饭店对顾客的忠诚态度并期待其忠诚回报。这一忠诚理念贯穿于饭店提供的吸引和招揽顾客的一切营销手段之中。例如，在媒体广告中强调饭店的高质量服务，突出饭店的诚实经营态度等。

（2）交易初始期——实现顾客满意。

培养顾客忠诚的前提条件是保住顾客，保住顾客的最好办法是让顾客高度满意。顾客满意产生的原因在于顾客感知的从饭店获得的价值超过原来的期望值。顾客感知价值是感知到的从饭店获得的产品、服务、人员和形象价值的总和其付出的全部金钱、时间、精力和体力成本的总和之间的差。当顾客感知价值超过其感知成本时，顾客就会高度满意。饭店提高顾客满意度可从提升顾客感知价值和减少顾客成本出发。具体对策有：提升服务质量，按顾客"需求"定价，提供方便购买，如提供网上交易、方便交通等；打造饭店品牌，减少顾客感知风险成本等。初次交易期的饭店顾客忠诚管理要从顾客价值出发，以追求顾客忠诚为目标，为顾客提供实实在在的优质服务，为顾客的回头打下坚实基础。

（3）交易稳定期——培养顾客忠诚。

顾客的二次光顾是饭店培养顾客稳定消费习惯的关键时期，也是培养顾客忠诚的绝佳时期。在产品与服务高度同质化的今天，关系营销作为一种可以建立顾客忠诚的策略被广泛重视，并应用于顾客忠诚管理中。饭店运用关系营销工具与顾客形成的稳定利益合作关系有三种：财务层次（基本层次）、社交层次（提高层次）和结构层次（最高层次）。财务层次的管理强调通过价格优惠，刺激顾客购买更多的产品和服务，如奖励顾客折扣、免费住宿、信用优惠、增加服务内涵等。受成本和低技术壁垒的影响，这一层次的营销策略往往只能获取短期的"忠诚"回报。社交层次的管理不忽视价格的重要性，但更重视饭店与顾客间的社交联系，强调个性化服务，如饭店建立顾客俱乐部，吸收购买一定数量产品或支付会费的顾客成为会员。这一层次的管理纽带是特殊的社交联系，易于提高顾客对饭店的信任度和满意度，竞争对手进入壁垒相对较高。结构层次管理的出发点是基于顾客对高转换成本和高认知风险的下意识回避,饭店通过高科技,精心设计服务体系,为顾客提供更精细的定制化服务,使其获得更多的附加消费利益,从而形成顾客与饭店之间愉快的、稳定的交易关系。

(4)潜伏转向期——挽救顾客忠诚。

潜伏转向期的忠诚顾客往往表现出消费不稳定的特征,如消费次数减少,消费中有意找茬,消费后拒绝提出正面意见等等。在当今理性消费年代里,任何饭店都不能说自己对所有顾客的服务都做到了尽善尽美,没有一点失误,能保证永远不会引起顾客的不满与投诉。饭店任何一次,哪怕是微小的失误均可能引发顾客的转向消费行为。当然,消费转向并非一定意味着顾客对该饭店提供的服务不满意,如商务饭店客人由于工作转向的需要,不得不离开某城市而选择的消费转向行为。潜伏转向期的顾客忠诚管理决定了饭店能否挽留住忠诚顾客,以从其身上继续获利。对于不同原因的转向消费顾客饭店应采取相对应的挽救措施,如对于有客观原因的忠诚顾客(商务客人等),饭店的挽救不能停留在对其态度和服务质量的改善上,而应力图说服其对饭店忠诚服务的宣传以扩大饭店的消费群,利用他们的关系为饭店介绍更多的客人。而对于因饭店的不完善服务引起的消费转向,饭店应设立顾客忠诚挽救系统,及时识别问题之所在,并采取相应措施力图挽救(如口头道歉、物质赔偿等)。研究表明,如果顾客的投诉得到十分迅速、得当的处理,95%的顾客会再次选择购买该饭店产品。

(5)交易转向期——完善忠诚预警系统。

交易转向期的顾客以最后一次光顾饭店为标志。交易转向期是最好的完善饭店忠诚预警系统的时期。饭店忠诚预警系统是饭店快速反应忠诚顾客交易行为的"信息岗"。它具备快速传达信息和做出决策的功能。饭店忠诚预警系统具备快速反应能力,相关管理人员能迅速知晓该信息并为之做好最后的服务工作,如安排欢送仪式、致欢送词,表达感激之意等等。又如,对于因主观原因,如对饭店服务产生不满,对其他饭店的服务拥有好奇心或由于其他饭店的服务更具吸引力等引起的消费转向行为,由于其一般不易被察觉,其完善工作相应变得难于执行,这就对饭店的忠诚预警系统提出了更高的要求,要求其对每个忠诚顾客及外部信息具有跟踪记录与处理功能,一旦发现有异样情况马上能做出反应。通常,对这类有意转向消费的顾客的挽救比较困难。一方面,他们的转向时间不会轻易被人识别;另一方面,他们去意已定,饭店做的努力多半是徒劳的。但饭店要认识这一点,忠诚顾客的流失是饭店一大预警启示,一方面,完善的忠诚预警系统能对此做出最大努力,另一方面,从这些流失顾客身上寻找原因,及时完善忠诚预警系统将有助于饭店减少再次流失忠诚顾客的几率。

(6)交易转向后——建立忠诚追踪系统。

忠诚追踪系统的建立是饭店忠诚管理系统不可或缺的部分,它相当于是饭店顾客忠诚管理的反馈系统,其对完善饭店顾客忠诚管理起很大作用。一般来说,该系统的内容至少应包括以下几部分:① 忠诚顾客交易转向后的饭店消费行为,分析其原因,是不可抗力还是饭店的服务出差或是其他原因?② 忠诚顾客交易转向后的饭店消费目的地,分析是否是自己的竞争对手,并研究其所使用的招客之术。③ 提出改造建议,呈交改进报告,促进饭店针对性改善服务,提高竞争力,吸引顾客的"回心转意",甚至是抢占竞争对手的忠诚顾客群,扩大自己的顾客忠诚面。

知识链接一

维护客户忠诚度的意义：
1. 发展一位新客户的成本是保持一个老客户的 5~10 倍。
2. 向新客户推销产品的成功率是 15%，而向现有客户推销产品的成功率是 50%。
3. 向新客户进行推销的花费是向现有客户推销花费的 6 倍。
4. 如果企业对服务过失给予快速关注，70% 对服务不满的客户还会继续与其进行商业合作。
5. 一个对服务不满的客户会将他的不满经历告诉其他 8~10 个人，而一位满意的客户则会将他的满意经历告诉 2~3 人。

知识链接二

SERVICE 服务的意义：
S——SMILE（微笑）服务员应该对每一位宾客提供微笑服务。
E——EXCELENT（出色）服务员将每一服务程序、每一微笑服务工作都做得很出色。
R——READY（准备好）服务员应该随时准备好为宾客服务。
V——VIEWING（看待）服务员应该将每一位宾客看作是需要提供优质服务的贵宾。
I——INVITING（邀请）服务员在每一次接待服务结束时，都应该显示出诚意和敬意，主动邀请宾客再次光临。
C——CREATING（创造）每一位服务员应该想方设法创造出使宾客能享受其热情服务的氛围。
E——EYE（眼光）每一位服务员始终应该以热情友好的眼光关注宾客，适应宾客心理，预测宾客要求并及时提供有效的服务，使宾客时刻感受到服务员在关心自己。

任务三　顾客投诉管理

案例导入

某日 11:25，饭店 1301 房客人王先生匆匆来到前台，将房间钥匙交给收银员小朱，并告诉她，要出去见个朋友，大概半小时后回来，结账后直接去机场赶飞机。当时，小朱正准备去用午餐，考虑到王先生要半小时后才能回来结账，而自己用餐时间用不到半小时，就顺手将客人交来的钥匙放到了柜台里面，未向其他同事交代就去吃饭了。大约一刻钟后，王先生回到前台，询问另一名当值的收银员他的账单是否准备好了，当值收银员称没有看到王先生的钥匙，王先生听后非常生气，于是投诉饭店。

1. 产生此投诉的原因是什么？
2. 如何处理此类投诉事情？

饭店是以提供服务为主要产品的企业，饭店要求其服务人员和管理人员在面对面的对客服务中，利用饭店各种资源以诚恳、热情、周到、细微的方式，提供给客人一流的服务，以满足宾客物质上、精神上的需求。由此饭店经常会听到来自客人对饭店服务满意的赞扬，毫无疑问，饭店也经常会由于一时对客人的冷遇或在某个服务环节上的不周等主、客观原因而引起客人的不满，出现类别不同、程度不同的各种各样投诉。

员工在对待客人的投诉时要有正确的心态，尽全力为顾客解决困难。即使有时是客人无理取闹，也要委婉应答，灵活运用语言技巧，把"对"让给客人的同时也要维护饭店和自己的利益。

一、顾客投诉概述

（一）顾客投诉的内涵及类型

顾客投诉，是指顾客主观上认为由于服务工作存在瑕疵或者产品不合格、不满意等情况而提出的书面或口头上的批评、抱怨、索赔等行为。

饭店顾客投诉，是指饭店顾客对饭店产品质量或服务不满意，而提出的书面或口头上的异议、抗议、索赔和要求解决问题等行为。服务是饭店的主要产品，饭店通过销售服务而赢利，宾客与饭店的关系是买方和卖方的关系，也是被服务与服务的关系，到店宾客以双方商定的价格来购买特定的服务产品，从而满足自身在物质上和精神上的需要，当宾客认为所付出的费用与得到的服务产品质量不成正比，即认为所购买的饭店产品非所值时，就会产生投诉；顾客投诉处理是指组织对顾客投诉的一种回应，是饭店服务提供者对服务缺陷或失误所采取的反应和行动。

顾客投诉主要是对设备、服务态度和服务质量的投诉。

1. 对设备设施的投诉

顾客对设备设施的投诉主要有：饭店空调系统设计安装不合理，区域控制系统设计不合理，往往要开一起开，要关一起关，会议室的空调噪声过大，餐厅的通风换气系统较差；客房的隔音效果不佳，卫生间的换气扇噪音大、效果差；客房卫生间上下水系统存在缺陷，如下水不畅，洗脸盆水龙头水流过急，水温犯冷热病等；客房的电路设计及开关安装合理，如未安装不间断电源插座及客用插座安装位置不合理，顾客使用极不方便，请勿打扰、请速打扫指示灯经常被无意显示；有些饭店的淋浴装置过于复杂，顾客需研究半天才找到门道；有些饭店的电视频道设置毫无规则，且存在重台与空台现象，让顾客选台时感到一头雾水；有些饭店的电话机振铃声和门铃声过响，使客人常有惊吓之感等。饭店用品要可靠有效，这就要求饭店用品在数量上要满足客人的需求，在质量上要符合功能性和物有所值的要求，在摆放上要方便客人使用。此外，一些饭店为了节约成本，客房用品的质量不甚理想，如客房内的体重秤往往误差较大；又如客房的一次性用品质量低劣，不仅使用不便或不适，甚至有损顾客健康。至于餐台和会议室布置中不注意给客人留有足够的空间，更是给客人留下了诸多的不便。

2. 对服务态度的投诉

有资料显示，顾客对饭店中服务不规范、服务态度差等问题的投诉已占全部投诉的50%。投诉大多在于欺客、服务不规范、服务态度差、收费不合理等方面。当然饭店也会经常碰到客人无故生气、发火、抱怨的情况，这类情况的发生可能是因为客人心情不佳或个性怪癖、性格暴躁，对饭店员工无差错的服务百般挑剔或乱发无名火，最后还站在上帝的位置上向饭店投诉，但这类原因造成的投诉比例不如前几项高。

顾客对服务员服务态度的投诉主要包括粗鲁的语言、不负责任的答复或行为、冷冰冰的态度、若无其事、爱理不理的接待方式、过分的热情等。

3. 对服务质量的投诉

顾客对服务质量的投诉一般包括服务员没有按照原则提供服务、电话无人接听、取送物品不及时甚至送错等。此类投诉，在饭店营业接待任务繁忙时，尤其容易发生。

饭店的优质服务是在服务人员对宾客的服务过程中体现出来的。因此，服务人员素质的高低直接影响到饭店服务质量的优劣。部分服务人员缺乏服务意识和工作责任心，服务不规范，还存在三个不一样现象，即领导在场与不在场不一样、白天与晚上不一样、接待VIP客人与普通客人不一样，导致饭店整体服务质量下降。服务人员素质低一方面是由于饭店服务人员流动性较大，且为降低费用，实施减员增效而增加临时工和实习生数量，但培训工作跟不上造成的；另一方面是饭店只重视经济效益，忽视服务质量管理，特别是部分中层管理人员缺乏服务质量管理意识，对饭店制定的各项规章制度缺乏日常监督检查而造成的。

案例评析

干洗还是湿洗

江苏省某市一家饭店住着某台湾公司的一批长住客。某天，一位台湾客人的一件名贵西装弄脏了，需要清洗，当见服务员小江进房送开水时，便招呼她说："小姐，我要洗这件西装，请帮我填一张洗衣单。"小江想客人也许是累了，就爽快地答应了，随即按她所领会的客人的意思帮客人在洗衣单湿洗一栏中填上，然后将西装和单子送进洗衣房。接手的洗衣工恰恰是刚进洗衣房工作不久的新员工，她毫不犹豫地按单上的要求对这件名贵西装进行了湿洗，不料结果在口袋盖背面造成了一点破损。

台湾客人收到西装发现有破损，十分恼火，责备小江说："这件西装价值4万日元，理应干洗，为何湿洗？"小江连忙解释说："先生真对不起，不过，我是照您交代填写湿洗的，没想到会……"客人更加气愤，打断她的话说："我明明告诉你要干洗，怎么硬说我要湿洗呢？"小江感到很委屈，不由分辩说："先生，实在抱歉，可我确实……"客人气愤之极，抢过话头，大声嚷道："这真不讲理，我要向你上司投诉！"

客房部曹经理接到台湾客人投诉——要求赔偿西装价格的一半，2万日元。他吃了一惊，立刻找小江了解事情原委，但究竟是交代干洗还是湿洗，双方各执一词，无法查证。曹经理十分为难，他感到问题的严重性，便向主持饭店工作的蒋副总经理做了汇报。蒋副总也感到事情十分棘手，召集饭店领导反复研究。考虑到这家台湾公司在饭店有一批长住客，尽管客人索取的赔款大大超出了饭店规定的赔偿标准，但为了彻底平息这场风波，稳住这批长住客，最后他们还是接受了客人过分的要求，赔偿2万日元，并留下了这套西装。

【评析】本案例中将名贵衣服干洗错作湿洗处理引起的赔偿纠纷，虽然起因于客房服务员代填洗衣单,造成责任纠缠不清,但主要责任仍在宾馆方面。

第一,客房服务员不应接受替客人代写的要求,而应婉转地加以拒绝。在为客人服务的过程中严格执行饭店的规章制度和服务程序,这是对客人真正的负责。

第二,即使代客人填写了洗衣单,也应该请客人过目后予以确认,并亲自签名,以做依据。

第三,洗衣房的责任首先是洗衣单上没有客人签名不该贸然下水;其次,洗衣工对名贵西服要湿洗的不正常情况若能敏锐发现问题,重新向客人了解核实,则可避免差错,弥补损失,这就要求洗衣工工作作风细致周到,熟悉洗衣业务。

另外,就本案例的情况而言,饭店一般可按规定适当赔偿客人损失,同时尽可能将客人小损的衣服修补好。由于投诉客人是长包房客,为了稳住这批长包房客源,这家饭店领导采取了同意客人巨额赔款要求的处理方法,这是完全可以理解的。况且,尽管客人的确也有责任,但饭店严格要求自己,本着"客人永远是对的"原则,从中吸取教训,加强服务程序和员工培训,也是很有必要的。

减少顾客对服务态度与服务质量投诉的最好办法是加强对服务人员的培训。

(二)顾客投诉的原因

顾客投诉一般是指顾客将他们主观上认为由于饭店工作的差错而引起的烦恼,或者损害了他们的利益情况向饭店有关部门、有关人士提出反映。根据心理学家马斯洛的需要层次理论认为,尊重是人的一种高层次需要。而尊重的需要是在生理需要、安全的需要、归属的需要和爱的需要得到满足之后的一种需要。比它更高一层的需要是自我实现的需要。在饭店的经营活动中,客人是服务的对象。饭店之所以会发生投诉现象,原因是多种多样的,归纳起来,主要有主、客观以及其他方面的原因。

1. 顾客投诉的主观原因

引起游客投诉的主观原因有很多,其中主要是由于饭店服务人员的工作态度问题(软件)、饭店服务设施的残缺和不全问题(硬件)、食品质量(出品)有差异等问题而导致。

(1)不尊重客人。

由于服务人员不能摆正自己与客人的角色关系,未能树立起客人总是对的这一观念,所以容易出现不尊重客人的行为。诸如对客人冷淡,对询问不予理睬,或一律回答"不知道",语言不文明,不注意礼节礼貌,不尊重客人的风俗习惯,未经敲门许可就闯入客房;无端怀疑客人带走饭店物品,误认为客人未结清账目就离开等等。这些都会导致顾客投诉。

(2)不一视同仁。

有的服务人员将客人分成等级,以财取人、以貌取人;有的服务人员还对客人的服饰、打扮评头品足;有的对常客是热情有加,但是对不经常来或是第一次来的客人不冷不淡,常常是冷热不均、厚此薄彼、怠慢内宾、优亲厚友。这样势必会使客人反感,从而进行投诉。

(3)语言沟通不畅。

俗话说:一句话能逗人笑,一句话能惹人跳。饭店服务人员都要懂得这一浅显的道理。在接待服务的过程中巧妙地使用礼貌用语,常用的有"对不起""别客气""谢谢""您好""再见""欢迎再来""请"等等。然而,在实际工作中,不少服务人员却因使用服务语言不灵活,接待宾客或处理问题时语言表达欠艺术,造成沟通不畅,以至于招惹宾客不悦、愤怒,乃至投诉。

(4) 由服务设施引起的投诉。

客人来到饭店,都希望饭店的环境设施、服务设施都尽善尽美。若设施损坏、残缺不全,不能满足消费者的需要,就会引起客人心理上的巨大不快,可能会引起客人投诉。

(5) 由于食品质量引起的投诉。

现在客人去饭店消费,对食品的要求越来越严,不仅注重外观的精美,还要求与营养进行搭配,如果饭店提供给顾客的食品不卫生、变质、过期,使客人无法下咽,必然会引起宾客不满,导致投诉。

2. 顾客投诉的客观原因

(1) 由服务质量与服务态度很难量化而引起的投诉。

服务质量与服务态度的优劣,常与客人的心理感受有直接关系。而且,客人的兴趣、爱好、需求、风俗习惯以及消费水平等的不同,评价标准也不完全一样。由于服务质量与服务态度很难量化,一方面要求我们必须重视学习和运用心理学知识,针对客人心理特点,做好每一次服务;另一方面也决定了客人投诉是难免的,如果我们在主观方面有一点过错,投诉就更不可避免了。

(2) 由顾客个性方面的差异而引起的投诉。

顾客气质、性格不同,处理问题的方式也有明显的差异性。有的也许会谅解,有的嘀咕几句就算了,有的大吵大闹,有的则是无声的投诉。最难对付的是大吵大闹的客人,他们多属胆汁质气质类型,遇到一点不顺心的事就可能大动肝火。但最不可忽视的是无声的投诉,客人什么也不说,这将意味着永远失去这位顾客了。而潜在的影响是会失去十倍,甚至几十倍或上百倍的顾客。

(三) 顾客投诉心理

投诉客人通常有三种心态需求:

一是发泄要求:客人在饭店遇到令人气愤的事,怨气回肠,不吐不快,于是前来投诉。

二是尊重要求:无论是软件服务还是硬件设施出现问题,在某种意义上都是对客人不尊重的表现,客人前来投诉就是为了挽回面子,求得尊重。另外,有时候即使饭店方面没有过错,客人由于心情不好,或是为了显示自己的身份或与众不同或在同事面前"表现表现",也会投诉。

三是补偿要求:有些客人无论饭店有无过错,或问题大小,都可能前来投诉,其真正的目的并不在于事实本身,不在于求发泄或求尊重,而在于求补偿,尽管可能一再强调"并不是钱的问题"。因此,在接待投诉客人时,要正确理解客人、尊重客人,给客人发泄的机会,不要与客人进行无谓的争辩。如果客人投诉的真正目的在于求补偿,员工根据自己的职权范围进行相关处理,如果没有这样的授权,要请上一级管理人员出面接待投诉客人。

二、正确认识投诉的价值

(一) 顾客投诉的收益价值

顾客投诉是饭店面临的挑战，同时也是机遇。对于饭店而言，饭店产品满意率的产生是基于服务人员良好的职业素养，专业的操作技能，用心感受客人需要以及顾客本身对于饭店各项软硬件的种种感知而来。但是，现实情况中因为服务的生产和消费的同时性，使得"一次性满意"难以百分百的做到。饭店通过投诉，补救和挖掘投诉背后的信息将对饭店的服务质量管理和提升有着重要价值。

(二) 顾客投诉有助于饭店改善服务质量，提高管理水平

饭店无论前线或后勤部门，都通过自己的工作与顾客产生直接或间接的沟通，是顾客心目中的饭店代表，他们的工作态度、工作效率、服务质量和效果直接影响到顾客投诉行为的产生。顾客投诉行为实际上是饭店基层管理质量的晴雨表，通过投诉，饭店可以及时发现自己发现不了的工作漏洞；通过投诉，可以鞭策饭店及时堵塞漏洞，对症下药，解决可能是长期以来一直存在着的严重影响饭店声誉的工作质量问题。即使是顾客的有意挑剔或无理取闹，饭店也可以从中吸取教训，为提高经营管理质量积累经验，不断制度完善，使服务接待工作日臻完美。

顾客通过投诉指出饭店存在问题，让饭店及时了解自身存在问题和不足之处。饭店通过对投诉的处理，完善饭店服务质量管理体系，提高饭店整体服务水平；从饭店管理而言，通过对投诉的分析，可以实现查漏补缺使得饭店不断进行流程再造，从而让全饭店各岗位工作以及服务实现完美契合。

(三) 顾客投诉有利于饭店获得再次赢得顾客的机会

顾客在饭店消费过程中不满、投诉、遗憾、生气动怒时，可能投诉，也可能不愿去投诉。不愿投诉的顾客可能是不习惯以投诉方式表达自己的意见，他们宁愿忍受当前的境况；另一种可能是认为投诉方式并不能帮助他们解除、摆脱当前不满状况，得到自己应该得到的，一句话，投诉没有用；还有一种可能是怕麻烦，认为投诉将浪费自己时间，使自己损失更大。这些顾客尽管没有去投诉，但他们会通过其他途径来进行宣泄如：自我告诫，以后不再到该饭店消费；或向亲朋好友诉说令人不快的消费经历。而这一切，意味着饭店将永远失去这位顾客，饭店就连向顾客道歉的机会也没有了。

客户投诉意味着饭店的产品和服务需要改进，同时意味着客户仍希望用饭店的产品。解决投诉、为客户排忧解难，是一次帮助自己进步和稳定客户的机会，是进一步实现客户满意和巩固关系的机会。

（四）顾客投诉可以帮助饭店了解顾客价值需求

在顾客的投诉中暗藏着顾客的价值取向，也就是在饭店提供的服务中，顾客最看重、认为真正体现价值的方面。而他们之所以投诉，就是因为饭店在服务中，并没有提供这种价值，或是没有达到顾客的期望值。不同顾客对不同类型的饭店总有不同的价值取向。有时，顾客的投诉中包含了不止一种价值取向。正确判断顾客投诉中所包含的价值取向，有助于我们更有效率地响应顾客，最大限度地满足顾客需求，从而提升顾客忠诚度和美誉度。

顾客没有选择离开而肯花时间和精力提出对饭店产品和服务的不满，说明客户仍对饭店抱有信心，相信饭店能够根据他们的意见进行改进，从而树立良好的饭店形象。

顾客投诉不仅是一个饭店无法避免的问题，更加是饭店完善服务的完美契机。所以在得体地处理完顾客投诉后，若能对投诉原因加以分析，则不仅能有效地减少投诉行为的发生，更能够不断弥补管理漏洞，完善饭店管理，提高饭店的服务质量，从而提高饭店的核心竞争力，让饭店在激烈的市场竞争中立于不败之地。

三、处理投诉的程序和方法

（一）处理投诉的程序

（1）在面对顾客投诉时，无论对方有多么激动，我们都要保持冷静，切勿辩解，更不能冲撞客人，甚至和客人争吵。即使对方出言不逊，我们也要持容忍的态度，尽量满足客人的自尊心和优越感，要时刻牢记"客人总是对的"这句话。

（2）仔细聆听客人的投诉并重复一遍以确保完全理解，及时的重复客人的意见，表明你对他们投诉内容的理解。必要时问一些简短的问题以确保你完全理解。在服务工作中，我们要始终记住"顾客永远是上帝"，但上帝也是人，也有平常人的优点和弱点，因此，我们在面对顾客的投诉时，无论他们是面对面的投诉还是电话投诉，都要认真倾听客人的全部意见，弄清事情的原委，任其发泄心中不满。听取意见时，态度要诚恳，不能打断对方的谈话。但要注意语言准确，简明扼要，既不轻描淡写，也不随意夸大。

（3）向顾客对给他带来的不便表示道歉，但不要毫无考虑地唐突地承认这是饭店的错误。无论什么样的投诉，有关管理人员和服务人员都应持热情、礼貌、友善及愿意帮助的态度。电话投诉可在电话上回复，书面投诉可用书面或电话回复，口头投诉可用书面及口头方式回复。回复时，可说一些如"我很理解您的心情，我也遇到过这样的事情，我觉得……"等话语，使其感到同情与理解。

（4）要了解投诉内容，弄清是服务人员礼貌、态度的问题，还是业务技术水平的问题；是有关饭店服务设施或房价付费的问题，还是饭店对外交通情况或与出租车司机纠纷的问题。在了解投诉内容后，要与有关部门调查研究客人的意见，考虑饭店和客人双方利益，如必要，可接触客人，了解事情的真相。

（5）如果在理解方面有任何困难或者投诉已超出你的职责范围而无法解决，应立即向预订部经理汇报所有投诉细节。预订部经理将决定是否能处理这件事，或向值班经理汇报。注意不要因为语言方面的问题或许多次的重复而导致客人更加不安和灰心。

（6）只道歉而无行动是没有作用的，对于那些应该解决而又能够解决的问题，应予及时解决。对超越权限或无法解决的问题，不能向客人保证解决，而要立即报告上级或与有关部门联系后作答。告诉客人解决问题的时间后，务必在答应的时间作答。对补救措施的执行，要随时追问落实的情况。

（7）在电脑中将事件发生原因及处理办法、结果记录下来以做日后参考，以防止此类事件再次发生。定期了解客人对饭店投诉处理工作的反映，及时发现带倾向性的问题，并整理成书面意见，呈报总经理，以便领导分析动态，确定服务质量管理工作重点，完善制度，改进服务工作，提供高质量、高效率的服务。

（二）处理投诉的方法

在处理顾客投诉时，关键要掌握处理方法，这些方法主要包括以下方面。

1. 平常心态

对于顾客的投诉要有平常的心态，顾客投诉时常常都带有情绪或者比较冲动，饭店负责人员应该体谅顾客的心情，以平常心对待顾客的过激行为，不要把个人的情绪变化带到对顾客投诉的处理之中。

2. 保持微笑

员工真诚的微笑能化解顾客的坏情绪，满怀怨气的顾客在面对如春风般温暖的微笑时也会不自觉地减少怨气，友好合作，达到双方满意的结果。

3. 处理投诉的语言和体态

饭店投诉的处理多为面对面，在语言的使用上应注意掌握如下原则与技巧：

（1）话由旨遣：投诉处理者的用语一定要服从为解决投诉问题这一目的，达到沟通、静气、解疑的目的，故而应围绕说话主旨设问自己"我应该说些什么？""我应该怎么去说？""说出后可能产生怎样的效果？"，为顺利解决投诉问题巧于周旋，合理调控，使投诉者接受主旨调遣，取得良好效果。

（2）话因人异：面对不同年龄、性别、职业、民族、学识、修养、个性特征、生活环境等不同的投诉者，要因人而异，调动投诉者的积极性，使信息交流与反馈顺畅和谐。

（3）体态合宜：在处理投诉之前，亲切热情能够弥合投诉者的心理创伤，恰当地运用体态语言，在调整彼此关系中能起到化干戈为玉帛的作用。例如：请投诉者坐下，可消除对立情绪；表情专注微笑地听投诉者陈述，会令人感到亲切；手持笔记本仔细听、认真记录，给人以认真负责之感；身体微向前倾，两臂自然下垂，会使人消除戒心感到亲近。

在处理投诉中掌握语言适用原则，把握语言导向技巧，辅之以恰当的体态造型，形成良好的洽谈环境，有益于消除隔阂，相互理解，最终达到解决问题的目的。顾客的感受就是事实，顾客永远是正确的，给他们想要的东西，让他们满意和高兴是每一个饭店和服务人员所应该遵循的原则，只有这样，饭店才能赢得更多的顾客，只有这样，饭店才能在众多的饭店行业当中脱颖而出，成为最终的胜利者。

知识链接一

处理客人投诉的七大步及其礼貌用语：

第一步：表达尊重。礼貌用语：
1. 您所告诉我的事情对于我们的服务改进是非常重要以及有价值的。
2. 我可以想象到这个问题所带给您的感受。
3. 我非常理解您的感受。
4. 这的确是一件非常让人失望的事情。
5. 我为您所遇到的问题而感到非常的抱歉。
6. 这件事情我以前也遇到过，我的感受和您是一样的。

第二步：表示聆听。礼貌用语：
1. 您是否可以告诉我事情的经过呢？
2. 请告诉我发生了什么事情呢？
3. 您是否可以慢慢地把事情的经过告诉我，我将把它记录下来。

第三步：找出客人的期望值。礼貌用语：
1. 请问您觉得我们如何处理会更好呢？
2. 请问我们能为您做些什么吗？
3. 您觉得我们该如何解决这个问题才合适呢？
4. 我该如何协助您呢？
5. 我们该立即做些什么才能缓解此事情呢？
6. 还有哪些事情您觉得是不合适或不满意的呢？

第四步：重复确认关键问题。礼貌用语：
1. 请让我确认一下您所需要的是……
2. 问题的所在是……
3. 请让我再次与您确认一下您所期望的……
4. 为了避免错误，请允许我归纳一下该为您做的事情……

第五步：提供选择方法或选择方案。礼貌用语：
1. 您可以选择……
2. 我将立即核查此事并将在……时间回复您。
3. 您可以……我们可以提供……
4. 这里有一个选择，看您……

第六步：及时的行动及跟办。礼貌用语：
1. 有关您信用卡金额被冻结我们已经向银行提出了解冻要求，我将会亲自与饭店会计部核查此事。
2. 我将会立即核查您的账单，并将在10分钟内答复您。
3. 我将立刻……，请您……或者您是否可以……？

第七步：回访了解客人的满意度，回复意识强烈。礼貌用语：
1. 请问饭店对此事的处理您感到满意吗？
2. 还有其他的事情我可以为您效劳吗？

项目八　饭店客户关系管理

知识链接二

外国客人在饭店常见的投诉：
1. 公共厕所清扫员要分性别。
2. 闭路电视节目不准确。
3. 客房没有冰块供应。
4. 卫生间及卧室有毛发。
5. 饭店没有无烟区及无烟客房。
6. 商务客房灯光暗淡。
7. 饭店服务人员大声喧哗。
8. 饭店服务缺乏明确的时间观念。

项目小结

　　饭店客户关系管理（CRM）就是在充分重视客户资源的基础上，以 IT 技术支持建立的顾客档案为依据，为不同的顾客提供不同的定制化产品，通过完善周到的服务来增加顾客的体验，最终达到吸引和保留顾客的目的。其经营核心是重视与顾客的及时双向沟通，通过为顾客提供全程服务提高顾客满意度和忠诚度，改善客户关系，从而提高饭店的竞争力。本项目提出了饭店客户关系管理理论模式及在饭店实施客户关系管理中要注意的问题。投诉是饭店经营过程中不可避免的问题，本项目阐述了饭店投诉产生的原因、投诉的类型及解决投诉的方法等内容，为学生在以后实际工作中解决此类问题奠定了扎实的理论基础。

综合能力训练

······　······　·····　基本训练　·····　······　······

一、解释

客户关系管理　重要客户　客人个性档案　客户价值　客户忠诚度　顾客投诉

二、选择

1. 客户关系管理的四部分内容是　　　　　　　　　　　　　　　　　　（　　）
   A．在线销售自动化　　　　　　　　B．在线客户服务和支持
   C．市场情报　　　　　　　　　　　D．营销管理
2. 从客户为饭店所贡献的收益角度进行客户等级划分，客户主要可以分为（　　）
   A．重要客户　　　　　　　　　　　B．主要客户
   C．普通客户　　　　　　　　　　　D．小客户

3. 客户价值评估的核心要素是 （   ）
   A．经济效益　　　　　　　　　　B．客户资料
   C．客户影响力　　　　　　　　　D．客户生命周期
4. 顾客投诉的主要方面是 （   ）
   A．饭店设备设施　　　　　　　　B．饭店地理位置
   C．服务态度　　　　　　　　　　D．服务质量

三、思考

1. 简要说明饭店客户关系管理的意义。
2. 试述客户忠诚度对饭店经营的影响。
3. 简析客户投诉的主要原因。
4. 客户投诉的价值是什么？

四、案例分析

希尔顿荣誉客会

希尔顿全球是国际最具知名度的饭店管理公司，其下品牌包括从豪华的全面服务饭店、度假村到公寓式饭店以及中端饭店等。自1993年以来，希尔顿全球致力于延续为全球客户提供优质服务的传统，坚持为商务和休闲旅游人士提供最优质的客房、服务、产品和品牌价值。品牌分布于全球88个国家，拥有逾3 800家饭店630 000间客房。为保持和提高客户忠诚度，希尔顿全球推出世界级常客奖励计划——希尔顿荣誉客会（Hilton Honors）。

希尔顿荣誉客会是针对希尔顿全球旗下十大卓越饭店品牌的客户忠诚度计划。作为一项屡获殊荣的著名客户忠诚度计划，希尔顿荣誉客会为全球超过3 000万名会员提供比其他客户忠诚度计划更多的获取和兑换积分的方式，使他们能够在全球88个国家的3 800多家饭店内体验非凡礼遇。荣誉客会会员还可利用积分在任意时间、任意地点兑换任意客房，其中包括最奢华的套房，以及可使用高级客房奖励、客房升级奖励、积分加现金奖励和标准客房奖励四种奖励中的任意一种。此外，荣誉客会会员还可利用积分换购独一无二的体验奖励、商品与度假套餐或进行慈善捐款等。希尔顿荣誉客会也是唯一在全球饭店内为再次入住旅客提供"航空里程与饭店积分结合"（Points& Miles）以及"全年有效兑换期"（No Blackout Dates）的客户忠诚度计划，参与饭店品牌包括华尔道夫酒店及度假村、康莱德酒店及度假村、希尔顿酒店及度假村、希尔顿逸林酒店及度假村、希尔顿合博套房酒店、希尔顿花园酒店、希尔顿恒庭酒店、希尔顿惠庭套房酒店、希尔顿欣庭套房酒店和希尔顿分时度假俱乐部。

问题：
1. 希尔顿为什么会推出计划？
2. 希尔顿荣誉客会对希尔顿全球的经营有什么影响？

技能训练

一、任务名称
区分顾客价值

二、任务目标
掌握区分顾客价值的原则和技巧。

三、任务实施
1. 教师讲解区分顾客价值的原则和技巧。
2. 教师先邀请两位学生扮演顾客，教师对学生所扮演的顾客角色进行分析和判断，在此过程中，教师结合此案例进一步详细讲解相关原则和技巧。
3. 学生按班级人数进行分组，小组内分为宾客方和饭店方进行角色扮演。
4. 各小组内部讨论区分顾客价值的原则和技巧。
5. 教师给各小组设计不同的顾客角色。
6. 各小组按宾客方和饭店方进行模拟演练。
7. 各小组内部宾客方与饭店方互换角色，再次进行模拟演练。
8. 模拟演练结束后，学生谈各自体会并形成文字上交教师，教师予以总结和点评。

四、成果考核
1. 学生掌握正确区分顾客价值的原则和程序。
2. 注意语言的运用和区分顾客价值技巧的运用。

项目九 饭店人力资源管理

学习目标

通过本项目的学习，你应该达到：

知识目标：1. 掌握饭店人力资源管理的概念。
　　　　　2. 理解饭店人力资源管理的原则。
　　　　　3. 掌握饭店人力资源管理的物质激励和精神激励的主要形式。
能力目标：具备掌握饭店人力资源管理基础工作的能力。
实训目标：掌握饭店人力资源开发管理的招聘渠道和培训方法。

任务一　饭店人力资源管理概述

案例导入

某五星级饭店有员工600人，人力资源部在最初的时候采用手工加 Excel 来进行饭店员工的人事管理。但是用手工进行 HR 管理会非常吃力，大量的人事信息录入和统计就需要花费 HR 部门相当多的时间，人事报表的制作更是既烦琐又不规范，致使工作效率很低，而且还经常出现员工人事资料找不到、薪资计算出错等问题，大大影响了整个饭店的管理效率及员工的工作情绪。

随着竞争的激烈，日趋复杂和烦琐的人事信息管理和追踪，使人力资源管理的改革迫在眉睫，有效的发展和保留人力资源需要 HR 部门能了解员工的所有信息，包括工作积极性、事业规划、继任者、业绩评估和培训等。传统落后的人事管理饭店的人力资源部需花费大量的人力、物力和实践处理人事信息数据，而仅剩少量的时间可专注于人力资源的发展和规划。这些都使得人力资源部感受到越来越大的压力。

 案例中饭店的人力资源部门面临何种难题？应如何解决？当前饭店人力资源部门的核心工作内容是什么？

一、饭店人力资源管理的概念

饭店能为宾客提供全方位的星级服务工作，这自然离不开硬件设施和设备的正常运转，同时因为饭店员工会因为宾客提出的不同要求而提供差异化的服务，所以饭店中"人"的角色扮演尤其重要。在饭店中员工既是宾客信息的接收者，又是服务信息的传递者，因此饭店的平稳运行与发展离不开全体员工的共同努力。特别在市场竞争如此激烈的时代中，人才的竞争已成为饭店行业竞争的关键，如何发掘、培养和开发人才也成为各家饭店在发展中认真对待和重视的问题。

资源，一般可分为经济资源和非经济资源两大类。经济学所指的资源是前者，即能为所有者带来财富的各类生产要素，包含了物力、财力、技术、信息、人力等，人力资源是以上经济资源中的核心资源。人力资源也称之为劳动力资源，是将其他经济资源作用到经济活动的全过程中，离开人力资源的活动，其他资源无法作为生产要素进入到生产活动当中去，也就无从发挥其作用了。

饭店人力资源，是指能推动饭店发展的劳动力的总和，指饭店劳动力的数量和质量。饭店人力资源的数量是指饭店劳动力的人数的总和，而饭店人力资源的质量是指劳动力的知识、经验、技能和体能等几方面的能力。由于饭店的人力资源并不是自然资源，不会自发的产生，这需要饭店投入大量的时间、金钱、人力等多方面的资源进行挖掘、培养与规划，才有可能将它对企业经济发展的贡献发挥出来。因此，如何有效地进行人力资源管理是一件十分重要的工作，这直接关系到饭店的未来和发展，也是饭店人力资源部门管理工作的核心内容。

饭店人力资源管理是指饭店根据其内外环境和条件的实际情况，运用科学有效的方法，对其人力资源的挖掘、培养、开发和利用等方面进行计划、组织、指挥和控制，以达到有效开发人力资源，提高社会劳动生产率，实现企业组织目标的活动。其主要包括以下三方面的含义：

（1）饭店人力资源管理受内外环境条件的影响大。饭店人力资源管理要受到来自企业内外两方面因素的影响。外部因素主要是指政府法律和政策的影响，还包括来自市场、技术、信息变化等方面的影响，内部因素主要是企业的文化、环境、管理者水平等，这些对人力资源的管理都将构成极大的影响。

（2）饭店人力资源管理的内容丰富。饭店人力资源管理是一个系统工程，包含了对人力资源进行计划、招聘、培训、发展、绩效评估、制定工资与福利制度等一系列步骤，以此满足企业发展对人力资源的需求。另外，由于饭店人才选择面广，涉及外方雇员时，需要人力资源部门要熟悉外方的文化，中外货币汇率的计算和所得税的缴纳细则等涉外事宜，因此，这也要求人力资源管理人员的知识面要相对广泛，并且也需要适时更新。

（3）饭店人力资源管理的目的是实现企业的经济效益和社会效益。在市场经济下，人力资源必须确保实现饭店对其经济效益和社会效益的追求。为达到此目的，需要饭店人力资源管理部门合理安排工作计划，调整人力资源工作细节，协调人力资源工作与服务活动的矛盾，不断提高人力资源质量，从而实现社会劳动生产率的提高。

二、饭店人力资源部门的组织结构

根据其规模的大小，饭店一般可分为小型饭店、中型饭店和大型饭店。小型饭店由于规模较小，业务范围相对狭窄、单一，客流量有限。因此，其饭店的组织结构总体都较为简单，一般都是采用直线制的组织结构形式，其特点是垂直领导，层层负责。在这样的饭店组织结构形式中（图9-1），并不会单独设立人力资源部门，而是会在总经理办公室或者行政办公室设置相应的人事工作岗位，人员数为1~2人，从事企业员工的人事管理工作。

图9-1 小型饭店人力资源部门的组织结构

中型饭店相对小型饭店来说,总体人员数较多,饭店一般会设置专业、独立的人事部门来负责人事工作。传统的人事部门工作以事务性为主,其核心内容主要是掌握企业员工的档案材料,建立企业与员工之间的劳动关系,管理好员工的人事关系。同时,人事部门并不涉及企业的发展决策,仅是负责企业的人事管理工作,属于执行层,工作相对被动,缺乏前瞻性(图9-2)。

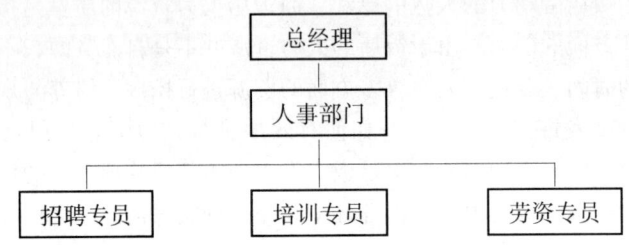

图9-2 中型饭店人力资源部门的组织结构

大型饭店相对以上两种饭店来说人员数众多,经营的内容种类繁多,需要更专业化的团队来从事人力资源的开发,需要将人事部门的事务性工作向战略发展性工作转变,所以在大型饭店内一般会设立独立的人力资源部门,配备专职的人力资源总监,除了一般的人员事务工作外,还包括了人力资源的规划与开发、绩效考核等(图9-3)。

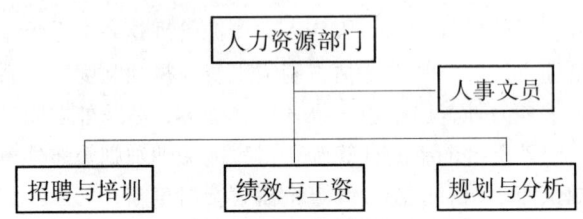

图9-3 大型饭店人力资源部门的组织结构

知识链接

人力资源的管理要求

制度是当今世界里人们共同的行为准则。大到国际社会,小到家庭作坊都需要制定制度来加以规范和管理。制度是一个组织成员核心意志的体现,同时又对所有组织成员具有约束力和公信力。好的制度容易使员工遵循,并心甘情愿地履行;同时好制度能解决许多企业管理问题,体现企业的价值观和高层意图,在员工中易实施和履行。那么,作为人力资源经理、总监等常常要面临人力资源管理制度的起草、审议和通过实施等问题,如何去设计科学、合理的人力资源管理制度呢?人力资源管理制度是对企业员工的各项工作习惯和行为的基本规定,也是组织框架下各项人力资源管理活动开展的规定与约束，是一项调节企业全员协作行为的制度。因而人力资源管理制度是企业人力资源管理规范和有效执行的基本保障。企业组织管理中各项人力资源管理制度制定要求，必须注意以下四个方面。

一、企业 HRM 制度制定必须满足企业实情

制定制度一定要符合企业的实际情况，在合法前提下，符合企业家的意愿，制度的设计目的明确，适用范围明确，大多数员工能接受和通过，并乐意遵守和执行。好的人力资源管理制度对大多数员工有激励性，对偷懒、工作态度消极、工作行为不良的员工有约束力和纠错惩罚力，能使得全员的工作行动以企业核心价值观为中心，满足企业实情。公司在发展，企业经营管理情况也是在不断变化的，所以好制度也应根据具体情况不断修正完善，以确保它的有用性和有效性。

二、企业 HRM 制度制定必须符合国家和地方法律法规标准

人力资源经理、总监制订、修改和完善人力资源管理制度时，一定要确保制定的制度是合法的，符合国家法律法规的要求。不侵犯员工的权益，也保护企业的权益，使得制定的制度在法律层面没有漏洞可钻。因此，在起草制度时，最好请企业常年法律顾问或律师进行审阅，让他们提出意见，以确保制度合法，不受内部员工或外部客户的投诉，保护劳资双方的权益。

三、企业 HRM 制度制定必须注重系统性和配套性

人力资源管理制度的设计不能头痛医头，脚痛医脚，管理上出了问题才去找制度，没有制度和条文就赶紧起草，制度应用起来不对，或过时了，落后了，有漏洞了，马上修改；或者影响到公司或员工的利益了，才想起要改进。人力资源管理制度一般从人力资源管理的八大模块出发，围绕企业战略和目标进行设计。一般有基本人事制度、组织设计管理制度、人力资源招聘管理制度、员工培训管理制度、员工绩效管理制度、员工薪酬福利管理制度、员工关系管理制度（劳动合同管理、离辞职管理、竞业禁止协议）、职涯规划制度、企业文化管理制度等，要保证各制度系统、完整、配套，既要有目标、有范畴、有流程、有章程、有责任、有奖惩、有审核、有修改说明、有实施起止日期等。

四、企业 HRM 制度制定必须保持合理性、前瞻性

由于企业人力资源管理制度执行的对象是人，为提高制度执行的有效性，因此，在制定制度时必须考虑人性化、合理化等特征。人性的特点是客观规律，是人的一种需求的满足，是一种人格的尊严，因此只宜尊重，不宜违背。一个好的制度除了要具备合理性以外，在设计时要考虑前瞻性，保持制度的先进性，而不会朝令夕改，使制度能跟得上企业改革和发展之需。所以制度合理、前瞻两点要求的和谐统一，既具有促使本公司经营计划能如期实现的功能，又极具人性化。

好制度同样需要严格要求，作为企业家、高管层必须带头遵守。企业的管理制度往往会遇到老板本人或老板的亲信破坏。因此，企业老总和高管的支持非常重要。制度一经审核讨论和通过，一经颁布就要坚决执行。要做到无情的管理、绝情的制度、有情的领导！

三、饭店人力资源管理的原则

（一）遵守法纪原则

人力资源管理是企业一项重要的管理行为，其行为模式及原则离不开国家的法律和道德界限。人力资源部门在从事其管理活动时必须依法而行，以法律为准绳，在充分运用企业组织所赋予的管理权限内，对组织人员的招聘、培训、考核、薪酬等各方面工作进行管理，协调员工

与企业之间的关系,保障企业经营目标与员工发展目标相一致。

(二) 以人为核心原则

由于人力资源是所有资源要素中最复杂、最多变的,其价值不仅受到个人所受教育程度、文化背景等内在因素的影响,同时也受到生活、工作环境等外在因素变化的影响。因此在人力资源管理中,需要以人为核心,求同存异,区别对待,不能对所有的员工都采用同一管理模式,要本着尊重他人人格和合理需求的原则,关心企业内部员工的成长,并为其发展创造良好的条件。

(三) 公平公开原则

当今社会,竞争无处不在,而竞争的核心就在于对人力资源的发掘和使用。因此,对人力资源管理者来说,必须根据企业发展的需要,依照选贤任能的基本标准,为员工创造一个公平公开的工作环境,才能有利于调动其积极性,提高劳动生产率,提升企业在市场中的综合竞争实力。

(四) 优化企业文化原则

随着商业活动范围的不断扩张,跨境活动日趋频繁。饭店发展到今天,它已经不仅仅是一个商业活动场所,也是一个中西方文化交流的中心。从饭店的入住宾客到饭店的员工,他们的活动都体现了以上两种文化的相互碰撞。为了能更好地为宾客提供服务,能更好地稳定饭店员工的工作态度,激发他们的工作热情,良好的企业文化建设势在必行,而这也有赖于饭店人力资源部门管理工作的高效运作。

四、饭店人力资源管理的内容

随着社会经济的不断进步与发展,饭店行业竞争的日趋激烈,饭店人力资源管理工作的内容也在不断地发生变化。对人才的规划与发展成为各家饭店人力资源管理工作的核心内容,除此以外,包括对员工的招聘与配置、培训、绩效考核、薪酬福利管理、劳动关系管理等几个方面也是人力资源部门工作的主要内容。

(一) 饭店人力资源规划与发展

这需要根据饭店的经营目标和发展需要,再加上饭店工作的特点与要求,对其内部各岗位的工作性质、人员素质、配备数量等方面进行整体的评估与预测,具体的工作内容包括工作岗位的分析和人力资源供给与需求的预测。

知识链接

eHR 是什么

网络兴起之后，企业界一片 e 化，人力资源管理也不能幸免，eHR 是什么？可以解释如下：eHR 是运用资讯科技执行人力资源管理工作，将人力资源管理工作电脑化、网路化，提升人力资源管理绩效。

专业 eHR 通常包括以下功能。

一、人事档案

人事档案分为在职、离职、退休、后备四个人员库。系统内置丰富的人事档案字段。用户可自行定义人事档案的数据字段，可自行设计人事档案界面。

人事档案中包括薪酬记录、考勤记录、绩效记录、培训记录、社保记录、调岗记录、调薪记录、奖惩记录等常用数据子集。用户也可自行增加新的数据子集。可以针对子集进行独立的导入、导出、统计分析。

系统支持人事业务的在线办理，包括入职、转正、调岗、调薪、奖励、处分、离职、复职等。这些业务既可以直接办理，也可以通过系统工作流平台进行审批处理。业务办理的结果直接记录在人事档案中。

人事档案数据支持分部门管理。各分公司或部门可以独立管理本部人员。

可以使用人事档案的所有字段（包括自定义字段）组合查询。查询条件可以保存为查询模板。快捷查询与组合查询可以联合使用。

人事档案数据支持 Excel 格式的导入与导出。用户可对人事档案进行批量编辑。

系统内置丰富的人事报表、图表，包括人员构成情况分类统计表、员工明细花名册、部门员工花名册、各部门职务统计表、员工入职离职统计表、各部门员工生日报表、各部门及岗位编制人数统计表。用户可自定义二维统计报表，也可使用系统报表平台，自行设计个性化的人事报表。

支持自动快速识别、读入员工身份证信息，杜绝伪造身份证，提高员工个人档案信息准确度，减少信息录入工作量（实现此功能需要配备硬件设备身份证识别器）。

二、组织架构

部门管理。用户可以对部门进行设立和撤销操作，建立无限层级的树形部门结构；可以回顾部门结构的历史记录；可以即时查看组织机构图，并直接打印，也可以导出为 HTML 格式。

职务及岗位管理。用户可以对职务和岗位进行设计和撤销；对岗位编制进行管理；可以为职务及岗位建立说明书；可以实时统计通过各部门及岗位编制人数统计表；可以随时了解企业编制情况。

用户可以建立精确的岗位及员工能力素质模型，为人力资源各项工作提供量化依据。能力素质模块使用系统指标库来构建。

三、合同管理

客户可以对员工的劳动合同、培训合同、保密协议进行新签、续签等操作。

提供劳动合同期满提醒、未签劳动合同人员提醒、合同续签提醒。

合同报表功能可以随时展现各类合同的明细数据。

合同数据支持分部门管理，各分公司或部门可以独立管理本部的合同。

四、薪酬管理

用户可以自定义薪酬账套。通过计算公式、等级表等方式，实现岗位工资、级别工资、工龄工资、学历津贴、考勤扣款、社保扣款、绩效奖、个人所得税等各类常见的工资项目。

可实现一月多次发放工资，支持多次工资合并计税；支持年终奖的十二个月分摊计税；薪酬数据支持分部门管理，各分公司或部门可以独立管理本部的薪酬；薪酬数据支持在线批量编辑；薪酬发放支持标准的工作流审批；员工可以在线进行薪酬申诉；每月薪酬数据自动记录在人事档案中。系统内置薪酬报表，包括各部门员工薪酬明细表、各部门及岗位薪酬汇总表、部门月工资条打印表、职务薪酬汇总表、部门及岗位薪酬多月合计表、部门及岗位多月薪酬对比表、员工薪酬多月合计表。

五、社保管理
六、绩效管理
七、考勤管理
八、培训管理
九、招聘管理
十、招聘门户

（二）员工的招聘与配置

人力资源部门根据公司的发展计划、各部门实际的用人情况和市场人才的供需预测，通过不同的渠道招聘员工，并依照各自的性格特点、专业特长等分配到相应的工作岗位，实现人力资源的良性配置，在优化企业人力结构的同时，提高企业的经济效益和社会效益。

 阅读材料

潘玉虎该选择谁

潘玉虎是国内一家知名连锁饭店集团公司的总经理，公司的总部设在北京，成员遍及广州、上海、武汉等地，每年的营业额以25%以上的速度递增。

就在前几天出了一件让他非常棘手的问题，市场部经理卞亚由于个人原因向公司提交了辞呈，虽经公司多次挽留，仍然没有改变他的决定。现在，公司急需任命一位市场部经理来代替卞亚。但是潘玉虎和公司其他部门的几位负责人讨论了几天，也没有达成一致的意见。

潘玉虎认为现任市场部副经理韩少不错，可以接替卞亚的职位。但这个想法却遭到其他人的强烈反对，人事部经理刘杰首先反对："韩少有很强的分析能力，对环境变化能很快适应，但我认为他太强势，甚至有点刚愎自用，很少听取别人的意见。如果由他当市场部经理，下面会怨声载道。而且，他只有高中文化程度，下面的人多数都是大学毕业生，让一个没有什么学历的人来担任经理他们会服气吗？"

销售部负责人也插言："韩少干得的确不错，但是过分的热心和乐观令人感到有点不安，这有可能导致他无法进行正确而实际的市场调查和研究工作。"

潘玉虎又想到了市场部另一位副经理肖凌。和韩少不同，肖凌做事不张扬，为人非常随和，最擅于团结下属，手下人会很好地跟他结合在一起，办起事来也很有韧劲，在工作上肖凌的表现也很不错。

但潘玉虎还是犹豫不定。因为,肖凌有时心太软,在他手下,有几位表现很差的销售员,按理说应该辞掉,可肖凌却不忍心这样做。

这两天,有人又透露给潘玉虎一个消息:竞争对手某饭店集团的市场部经理李汶最近与老板闹翻了,正要辞职不干。我们何不趁此机会把她挖过来呢?她的能力我们都清楚,绝对没有问题。潘玉虎听后,觉得也是一个办法。但考虑后,又觉得不太妥当。李汶虽然是一位难得的人才,但她能否很快熟悉本公司的业务,理顺各种关系,有效地开展工作呢?外来的和尚不一定就会念经。再说,这样做很可能会挫伤本公司市场部门人员的积极性。

如果你是潘玉虎,你会选择谁呢?如果选择外部的李汶,又有哪些利弊呢?

(三)岗位培训与职位升级

由于业务种类繁多,加上专业性强,饭店各业务岗位的工作人员均需参加相关的业务培训和饭店文化培训。这不仅能让新员工快速地了解饭店的基本情况,也是为了帮助他们更快地适应新的工作岗位。在员工的培训内容安排上主要包括了知识培训(这是员工在饭店得以持续发展的基础)、技能培训(这是员工在饭店生存和竞争的基本手段)和态度培训(这是饭店赢得客户并且维系与客户关系的基础),总的来说员工的培训就是其知识、技能和态度三方面的升级换代。

同时,为了能提升饭店的核心竞争力、保持员工工作的积极性,提升他们的创新能力,对公司的培养对象,饭店人力资源部门都会通过与相应的培训机构合作,安排他们进行更多的升级培训。

青岛海景花园大饭店塑造高效团队

有人说:"海景是一块生长人才的文化沃土"。许多单位在招聘员工时,只要在海景花园大饭店工作3个月以上的,可以免试录用。人们把这种现象称之为"海景效应"。

培养什么样的人需要设计。海景要求员工第一是会做人,第二是会做事,并按照"品德高尚、意识超前、作风顽强、业务过硬"的品格模式塑造人、锤炼人。每一个管理人既要接受塑造和锤炼,又有责任塑造和锤炼好自己的下属。

海景对员工实行学校式素质化培训,员工的企业文化学习和技能培训都是高强度的,几年来一直坚持不懈,不打折扣。近两年,海景以其成功的魅力吸引了一大批大学生加盟。海景的领导对他们倾注了大量心血,用高强度的企业文化学习和严格的实践锻炼,使他们中的绝大多数成为能独当一面的管理骨干。

海景的老总常对员工说,我们不要求你们在海景干一辈子,但我希望你们人人成为人才!能为社会培养有用之才,是我们企业的荣耀。

1997年,一个部门经理离开海景到另一家饭店去工作,并且得到了"升迁",一年多以后,他又回到海景。几年来,有好几名高级管理人员走了又要求回来,海景以博大的胸怀接纳了他们,并予以重用。

他们为什么要"燕子归巢"?有人说出了心中的秘密:海景是一个团队,一个有凝聚力的集体,环境氛围好。你个人本事再大,离开了团队,做事也很难。

海景非常重视团队塑造,每一个员工对海景都是至关重要的。饭店为员工施展才华搭建舞台,并花费心血把他们培养成出色的具有团队精神的演员,共同唱好一台戏。

海景认为,一个群体不能没有尊重、沟通和协作。海景有一个多层次沟通网络。总经理与部门经理、总经理与员工、部门经理与下属、班组长与员工、职能部门之间都有定期沟通会制度,以增进了解,达成更多的共识。与众不同的是,他们特别擅长"理念沟通",不是就事论事,而是从价值观、理念和行为准则上追寻共同语言。可以说,海景人统一于也凝结于共同的价值准则。

饭店最重要的是人才,人才最重要的是品质。海景正是抓住了这一点,从企业文化和业务技能两个方面强化培训,造就了一批批素质过硬的"海景人"。"团队协作""顾客至上"等理念在海景被体现得淋漓尽致。海景花园大饭店正是利用"价值观"这一无形的手把大家的行动统一在了一起,实现了人力资源管理的优化。

(四)绩效考核与薪酬福利

为确保每位员工能在激烈竞争环境中得到公平和公正的对待,饭店人力资源部门对不同的业务岗位,会制定合理的工作目标,根据员工的工作目标的完成情况,结合宾客评价和同事评价等,全方位考核员工的业绩,并作为确定薪酬福利的基本依据,也可作为鞭策员工不断努力进取的有效方法和手段。

阅读材料

全面质量综合考核

1996年初,广州三寓宾馆刘总向全店下达了任务和目标。3月底,为了解各部门落实任务的具体情况,饭店组成了4个考核小组,在总经理和党委书记的带领下,对第一季度14个部门的各项工作进行了为期两天的全面质量综合考核。

考核小组立刻活跃在饭店的各个角落。其中一个组来到娱乐部,先是召开座谈会,听取部门经理介绍前3个月的情况,查看了有关记录和客人投诉,接着便是现场考评。

每位考核小组人员手中都有一份"三寓宾馆娱乐部全面质量综合考核评分表"。一位考评员走进投影室,检查墙壁和角落的卫生情况,满意地在评分表上写上5分,然后让服务员操作电器设备,检查其功能是否完好无损、安全有效。看到投影质量不错,图像清晰明亮,于是他在实际得分一栏上又写上3分。这两个项目的得分都是满分。

接着是检查桌球室。考评员摸了下桌腿,果然一尘不染,表层平滑光亮,桌球营业场所十分整洁,按要求又得了满分5分。考评员正待检查另一个项目时,进来两位客人要打桌球,服务员连忙礼貌接待。考评员在一旁偷偷看手表。从开始接待直到一切准备就绪,开台时间总共为52秒,不到规定的1分钟。于是他在"操作规范标准"这个大栏目下的"桌球开台"这一栏内填上3分——又是一个满分!

考评员在娱乐部里又任意抽查两名服务员，进行现场考核，考核内容主要是应变能力。考评员故意设计了几道难题，看服务员如何应答。两名才上岗不久的年轻服务员居然以十分灵活、巧妙的办法应答，既体现了宾客至上的服务宗旨，又保证了饭店的利益。考评员又给一个满分。

对娱乐部的全面质量考核还在继续进行，另外几个考评小组分别在饮食部、客房部、营业部等部门一一考核，连后台的办公室、人事部、财务部，以及质培部本身都需接受考评。

（五）劳动关系管理

人力资源部门的管理工作既要与企业的规章制度相一致，又要遵循国家的法律法规。为保证员工与企业的合法权益均得以实现，人力资源部门需要熟悉劳动法中的法理和条例，熟悉劳动合同和集体合同的签订、变更、接触等工作，必须要掌握劳资关系发生矛盾时的正确处理办法，明确员工与企业的责、权、利，建立良好的劳资合作平台。

阅读材料

潘玉凤该怎么办

青岛饭店大学的应届毕业生潘玉凤这几天很高兴，因为她被本市最好的饭店——万乘大饭店录用了。饭店通知她7月1日报到，和新进的员工参加为期3个月的脱产培训，培训结束后进行考核，考核合格的签订3年的劳动合同，不合格的不签。

3个月后，经过努力，潘玉凤通过了饭店的培训考试。这天，人力资源部把考试合格人员召集到办公室，准备签订劳动合同。由于人多、时间紧，填写好个人信息和签完字后，潘玉凤没来得及仔细看合同内容就被请出了办公室。

工作了5个月以后，潘玉凤发现很多情况和饭店之前说的不一样，工资低、劳动强度大、休息时间没有保证。她萌生了离职念头，于是向饭店递交了辞职报告，饭店很快批准了她的申请，但要她缴纳600元的培训费。她不明白，不是说不收取违约金吗？怎么还要交钱呢？这时人事主管拿出之前签的合同，潘玉凤这才仔细看了一下合同内容，其中有这样的条款：

合同期限3年，试用期6个月，在服务岗位工作，工作时间执行综合计算工时制，每月休息4天（倒休）。每月工资1300元，试用期工资610元。社会保险缴纳3险1金。按照国家有关劳动安全、卫生的规定配备安全防护措施。合同期间若离职，需向饭店缴纳600元培训费。

潘玉凤拿着这份合同傻了眼，她到底该怎么办呢？

五、饭店人力资源管理的发展趋势

（一）饭店人力资源管理在饭店中的核心作用将得到进一步的加强

饭店人力资源管理目前在饭店管理中处于核心地位，主要是负责员工的招聘与培训，员工岗位工资的核算，员工人力资源的梯队建设，员工结构的调整，参与员工工作流程的设计，观测员工的工作情绪与态度，与业务部门相互配合提高饭店服务质量，构建饭店文化等方面。未来，以上工作内容将会随着科技的不断发展，其工作效率将会得到进一步的提升。

（二）饭店人力资源管理将会加大在饭店战略发展方面的作用

饭店行业未来的竞争武器仍然是人才的竞争，而行业的管理问题始终围绕着"人"来进行。在饭店的发展战略规划中，关于人才的规划设计主要都是由人力资源部门来着手制定的，也由该部门来负责具体工作的执行。因此，人力资源管理在饭店战略发展中的作用将会得到加强。

（三）饭店人力资源管理将会更注重跨文化建设

随着饭店国际化进程的加速发展，无论是饭店的硬件设施还是软件配备都体现了中西合璧的特点，这就要求人力资源部门提前做出准确的应对方案，避免出现"文化震荡"所带来的损失。

（四）饭店人力资源管理将会更加制度化、标准化和程序化

饭店人力资源管理应该秉承公平、公正和公开的原则，将涉及饭店员工人事变动、岗位更替、福利变化等内容进一步的制度化和公开化，而对于人员的招聘录用程序、劳动合同的签订和终止程序等员工的规章应该更好程序化，才能确保工作井然有序。同时，在核定员工工作绩效时，应当尽可能地将核定项目标准化，使得人力资源管理的工作有一个标尺，以此来作为判定饭店员工工作质量高低的有效手段。

> **阅读材料**
>
> "人服务于人"
>
> 万豪酒店管理集团最基本的理念是"人服务于人"，这有两方面的含义：公平对待每一位员工，同时重视员工的感受，让他们体会到"家"的感觉。万豪近50%的管理人员是从公司内部提拔的，公司的职位空缺要优先考虑内部员工，只有内部没有合适的人选，才从社会上招聘，而向外招聘时，提供的薪资水平一般高出行业平均水平的50%~75%，这不仅是在考虑了市场的可接受度，而且也是在考虑了员工能否接受后做出的。饭店是典型的服务业，万豪认为只有公司对员工好，员工才会对客人好。万豪有五个系统保证其旗下的饭店真正实施"人服务于人"的理念。第一，员工如果有意见，可以直接寄信给万豪在美国总部的总裁办公室，万豪下属的饭店都有一个写给总裁的信件的信箱。第二，员工也可以通过热线电话给总裁办公室打电话，在万豪位于美国华盛顿的总裁办公司里，有各种语言的接线员，他们会记下来自世界各地万豪员工所反映的问题，然后总裁办公室会及时处理这些电话。第三，每年万豪都会聘请一家第三方公司为其他下属的饭店做匿名的员工满意度调查，集团通过这种方式真正了解下属饭店员工对公司、对领导或者管理满不满意。第四，万豪还有一个称为 Peer Review

的系统,这个系统类似于美国的陪审团制度,即当员工遇到一些问题的时候,除了找上级领导或者饭店总经理外,还可以通过这个系统寻求公平、公开、公正的对待,即员工可以拒绝由其上级对其面临的问题进行决策,他可以申请由具备一定资格的员工组成一个委员会来决定,而且委员会的决策将是最终决策。目前,万豪在全球一共有2 700多家饭店,在中国大陆,万豪旗下已经有30多家饭店。据万豪亚洲太平洋及澳洲区人力资源经理何佩娟介绍,因为 Peer Review 的委员需要经过案例培训,合格后才能担任,而目前中国这边还没有合格的委员,所以在中国的万豪员工还不能申请用这个系统,但她希望在时机成熟的时候,在中国推行类似的系统。第五,每年万豪亚太的总部还会对所有旗下饭店的人力资源系统进行审查,此审查不仅包括检查饭店的大堂、公司文件以及各种系统的运作,而且还包括与经理和普通员工之间的面谈,聆听他们对饭店有些什么意见和看法。"面谈是匿名的,万豪希望听到员工在饭店工作的真正感受,以及是否真的受到尊重和公平对待,是否得到了应有的关怀和发展的机会,培训的机会是否足够,领导是否能让他发挥自己的能力,等等"。何佩娟告诉记者,员工提到的问题往往是关系到其切身利益的事,非常具体,如北方的员工反映公司提供的贮物柜太小,冬天的时候衣服放不下等。万豪收集上来员工反映的问题后,会将之反馈到相应的饭店,并要求经理提出相应的行动计划,这些都会在饭店里公开,而且万豪会定期派人了解这些行动计划的进展情况。何佩娟说:"我们会及时对员工指出的问题做出反应,如果公司确实不能解决,也会讲明原因。这样员工才愿意提意见,否则提了以后如果看不到公司的任何改变,那以后他们就不会再提了。"

讨 论 饭店人力资源部门应如何应对员工与企业之间利益的平衡?

任务二 饭店人力资源的基础管理

案例导入

万豪酒店管理集团的培训也很有特色,公司规定每天每位员工都有15分钟的培训。万豪分别给旗下各饭店品牌总结出了20个基本习惯,要求员工每天都温习一个习惯。万豪认为,人如果是按照习惯来提供服务,将会更自然、更顺畅。公司规定经理每年必须有40个小时的培训时间,并且专门为之设计了核心管理课程,这些课程是由饭店服务业所需的9个主要技能发展出来的,而万豪普通员工一般也要有20~30个小时的培训。

万豪不相信惩罚的作用,而相信奖励的作用。公司设有两个主要奖项。一个是"最卓越员工奖",该奖颁发给那些对工作或者社会做出了杰出贡献的人,获得这个奖的人可以到美国华盛顿去参加万豪的年度大会,并将接受总裁亲自颁奖。另一个奖是 Alice S. Marriott Award for Community Service,这个奖是颁给那些对当地社会做出了杰出贡献的集体。得到这两个奖,在万豪是至高无上的荣誉。

思 考　　饭店人力资源管理应如何实现用人与留人的问题？

一、饭店人力资源的开发管理

饭店人力资源管理工作的核心内容就是人才的开发与配置，这就涉及工作岗位分析、员工的招聘、员工的培训和员工的配置三方面的问题。

（一）工作岗位分析

1．工作岗位分析的概念

工作岗位分析又称为职务分析，是以企业的长期战略发展规划、各阶段的经营目标为依据，通过对企业中各个工作岗位的工作信息进行收集、分析后制定出相应的岗位工作流程表及岗位说明书，以确保企业活动有序而高效。工作信息主要包括以下几个方面。

（1）该工作岗位设置的目的和工作目标。

（2）该工作岗位的主要工作内容，承担的责任和被赋予的权限。

（3）该工作岗位的上下、内外关系结构图。

（4）该工作岗位的工作环境和条件。

（5）该工作岗位的任职标准和要求。

作为人力资源管理的一项基础工作，工作分析为人力资源管理者在员工的招聘、甄选、培训、绩效考核、奖优罚劣等方面提供客观、科学和充分的决策依据，也为人力资源管理与其他管理部门的协作提供指导和建议。

2．工作岗位分析的主要内容

工作岗位分析的结果将通过工作说明书来进行描述。工作说明书包括两方面的内容：岗位描述和任职说明。

（1）岗位描述。

岗位描述主要是写明该岗位的工作性质和环境特征，主要包含了岗位的工作内容、职责、权限、标准、工作流程、工作环境、隶属关系等，方便求职者理清职位发展方向。具体有以下几方面。

① 岗位的基本资料：包括工作名称、直接上、下级职位、所属部门、对应的岗位等级、所辖人员和定员人数等。

② 岗位的工作性质资料：这是岗位描述的主体部分。包括工作概述、工作职责、工作权限、工作流程、工作结果以及组织内外的工作关系等。

③ 岗位的发展资料：主要描述该岗位向上发展的职位、晋升机会和培训机会等。

④ 岗位的工作环境资料：主要描述岗位的工作条件、安全性等。

（2）任职说明。

任职说明明确了从事该岗位员工的知识、技能和心理素质等多方面要求。

① 资历要求：主要明确了某岗位任职人员的学历、相关工作从业经验、年龄限定等。

② 生理要求：主要明确了某岗位任职人员的性别、外貌、身高、健康状况、体能素质和某些感官的特定要求。

③ 心理要求：主要明确了某岗位任职人员的观察能力、记忆能力、理解能力、学习能力、沟通能力、创造力、决策能力、性格态度及团队协作能力等。

人力资源管理部门所编制的岗位描述和任职说明，内容可以根据实际情况有所增减。

（二）员工招聘

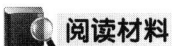 阅读材料

海心饭店的招聘

海心饭店是国内一家大型连锁饭店集团公司，公司除了拥有十几家档次不等的星级饭店外，还有食品加工等生产部门。近几年，由于饭店经营规模和范围的扩大，为了对饭店食品加工厂的人力资源进行更为有效的管理开发，饭店决定在加工厂设立一个新的职位，主要工作是负责加工厂与人力资源部的协调工作。部门经理希望从外部招聘合适的人员。

根据公司的安排，人力资源部设计了两个方案：一是通过在本行业专业媒体中做招聘广告，费用为3 500元，优点是：对口的应聘人员的比例会高些，招聘成本低；缺点是企业宣传力度小。另一个方案为在大众媒体上做招聘广告，费用为8 500元，优点是：企业影响很大；缺点是不合格的应聘人员的比例很高，前期筛选工作量大，招聘成本高。人力资源部的初步意见是选用第一种方案。人力资源部把两种方案向上级主管汇报，反馈回来的意见是，考虑到公司处在业务扩展时期，公司应该抓住每一个宣传企业的机会，而第二种方案显然有利于宣传企业，所以人力资源部最后选择了第二种方案。

在接下来的一周里，人力资源部收到了800多份简历，人力资源部的人员首先从800多份简历中选出70份候选简历，然后经再次筛选，最后确定5名候选的应聘人员，并将这5个候选人名单交给了加工厂的负责人。经过与人力资源部协商，加工厂的负责人于欣最后决定选出两人进行面试。这两位候选人是王五和赵六，人力资源部获得的他们的资料如下表：

姓名	性别	学历	年龄	工作时间	以前的工作表现	结果
王五	男	企业管理学士学位	32	有8年一般人事管理及生产经验	在此之前的两份工作均有良好的表现	可录用
赵六	男	企业管理学士学位	32	7年一般人事管理及生产经验	以前曾在两个单位工作过，第一位主管评价很好，没有第二位主管评价资料	可录用

从以上的资料可以看出，王五和赵六的基本资料相当。但值得注意的是：赵六在招聘过程中，没有上一个公司主管的评价。公司告知两人一周后等待通知。在此期间，王五在静待佳音；而赵六打过几次电话给人力资源部经理，第一次表示感谢，第二次表示非常想得到这份工作。

> 　　人力资源部和生产部门的负责人对两位候选人的情况都比较满意,虽然第二位候选人的简历中没有在前一个公司工作的主管的评价,但是加工厂负责人认为并不能说明其一定有什么不好的背景。该负责人虽然感觉赵六有些圆滑,但还是相信可以管理好他,再加上赵六在面试后主动与该公司联系,生产部主管认为其工作比较积极主动,所以最后决定录用赵六。
> 　　赵六来到公司工作了六个月,公司经观察发现:赵六的工作不如预期的那样好,指定的工作经常不能按时完成,有时甚至觉得他不胜任其工作。
> 　　赵六也觉得很委屈:工作一段时间之后,他发现招聘时所描述的公司环境及其他方面情况与实际情况并不一样;原来谈好的薪酬待遇在进入公司后有所减少;工作的性质和面试时所描述的也有所不同;没有正规的工作说明书作为岗位工作的基本依据。

　　员工招聘是指人力资源部门在对人才的供需进行预测后,通过不同的渠道,吸引人才前来求职,并从其中为企业选拔合适的人选,以满足企业发展的需要。员工招聘是人力资源管理中的基础工作,其作用突出表现在以下几个方面。

（1）员工招聘能为企业发展吸收新鲜血液,调整其内部的人员结构。

　　企业的持续、健康发展无法离开人力资源的良性配置。良好的人力资源配置为企业发展提供动力支持,而良好的人力资源配置需要企业首先享有优良的人力资源,通过高效的人力资源招聘能帮助企业解决这一问题。

（2）员工招聘有利于企业提高社会影响力。

　　员工招聘工作形式多样,覆盖面广泛,影响力大,这在一定程度上可以提高企业在社会中的知名度和美誉度。而在此过程中,企业的招聘规模、流程、形式和招聘人员的综合素质,都会一一展现在公众面前,这也是树立企业社会形象的有力手段。

（3）员工招聘有利于企业内部的有序竞争。

　　通过员工招聘改善了组织人力结构,帮助企业更能适应于内外环境、条件的变化。员工适当地更替,更有利于企业内部人员管理工作的顺利开展。

　　组织人力资源招聘渠道的来源无非是组织内部和组织外部两方面。

1. 内部招聘

（1）内部招聘的概念。

　　内部招聘是人力资源的管理者从企业内部获取所需人力资源的主要渠道。内部招聘迎合组织发展人力资源缺口的需要,同时也有利于稳定员工队伍。

（2）内部招聘的方法。

　　内部招聘的方法很多,如公开竞聘、内部提拔、岗位轮换、重新聘用等。内部招聘信息一般是通过企业的局域网、员工通道布告栏、员工全体大会或者是内部期刊等方式发布。在这些方式中,公开竞聘是最实用的方式。

（3）内部招聘的优缺点。

　　内部招聘的优点集中体现在以下几方面。

① 激发在职员工的工作积极性和创造力。企业按计划有效地实施人力资源的内部招聘,有利于让在职员工了解企业的发展前景,同时也可以让员工看到个人职业生涯的发展空间,必

然可以激励其潜藏的工作积极性和创造力。

② 降低组织人力资源招聘成本。相对花费大量资金和人力、物力的对外招聘方式，内部招聘的成本较低，即使员工由于岗位发生改变需要再培训，其培训成本也会相对较低。

③ 有利于企业的内部稳定。由于原有员工对工作环境和条件相对熟悉，即使更换岗位，也能确保其较快融入到新的工作角色当中，保证工作衔接连贯。同时，有利于稳定员工队伍，减少不必要的人员流动性，保持组织内部稳定。

内部招聘的缺点集中体现在以下几方面。

① 容易造成企业内部的帮派分化现象。人总是习惯和自己熟悉、了解、信任的人合作，内部招聘就容易造成企业内部形成各种帮派，影响企业的内部团结和发展。

② 无法确保企业的活力持续增长。由于内部招聘是从在员工当中进行选拔，在长期的工作环境和条件下，现有员工价值体系和思维模式已然形成，直接影响他们的创新力和开拓力，而这也必将导致组织对外竞争力的下降。

2．外部招聘

（1）外部招聘的概念。

外部招聘是指人力资源部门利用各种渠道，到企业外部吸收其发展所需要的员工。这是组织人力资源招聘的另一主要渠道。

（2）外部招聘的方式。

外部招聘方式包括广告招聘、中介机构、员工推荐与申请人自荐、临时性雇佣等方式。、

（3）外部招聘的优缺点。

① 避免企业内部招聘员工的种种问题。所谓的问题就包括了内部招聘中所遇到的用人唯"亲"、内部管理矛盾加剧等。

② 为企业发展提供新的活力和动力。新的员工可以为组织带来不一样的价值观和管理方式，并为组织引入新的社会关系，构建更为完善的组织外部运营体系，为组织带来新的活力和竞争力。

外部招聘的缺点包括以下几个方面。

① 人力资源获取成本较高。外部招聘的费用较高，如通过猎头公司招聘人才，费用要由组织支付，一般为所推荐人才年薪的 $1/4 \sim 1/3$。

② 外部招聘的成败取决于招聘人员素质的高低。外部招聘成功与否，绝大部分依赖于招聘工作人员的工作素质。

③ 外部招聘人员与企业的磨合期较长。由于外来人才对企业的发展目标、组织结构、文化建设、人际关系、管理模式、工作流程的熟悉需要一个较长的适应期，这会部分影响到工作的开展。

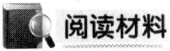

招聘小组

　　美国饭店业现已开始认识到，控制雇员流动率要从招聘员工开始。成立员工招聘小组的做法为美国佛罗里达州奥兰多的皮包迪饭店（Peabody Hotel）首创，现仍为一种新方法。这一做法的目的是在

招聘伊始就保证受聘人有较低的流动可能性。

1. 远在正式面试之前，人事部就对待聘人员的年龄、受教育程度、工作经历和争聘目的有所了解。同时，人事部还要写出较详细的对于待聘人员未来工作性质安排的意见以及应该对他的具体要求。这样可使人事部负责招聘工作的人员对招聘对象心中有数，对其是否适宜在指定岗位工作心中有数。

2. 人事部面试。面试的主要目的是了解待聘人的受教育程度，其个人所追求的事业目标，以前的工作部门和所负的责任，以及调动工作的目的。这里，招聘人员应挑选那些过去工作成就较大，事业心较强的人为候选人。

3. 招聘小组面试。经过上面两次筛选后，招聘小组开始对为数不多的候选人进行正式面试。招聘小组一般由以下几方面的人组成：饭店总经理、人事部经理、待聘人未来工作部门的部门经理、饭店内与该部门有工作联系的各部门经理。面试时，招聘小组从顾客的角度考查待聘者。小组成员通过与待聘者谈话或由一人扮演挑剔多事的顾客来考查待聘人的语言表达能力、表达礼貌热情的能力、自我推销的能力、应变能力以及安抚顾客的能力。

 讨 论　　饭店人力资源部门在员工招聘时与其他企业的不同点有哪些？

（三）员工培训

1. 员工培训的概念

员工培训是指为了满足企业不断发展的需要，结合员工的特点和个人的职业生涯规划，人力资源部门对员工所进行的一系列有计划、有组织的学习与训练活动。饭店的员工培训不仅有利于企业经营目标的及早实现，也有利于其开展文化建设，有利于增强企业的竞争力和员工对企业的归属感。

2. 员工培训的方法

员工培训的方法与其培训目的和内容必须一致，大体有以下几种。

（1）理论培训方法。

理论培训方法主要是由人力资源部门组织培训教师，通过课堂授课的方式来提升员工的专业知识和技能。该方法的计划性较强，但是对于培训教师的课前准备和课堂掌控力要求较高，同时对培训的地点和设施也会有相应的要求。

（2）实践培训法。

将员工带到岗位上，由业务部门安排指导者或督导人员对其进行实操训练，并安排好实训环节和项目，观察员工的反应。该方法需要指导者具备较强的业务素质，一般由本部门的领导或资深员工担任。

（3）自我提升法。

自我提升法主要是员工在工作闲暇之余，根据个人的实际情况，结合自己的职业生涯规划，与人力资源部门沟通，利用各种学习机会自我提升。这种学习方法可以通过网络学习、电视学习、夜间大学学习等实现，同时要求员工自律性较强，且要保持较高的学习热情。

项目九　饭店人力资源管理

知识链接

某饭店年度培训计划

　　饭店开业以来，经过坚实基础、规范管理、品质提升的稳步发展，紧紧围绕经济效益开展各项工作，在经营创收、提升管理水平、建立企业文化、提高员工素质取得了一定的成绩。目前，饭店面临新的机遇与挑战，饭店硬件改造全面推进，服务项目和服务水平继续提升，产品质量全面升级。但是饭店经营环境竞争更加激烈，经营成本及费用继续增加，人员招聘面临较大压力，员工队伍向心力尚未形成。根据饭店经营方针及指导思想，对2011年培训做如下安排。

　　一、培训思路

　　以"为经营做服务，为管理做保障，促进饭店发展"为主导思想，突出以下重点。

　　(1) 推进饭店员工职业化转型，提升员工素养，转变工作思路，找准个人定位。

　　(2) 建立饭店核心价值体系，培养员工对企业的认同感、信任感、荣誉感。

　　(3) 推动学习型组织建立，提高专业化管理水平与业务技能，引导管理者从控制式管理向教练式管理转化。

　　(4) 储备人才，为饭店的可持续发展奠定人才基础。

　　二、培训方针

　　(1) 专业：加强专业化学习，加强同行交流与对外学习，开阔视野与思路。

　　(2) 实用：根据饭店实际情况开展培训，以解决工作中问题和饭店发展为目的。

　　(3) 高效：日常性工作条理化，加强时间管理，提高工作效率。

　　(4) 创新：在企业文化建设、学习氛围营造、课程开发等方面不断创新。

　　(5) 分享：营造互动学习型组织，相互学习，相互分享相互提高。

　　三、工作重点

　　1．完善培训体系

　　(1) 建立完善培训师队伍：继续开设课程，培训饭店内部训导师。

　　(2) 完善饭店公共课与各部门业务技能培训体系。

　　2．开发并完善基层管理课程

　　3．规范培训教材：方便讲师的授课与学员的学习，编写或完善培训教材

　　(1)《饭店案例手册》；

　　(2)《饭店产品知识手册》；

　　(3)《饭店英语学习手册》；

　　(4)《客房、餐饮服务知识技能100问》；

　　(5) 各系列培训课程课件。

　　4．加强管理人员培训

　　(1) 协助总经理：推荐有效资讯、文章等，开阔视野，推荐适合的管理工具或理念，针对本公司经理层，方便总经理对各部门负责人指导。

　　(2) 引导经理层：利用内训课、外送培训、请讲师进来等形式，对各部门经理进行培训。课程内容要针对性强，加强培训后跟进，正式培训后进行评估总结；平时加强与各部门负责人沟通，对人力资源部的工作及时提出建议与协助。

(3) 训练督导层：开展两期内部讲师培训以及系列督导培训课程，并利用平时会议和单独辅导等形式，在对管理理念进行引导，对管理技巧进行探讨和分享，指导各部门督导层开展起部门的日常管理和培训工作。

(4) 培养储备干部：对饭店优秀员工及资深员工作为储备干部进行训练，平时进行工作指导，协助进行职业生涯规划指导。

四、培训规划

（一）新员工培训

1. 入职岗前培训

每周开展一个课时的新员工培训，四周时间将公共部分全部培训到位，考核后员工即可参加部门技能考核。新员工上岗前，由人事部先进行一对一的规章制度及礼貌礼节的专项培训。

周 期	时 间	培训内容	目 的
第一周	9：00～10：30	仪容仪表、店规店纪	了解饭店历史
第二周	9：00～10：30	饭店概况、饭店信息咨询	了解饭店常识
第三周	9：00～10：30	饭店意识	提高服务水平
第四周	9：00～10：30	金钥匙理念	了解运用

(1) 该项培训与主要课程由培训老师赵静负责。

(2) 人力资源部正式发文通知各部门新入职员工培训。

(3) 所有入职员工必须修完入职课程，并参加考核，如果考核不合格，则参加下一期考核，并利用个人假日参加学习，无法通过入职培训考试，除人力资源部总监特批外，将不予转正。

(4) 对现有培训课程不断修正，分为企业文化、产品知识、管理制度、职业形象、礼仪礼节、消防安全、军事化训练、参观饭店等几部分。

2. 入职在岗培训

推行在岗培训跟踪表，加强培训监督，保证一线部门均按此操作，提高入职在岗培训的效率，减少新员工导致的服务质量不稳与客人投诉现象。

3. 新员工转正培训

重点灌输饭店经营宗旨与服务理念，使服务理念能更快速地传承，快速产生优秀员工，并逐渐在全员形成优质服务的氛围。

（二）管理层培训

1. 管理技能提升培训

(1) 课程开发：共分为四部分即《职业素养》《管理决策》《管理技能》《创新意识》，完善此系列课程，成为管理层培训课程开发的重点，提高饭店工作效率和服务质量。

(2) 培训形式：每季度开展一期培训，每期确定一个培训专题，并在培训后进行内部讨论交流，运用到实践工作中去，切实提升饭店管理水平。

2. 团队文化建设培训

(1) 培训意义：建立饭店的团队文化，统一思想，统一行动，务实高效，领导饭店可持续发展。

（2）培训方式：
① 户外拓展训练；
② 外请讲师培训；
③ 外出学习交流；
④ 店内碟片学习。
3．管理层公开课
各部门经理每月轮流公开授课一次，结合人力资源部确定培训主题。
（三）专题培训
1．技能大赛
（1）时间：3、10月份。
（2）项目：产品知识竞赛、中式铺床、中餐摆台、工程维修。
2．消防培训

月 份	课程内容	参加人员
1月	消防知识讲座	全　员
4月	消防知识竞赛	
7月	消防演习	
10月	消防演习	

3．医疗急救
聘请专业急救讲师，对房务部、餐饮部、安全部等相关部门进行专业急救训练，以便处理突发事故。
4．化妆技巧培训
聘请外来美容培训讲师讲授职业淡妆的化法，提升饭店员工职业形象。
5．英语及普通话培训
（1）岗位英语培训：
每月针对部门学习10个常用单词或句子，每月底由人力资源部进行抽查考核，12月份，对全年所学进行全面口语考核。

部门	培训时间	培训地点
房务	每周一	三楼会议室
营销	每天岗前10分钟	营销办公室
餐饮	岗前5分钟	餐饮大厅

（2）普通话培训：
由赵老师负责对房务、餐饮、工程、安全等部门普通话进行培训，每月一次。
（四）培训讲师队伍建设
1．对部门培训讲师人才的培训和辅导
（1）开展一期训导师培训班，通过培训考核培养一批培训讲师。

（2）平时的上门听课与课后指导：由培训老师去各部门听课，并开展关于部门培训与讲师授课技巧的辅导，在听课结束后对培训员进行指导，以提高部门培训效率，提升讲师开展培训工作的水平。

（3）对训导师的个人职业规划与指导，推荐书目。

2. 训导师考评年度考评，激励并挽留讲师人才

（五）岗位技能培训

各部门每月报技能培训计划，人事部根据各部门培训计划，制定督导检查计划表，根据计划督导各部门培训效果（表9-1）。

表9-1 各部门全年技能服务明细表

部门	培训内容
餐饮部	1. 餐饮服务礼仪、仪容仪表、手势与站姿、礼貌用语； 2. 各岗位服务人员的岗位职责； 3. 酒水知识、餐前准备工作、迎宾工作规范、餐中服务、开餐流程、如何处理顾客投诉、点单服务流程； 4. 托盘服务规范、上菜程序、斟酒程序、传菜程序、巡台程序、结账程序、收台程序、餐中服务技巧； 5. 婚宴餐前准备工作、婚宴服务流程、婚宴细节服务； 6. 各岗位运营的工作衔接程序； 7. 仪容仪表实际操作、礼貌用语练习； 8. 点菜、上菜、分菜、托盘程序、斟酒的实际操作； 9. 服务技巧、巡台工作要点和实际操作； 10. 婚宴接待程序、模拟操作服务流程、练习开单； 11. 自我介绍、培训敬鱼头酒文化。 12. 菜品的营养搭配、点菜技巧
客房部	客房中心：岗位职责、专用术语、贵德系统操作方法、接听电话及电话记录方法和注意事项、办公室存档及记录方法、文具的申领及使用程序、客人借用物品程序、失物招领的管理查询及发放程序、填写工程维修单程序、水果和小食品的申请程序、处理投诉程序、各营业时间及收费标准； 楼层服务：岗位职责、服务规范、工作质量标准、房间清洁程序、物品摆放标准、做床程序、开夜床程序、检查房间和卫生间程序、为客人开门程序、VIP服务程序、打扫住客房注意事项、楼层日常安全须知、客房杯具消毒程序、客衣收发程序、送欢迎水果程序、处理客人投诉程序； PA：岗位职责、清洁客人洗手间程序、清洁客用电梯程序、清洁员工楼梯程序、使用垃圾箱程序、清洁窗户程序、刮玻璃镜子程序、清洁烟灰缸程序、保养地毯程序、擦不锈钢程序、擦铜制品程序、吸尘器的操作和保养程序、吸水机操作和保养程序

续表

部门	培训内容
前厅部	岗位职责、工作程序、语言技巧、突发事件处理技巧、英语口语、旅游知识、个性化服务、综合知识面、心理素质、表达能力
营销部	1. 价格政策：协议价位、金卡价位、会议及宴会价位； 2. 协作精神、服从意识、协调能力； 3. 管理客户：客户心理动机、客户管理的方法、分析客户抱怨原因； 4. 规范营销代表工作内容、掌握基本的销售方法； 5. 人际交往礼仪规范、行为规范； 6. 用餐礼仪规范、电话礼仪规范、服务与沟通
工程部	1. 饭店水路、空调用水、生活用水、节能意识；2. 有线电视信号放大器、分配器、分支器使用及调试方法；3. 用电安全；4. 无线电知识；5. 音响设备操作程序；6. 变压器运行及维护；7. 星三角降压启动的原理及维修操作；8. 节能灯原理及维修方法；9. 氩弧焊、电焊知识及操作
安全	思想教育、岗位职责、工作流程、体能训练、服务意识、消防常识

人力资源部

二、饭店人力资源激励管理

阅读材料

花旗的激励手段

在对员工科学考核的基础上，花旗集团通过各种手段与方式对员工进行激励，肯定员工成绩，鞭策员工改善工作中的不足。作为全球最大的金融机构，花旗集团建立了完善、科学的激励体系，并随市场与公司的发展情况进行及时调整。

1. 红包

每年年底，根据员工的不同业绩表现，每一名员工都会得到花旗颁发的红包，奖励的金额不等，奖励员工一年的辛勤贡献。海外旅行花旗银行中国区表现突出的员工，还将被奖励赴澳大利亚等海外旅游，并可以携带一名家属。这种激励方式不但对员工起到了有效的激励作用，增加了员工的忠诚度，更赢得了员工家属的理解和支持，让他们感到自己的亲人在一个人性化的氛围中工作，也增强了家属对员工的自豪感。

2. 期权

花旗银行有着完善的员工激励机制。花旗银行除了对工作业绩出色的员工给予奖励外，还给予他们花旗银行的期权，使银行利益与员工个人利益紧密联系在一起。

3. 职位晋升

激励还包括对员工职位的晋升。在花旗，鼓励员工承担更大的责任，让他们稳步成长为优秀的金融专业人才。每一次职位的晋升，每一次给员工设定更大的目标，每一次对员工的挑战，都激励着花旗员工奋勇向前，为给花旗创造更优秀的业绩，为实现自己的职业梦想而努力。

4. 培训

形形色色的培训机会当然也是花旗集团重要的激励手段。在花旗集团，表现突出的员工将得到更多的培训机会，将被派往马尼拉的花旗亚太区金融管理学院甚至美国总部进行培训，全面提高各种技能，锻炼领导力，开拓国际化视野，为担当更大责任做准备。

5. 精神与物质激励并重

在花旗集团对员工的激励手段中，许多时候物质与精神的奖励并重并结合在一起。例如，"花旗品质服务卓越奖"（Citigroup Quality Service Excellent），奖励那些在公司内部服务与外部服务方面都表现出高品质的员工。花旗每年都设有"最佳团队奖"，奖励那些完成重大项目的团队，如完成某个项目，提高了工作效率等。一般表现突出的5%的员工才会得到这种奖励。在花旗中国，每年10月份进行评比，由人力资源部组织并参与，对候选人与团队进行评估与讨论，11月份公布评比结果。评选结束，花旗集团会为员工颁发有花旗全球总裁签名的奖状和奖杯，以及相应的物质奖励。请用激励的相关理论对该案例进行分析。

（一）绩效考核

饭店人力资源部门依据工作岗位分析表中的要求，对员工的工作绩效进行评估，同时运用一定的激励方法，奖优罚劣，进一步提高和改善员工的工作效率。饭店开展绩效考核的目的在于：

（1）为饭店员工的调薪定级、升迁调职、薪酬管理、培训发展等人事工作提供决定性的科学依据；

（2）为实现饭店内部的良性竞争提供科学的管理依据；

（3）为实现饭店与员工之间的沟通提供更有效的平台，完善的绩效考核有利于加强双方的理解与交流，营造出融洽的工作环境和氛围，为彼此间的信任和合作提供有效的手段。

绩效管理的操作内容包括了界定绩效指标和构建绩效标准，收集和分析绩效信息，进行绩效考评，绩效反馈几个方面。

1. 界定绩效指标和构建绩效标准

饭店业务种类丰富多样，各部门的业务特点也不尽相同，人力资源部门需要结合部门具体的操作流程和要求，来制定不同的业务绩效指标和标准，避免采取一刀切的模式，导致工作效率的下降。

2. 收集和分析绩效信息

人力资源部门在制定了各部门和岗位的绩效指标和标准后，可以与部门管理人员联合对员工的工作情况进行考核，包括三方面的内容，既有员工的自身评价，部门领导对员工工作积极性、工作态度和工作效率的评价，也包含了客户对员工的工作评价。全面的收集员工的工作信息，必将有助于实现人力资源部门绩效考核工作的顺利完成。

3. 进行绩效考评

人力资源部门在收集和分析员工绩效信息之后，依据之前界定的绩效指标和标准，对员工的工作进行全面的评估，并以此作为工资、福利和升迁等多方面待遇变化的基本依据。

4. 绩效反馈

人力资源部门在完成对员工工作的评估后，应该及时通知对方，对员工在其绩效评估报告中的质疑部分应当耐心倾听，认真分析，详细核实员工对绩效报告的反馈。

（二）物质激励

有效的激励模式和方法有助于在满足个人利益需求的同时，激发员工的工作积极性和创造性，提高工作效率。

物质激励又称为经济激励。饭店中常用的物质激励形式主要是工资、奖金与福利。

1. 工资

工资是饭店员工薪酬的一部分，是饭店对员工提供劳动服务的报酬，是激励手段中重要的一部分。工资根据其计量的方法，可以分为计时工资和计件工资，从工资的内容可以划分为绩效工资和岗位工资。

（1）计时工资是通过计算员工的劳动时间为标准来作为确定工资数额。根据计量的时间，计时工资可以分为小时工资、日工资、月工资、年工资。在饭店当中，不同的岗位和级别会有不同的计量方法，小时工资和日工资用于临时雇员，月工资多用于饭店正式员工，年工资多用于饭店中高层的管理人员。我国饭店以月工资制为主。计时工资形式计算简单，但是无法与员工的工作表现精确挂钩。

（2）计件工资是指根据员工完成的合格产品的数量来确定工资数额。计件工资包含了包工工资制、提升工资制等。计件工资可以从员工的工作成果上反映出员工的劳动价值，这种计量方法比较能激发出员工的工作热情，但只适合于数量计量的工作，比如说饭店的客房清洁服务。

（3）绩效工资是根据员工的工作表现，综合评价来决定其工资水平的。该方法可比较全面地考核员工的工作效率和工作能力，正面激励员工的工作热情和积极性，缺点是计量复杂，信息收集需要的时间长。

（4）岗位工资又称职务工资，是依据岗位的相关工作来决定员工的工资水平，一岗一薪。其优点在于能激励员工不断自我挑战，勇于创新，勇于承担责任和风险，其工资的高低与工作的环境、责任大小、劳动强度等密切相关。

2. 奖金

奖金是饭店对员工超额劳动的报酬，取得奖金的多少与员工的工作能力是关联的，这也与员工的职业生涯发展密切相关。它的存在不仅体现在物质激励上，同时也是对员工的精神鼓励，其形式比工资更为灵活，更适应于当今饭店的实际需要。

3. 福利

福利是饭店用于吸引员工的有力工具。良好的福利制度能使企业的工作条件锦上添花，留住更多、更好的人才，也是饭店传递企业文化和价值观的有效方式。

（三）精神激励

目前，在饭店内部用于精神激励的方法包括任务激励、情感激励、模范激励等方面。

1. 任务激励

饭店把工作任务目标与员工个人的职业生涯发展目标有效地结合在一起，并通过设定阶梯式的任务，确保员工在工作当中能获取极大的价值实现满足感，更有动力去完成企业设定的更多的任务和目标。

2. 情感激励

情感激励需要依靠饭店的文化建设不断推进，这不是单纯的个人行为，不是领导简单的问候，而是整个企业在文化建设中的行为体现。这就包括了员工之间的相互尊重、相互信任、相互关心，让企业内部各成员间形成情感上的默契。情感上的依赖和融洽更能激发员工的工作热情，使员工保持高昂的工作积极性。

3. 模范激励

当前很多饭店会通过设立奖项、奖励明星服务员等模式来为饭店树立工作榜样，不仅有助于满足模范者本人的心理需求，同时也给其他人以鼓舞和鞭策，激发其他员工不断进取。

4. 行为激励

这种激励方式主要是指饭店里的管理层。饭店业内管理层与员工的工资与福利待遇相距甚远，为了能保证饭店所有员工的齐心团结，管理层必须要为员工作出榜样，在工作中应当表现得更加积极、主动，更具备集体意识和岗位责任感，用优异的工作业绩来赢得员工的理解与尊重，能在员工当中起到核心凝聚力的作用，真正为企业搭建出优秀的工作团队。

知识链接

人力资源管理的五个功能

1. 获取

根据企业目标确定的所需员工条件，通过规划、招聘、考试、测评、选拔、获取企业所需人员。获取职能包括工作分析、人力资源规划、招聘、选拔与使用等活动。

（1）工作分析：这是人力资源管理的基础性工作。在这个过程中，要对每一职务的任务、职责、环境及任职资格作出描述，编写出岗位说明书。

（2）人力资源规划：这是将企业对人员数量和质量的需求与人力资源的有效供给相协调。需求源于组织工作的现状与对未来的预测，供给则涉及内部与外部的有效人力资源。

（3）招聘与挑选：应根据对应聘人员的吸引程度选择最合适的招聘方式，如利用报纸广告、网上招聘、职业介绍所等。挑选有多种方法，如利用求职申请表、面试、测试和评价中心等。

（4）使用：经过上岗培训，给合格的人安排工作。

2．整合

通过企业文化、信息沟通、人际关系和谐、矛盾冲突的化解等有效整合，使企业内部的个体、群众的目标、行为、态度趋向企业的要求和理念，使之形成高度的合作与协调，发挥集体优势，提高企业的生产力和效益。

3．保持

通过薪酬、考核、晋升等一系列管理活动，保持员工的积极性、主动性、创造性，维护劳动者的合法权益，保证员工在工作场所的安全、健康、舒适的工作环境，以增进员工满意感，使之安心满意的工作。

保持职能包括两个方面的活动：一是保持员工的工作积极性，如公平的报酬、有效的沟通与参与、融洽的劳资关系等；二是保持健康安全的工作环境。

（1）报酬：制定公平合理的工资制度。

（2）沟通与参与：公平对待员工，疏通关系，沟通感情，参与管理等。

（3）劳资关系：处理劳资关系方面的纠纷和事务，促进劳资关系的改善。

4．评价

对员工工作成果、劳动态度、技能水平以及其他方面作出全面考核、鉴定和评价，为做出相应的奖惩、升降、去留等决策提供依据。

评价职能包括工作评价、绩效考核、满意度调查等。其中绩效考核是核心，它是奖惩、晋升等人力资源管理及其决策的依据。

5．发展

通过员工培训、工作丰富化、职业生涯规划与开发，促进员工知识、技巧和其他方面素质提高，使其劳动能力得到增强和发挥，最大限度地实现其个人价值和对企业的贡献率，达到员工个人和企业共同发展的目的。

（1）员工培训：根据个人、工作、企业的需要制订培训计划，选择培训的方式和方法，对培训效果进行评估。

（2）职业发展管理：帮助员工制订个人发展计划，使个人的发展与企业的发展相协调，满足个人成长的需要。

人力资源需求预测方法一般分为如下几种。

（1）管理人员判断法：管理人员判断法，即企业各级管理人员根据自己的经验和直接，自下而上确定未来所需人员。这是一种粗浅的人力需求预测方法，主要适用于短期预测。

（2）经验预测法：经验预测法也称比率分析，即根据以往的经验对人力资源需求进行预测。

由于不同人的经验会有差别，不同新员工的能力也有差别，特别是管理人员、销售人员，在能力、业绩上的差别更大。所以，若采用这种方法预测人员需求，要注意经验的积累和预测的准确度。

（3）德尔菲法：德尔菲法是使专家们对影响组织某一领域发展（如组织将来对劳动力的需求）达成一致意见的

结构化方法。该方法的目标是通过综合专家们各自的意见来预测某一领域的发展趋势。具体来说，由人力资源部作为中间人，将第一轮预测中专家们各自单独提出的意见集中起来并加以归纳后反馈给他们，然后重复这一循环，使专家们有机会修改他们的预测并说明修改的原因。一般情况下重复3~5次之后，专家们的意见即趋于一致。

这里所说的专家，可以是来自一线的管理人员，也可以是高层经理；可以是企业内部的，也可以是外请的。专家的选择基于他们对影响企业的内部因素的了解程度。

（4）趋势分析法：这种定量分析方法的基本思路是：确定组织中哪一种因素与劳动力数量和结构的关系最密切，然后找出这一因素随聘用人数而变化的趋势，由此推断出未来人力资源的需求。

选择与劳动力数量有关的组织因素是需求预测的关键一步。这个因素至少应满足两个条件：第一，组织因素应与组织的基本特性直接相关；第二，所选因素的变化必须与所需人员数量变化成比例。有了与聘用人数相关的组织因素和劳动生产率，我们就能够估计出劳动力的需求数量了。

在运用趋势分析法做预测时，可以完全根据经验估计，也可以利用计算机进行回归分析。

所谓回归分析法，就是利用历史数据找出某一个或几个组织因素与人力资源需求量的关系，并将这一关系用一个数学模型表示出来，借助这个数学模型，就可推测未来人力资源的需求。但此过程比较复杂，需要借助计算机来进行。

项目小结

"人力资源管理"正逐步成为现代饭店管理的核心内容，当前人力资源管理工作重点是通过分析人与事的特点，结合企业组织发展需要，发现、选聘、培训、开发和保留人才，使人能尽其才，保证企业组织任务和目标得以顺利实现。

本项目主要阐述了饭店人力资源管理的概念、特点、主要内容和未来发展的趋势，同时就饭店人力资源管理开发管理和激励管理展开详细的分析，并在各主要知识点配合案例详细进行了详细分析，方便更直观地了解饭店人力资源管理的具体内容。

综合能力训练

······ **基本训练** ······

一、解释

人力资源　　人力资源管理　　内部招聘　　外部招聘　　绩效考核

二、选择

1．饭店人力资源管理的原则包括　　　　　　　　　　　　　　　　（　　）

A．遵纪守法原则　　　　　　　　B．以人为核心原则

C．公平公开原则　　　　　　　　D．持续原则

2．饭店人力资源管理的内容包括　　　　　　　　　　　　　　　　（　　）

A．人力资源的规划与发展　　　　B．员工的招聘与配置

C．岗位培训与职位升级　　　　D．绩效考核与薪酬福利
　　E．劳动关系管理
3．饭店人力资源开发管理的内容包括　　　　　　　　　　　　　　　　（　　）
　　A．工作岗位分析　　　　　　　B．员工的招聘
　　C．员工的培训和员工的配置
4．员工培训的方法包括　　　　　　　　　　　　　　　　　　　　　（　　）
　　A．理论培训法　　　　　　　　B．实践培训法
　　C．自我提升培训法
5．饭店物质激励的形式包括　　　　　　　　　　　　　　　　　　　（　　）
　　A．工资　　　　　　　　　　　B．奖金
　　C．福利　　　　　　　　　　　D．任务
6．饭店物质激励的形式包括　　　　　　　　　　　　　　　　　　　（　　）
　　A．任务　　　　　　　　　　　B．情感
　　C．模范　　　　　　　　　　　D．福利

三、思考

1．饭店人力资源管理的概念是什么？
2．饭店人力资源管理应当遵循哪些原则？
3．饭店人力资源开发管理的招聘渠道和培训方法有哪些？
4．列举饭店人力资源管理的物质激励和精神激励的主要形式。

四、案例分析

上海浦东香格里拉的人力资源管理

获取（选人）——层层筛选

　　在香格里拉，员工被分为5个级别，1~3级都是中高层的管理人员，他们的面试分为3轮：第一轮的面试官是人力资源部，第二轮为部门主管，第三轮则由总经理亲自面试。"面试的时候，会给他们一些案例进行分析，主要是观察他们的反应能力。然后会通过电话求证其跳槽原因以及前老板对他的评价。香格里拉不希望拥有一个频繁跳槽和不忠诚的员工。"

　　4~5级为基层员工，他们中除了厨房和客房人员外，其他各部门的员工必须熟练掌握英语。这些人员主要来自应届毕业生，由于考虑到招聘数量的巨大，上海地区可能无法满足，他们每年会去大连、沈阳、青岛等地招聘所需要的员工。一般是3月份，人力资源部会派同事去当地的大学或高职学校招聘学生，或是借用当地香格里拉饭店的场地举行一场招聘会，以此吸引更多的求职者来应聘。

　　此后的6~12月，这些人会被派往饭店的各部门进行实习，在此期间，会有专门的老师对他们进行带教和考核。每月或者每两个月，老师会将所有学员的表现向人力资源部做汇报。基本上80%的学员能够期满转正，然后正式进入饭店工作。通常，公司新进的每个员工，都会经过总经理的亲自审查，主要是通过交谈观察他们是否热情。

激励（用人）——内部晋升

集团愿意让员工看到他们在集团内的发展空间。职位出现空缺，优先考虑饭店内部员工，从内部调整或晋升。香格里拉中国90%的管理层都是通过饭店内部晋升或调动的。本着公平公开的原则，合理进行人员调配，达到"人尽其才，才适其位"用人宗旨。

这种内部晋升的做法，让员工看到了自己在集团内的职业生涯发展前景，使员工的工作充满了无穷的动力，对员工有着无穷的激励作用。

开发（育人）——"回炉"再造

香格里拉也很重视员工的发展，每个饭店都会给员工以英语培训，而这种培训会根据公司上下不同级别，不同部门的员工专门制定出系统的培训进程。"因为各个部门有不同的用语需求，香格里拉一般会请来几名全职英语教师，让他们先同部门主管沟通，然后根据需求再专门制定出培训计划。"

同时，香格里拉还给每个员工网上学习的机会。"只要你想学，饭店都会根据集团的指示，给予你充分的学习机会。我们的网络课程与美国康奈尔大学挂钩，到学员毕业时候会颁发证书。"另外，北京的香格里拉集团还设有一个香格里拉学院，在那边提供一些证书类学习课程，如英语、前台、餐饮服务、厨房、客房服务等，也有高级人员的培训证书。这些证书将在所有香格里拉饭店内通用。他们还设想在将来，所有新员工能进入这所学院进行短期培训，然后再将他们分配到不同的区域饭店工作。

保持（留人）——注重沟通

"香格里拉把员工视为自己最重要的资产，因此认为定期的员工沟通是必不可少的。总经理很重视每月一次的员工大会，每个基层部门的代表都会在会前统计好本部门员工的意见和建议，有时甚至是一些很琐碎的事情，如某些员工对福利不满意、更衣室的挂钩不够用等。管理层也会通过这些会议让基层员工知道公司的决策，下一步该做些什么。"

香格里拉的薪水和福利还是比较具有竞争力的，排在国内同行业的前25位。客房服务的薪水为每月1 800元；餐饮部基层员工为1 900多元。另外，公司也给员工额外的福利补贴，如每天有定时的班车接送，加班若赶不及班车还会给予员工一定的车费补贴，并且会给外地来沪的员工提供住宿等。

问题：
1. 案例中香格里拉饭店的人力资源开发应注重哪些方面？
2. 当前饭店人力资源管理的核心理念是什么？

······ 技能训练 ······

一、任务名称

饭店招聘前台服务员

二、任务目标

1. 学生分组，按要求扮演饭店在招聘员工过程中的各种角色。
2. 根据各组表演情况，针对发现的问题进行讨论，提高学生分析问题和解决问题的能力。

三、任务实施

1. 将学生进行分组,根据剧情和角色的需要 5~6 人为一组。
2. 各组组员推选一位同学担任组长,负责组员的角色扮演和实践演习。
3. 各组在演示期间,其他小组的成员可对其优劣进行评分,作为讨论的基础。
4. 在讨论结束后,由平均分来确定各组的最终得分。
5. 教师适时指导。
6. 时间:2 个课时。

四、成果考核

1. 各组组长将其他小组对其演示的评价进行记录,并将注意事项和问题的原因注明清晰。
2. 各组写出一份心得体会,作为本项目学习总结。